Mensagem

É preciso perseverar quando o amor passa por crises. Se ele é grande e verdadeiro, poderá até balançar e se dobrar nas tempestades, mas se reerguerá, assim como o bambu, tão logo passe a ventania.

É preciso saber que há energias negativas que se comprazem em destruir amores e harmonias. No entanto, essas energias não resistem e se afastam quando se busca o auxílio das forças espirituais iluminadas.

Afinal, no embate entre o bem e o mal, a justiça e a verdade sempre vencem, ainda que isso demore a ser percebido ou mesmo compreendido.

© 2013 por Floriano Serra

Coordenação de criação: Priscila Noberto
Coordenação de comunicação: Marcio Lipari
Capa e Projeto Gráfico: Marcela Badolatto
Diagramação: Priscilla Andrade
Preparação: Cristina Peres
Revisão: Mônica d'Almeida

1ª edição — 3ª impressão
2.000 exemplares — abril 2016
Tiragem total: 12.000 exemplares

Dados Internacionais de Catalogação na Publicação (CIP)
(Câmara Brasileira do Livro, SP, Brasil)

Serra, Floriano
O mistério do reencontro / Floriano Serra. —
São Paulo : Centro de Estudos Vida & Consciência Editora, 2013.

ISBN 978-85-7722-238-4

1. Espiritismo 2. Romance espírita I. Título.

13-00707 CDD-133.9

Índices para catálogo sistemático:
1. Romance espírita: Espiritismo 133.9

Todos os direitos reservados. Nenhuma parte desta edição pode ser utilizada ou reproduzida, por qualquer forma ou meio, seja ele mecânico ou eletrônico, fotocópia, gravação etc., tampouco apropriada ou estocada em sistema de banco de dados, sem a expressa autorização da editora (Lei nº 5.988, de 14/12/1973).

Este livro adota as regras do novo acordo ortográfico (2009).

Editora Vida & Consciência
Rua Agostinho Gomes, 2.312 – São Paulo – SP – Brasil
CEP 04206-001
editora@vidaeconsciencia.com.br
www.vidaeconsciencia.com.br

O mistério do reencontro

— FLORIANO SERRA —

─── FLORIANO SERRA ───

Nasci em Fortaleza e morei muitos anos em Salvador, onde conheci minha mulher, Lita, com quem vivo há mais de quarenta anos. Tenho dois filhos e três netos — todos maravilhosos! Vivo na zona sul de São Paulo desde 1968. Sou formado em Psicologia, com pós-graduação em Análise Transacional; também cursei Propaganda e Marketing. Ao longo da minha vida profissional, já atuei como psicoterapeuta e executivo de empresas, sempre em Recursos Humanos.

Desde cedo, sempre gostei muito de ler de tudo: desde histórias em quadrinhos e fábulas infantis a romances populares e clássicos, de preferência sobre temas sobrenaturais e inexplicáveis. Inclusive colecionava recortes de jornais e revistas sobre discos voadores, fenômenos paranormais e misticismo em geral. Não perdia nada sobre esses temas, fosse no cinema, em séries de televisão ou em vídeos. Lia todos os romances do moderno mestre do horror Stephen King e outros autores. Logo surgiu um grande interesse pela parapsicologia, o que me levou a participar de inúmeros cursos e palestras. Assisti a várias sessões espíritas buscando presenciar fenômenos. Reencarnação e vidas passadas tornaram-se temas obrigatórios de minhas pesquisas.

Estou ansioso para conhecer a opinião e a reação dos leitores. Isso é importante para mim porque sinto que este é o meu novo caminho, tanto que, menos de sessenta dias após haver entregue meus originais, eu já tinha um segundo romance espiritualista pronto. Sinceramente, ainda não sei se esses romances são frutos de intuição, de inspiração ou se foram "ditados" por algum espírito escritor, mas logo pretendo descobrir.

Sei que ainda tenho muito a aprender, porém o fato é que, doravante, quero falar e escrever sobre paz, amor, progresso e espiritualismo — como ocorre neste livro — não apenas como psicólogo, mas como alguém que acredita serem essas as bases que podem fazer do ser humano uma criatura melhor e mais feliz.

O mundo está cheio de coisas mágicas que pacientemente esperam que a nossa percepção fique mais aguçada.

Bertrand Russell, filósofo e matemático inglês (1872-1970)

Apresentação

Como disse na apresentação do meu primeiro romance, *Nunca é tarde*, desde cedo o mistério, a magia e o sobrenatural me atraíam. Já no início da adolescência, minha preferência de filmes, revistas e livros era por obras que abordassem a paranormalidade e temas espiritualistas, como reencarnação, vidas passadas, comunicação com os mortos e outros da mesma natureza.

Desde então, tenho acompanhado todos os filmes e séries que abordam esses assuntos. Sempre que posso, eu assisto a eles, porque satisfazem e alimentam meu interesse pelos temas citados. Para mim, filmes como *O sexto sentido*, *Ghost*, *Os outros* e *O iluminado* continuam sendo verdadeiros clássicos e eu os revejo com frequência.

Há muito pouco tempo descobri que existe uma enorme diferença entre o mistério e o sobrenatural fazerem parte do filme ou do livro que você está apreciando, ou fazerem parte da sua própria vida. Porque continua sendo um cativante mistério o fato de eu ter escrito três romances espiritualistas em menos de um ano.

Por que isso é um mistério?

Até então, eu simplesmente nunca havia escrito um romance sequer. Sendo psicólogo e tendo trabalhado durante a maior parte da minha vida como executivo de empresas, os mais de quatrocentos artigos e os quinze livros que publiquei, assim como os cursos e palestras que ministrei, versavam sempre sobre comportamento no trabalho. Nunca me passou pela cabeça abandonar essa temática.

Entretanto, em 2010 alguma coisa aconteceu — não sei se na minha mente, no meu coração ou na minha alma. Desconheço a resposta porque ainda tenho muito que aprender sobre essa temática. A verdade é que, sem mais nem menos, senti que deveria iniciar uma nova etapa. Só que eu não tinha a menor ideia de que etapa seria essa.

A ideia de escrever um romance espiritualista começou a me cutucar no início daquele ano e não me abandonou mais. A trama foi se delineando em minha mente em fatias diárias. Onde quer que eu estivesse, lá vinha uma ideia, um detalhe, uma sequência da história.

Somente no meio daquele ano consegui sentar diante do computador, achando que já tinha o romance completo. Não tinha. O que produzi resultou em pouco mais de cinquenta páginas. Por sugestão do editor e escritor Marcelo Cezar, reestruturei a trama de maneira a ampliá-la consideravelmente e dar ao livro maior consistência. No novo formato, *Nunca é tarde* foi aprovado para publicação e superou as expectativas de vendas. Segundo os especialistas, foi um ótimo começo.

Felizmente para mim, os mistérios continuariam: antes mesmo da publicação de *Nunca é tarde,* eu já havia concluído um segundo romance espiritualista e, quase em seguida, um terceiro!

Entendi tudo isso como um recado claro e indiscutível, mesmo sem saber de quem: "É este mesmo seu novo caminho".

Há sequências nos três livros que eu sinceramente não sei de onde tirei, de onde vieram, nem aonde minha imaginação foi buscá-las. Não sei, por exemplo, como "escolhi" os nomes dos personagens, nem os lugares onde as cenas se desenrolam, muito menos o andamento da trama e o destino dos personagens. Inclusive, relendo os originais, cheguei a pensar que, se dependesse apenas de mim, para alguns deles eu teria dado um destino diferente ao enredo...

E agora me percebo falando de uma maneira que, implicitamente, insinua que eu devo ter recebido ajuda "espiritual" para escrever esses livros... Não afirmo isso, não tenho certeza, mas também não duvido. Será que esses romances são frutos absolutos da minha imaginação ou me foram "ditados"? Não sei e confesso a vocês que não considero importante desfazer esse "mistério".

O que sei, com certeza, é que algumas consequências advieram do fato de ter escrito esses livros: estou muito mais atento às coisas do espírito e creio que estou aperfeiçoando uma forma de decodificar alguns sinais até então imperceptíveis e invisíveis para mim.

Observarei como as coisas avançarão na elaboração dos futuros romances. Por enquanto, não tenho nenhuma ideia a respeito do quarto, do quinto livro..., mas estarei atento para perceber quando e como ela vai surgir. Um insight? Um projeto consciente? Uma inspiração? Uma voz?

É um mistério maravilhoso que compartilho com vocês.

Carinhosa e fraternalmente,

Floriano Serra

Capítulo 1

Fazia tempo que não caía em São Paulo uma tempestade tão devastadora como aquela, ainda por cima orquestrada por fulgurantes raios e assustadores trovões. E isso em pleno verão! Deviam ser as "águas de março", tão bem cantadas por Elis Regina e Tom Jobim.

Flávio terminou de fechar todas as portas e janelas do seu consultório e deu um profundo suspiro de alívio: acabara de sair seu último "pequeno cliente" daquele dia.

Tivera uma jornada das mais pesadas, daquelas em que só aparecem casos com altas doses de rebeldia, medo, conflito, angústia e toda sorte de emoções chamadas popularmente de "negativas". Quando fizera a opção de especializar-se no atendimento a crianças e adolescentes, tinha a impressão de que trataria de uma clientela mais fácil de lidar, com problemáticas menores que as dos adultos. Engano total. Apareciam ali pequenos clientes, mal entrados na adolescência e já apresentando conflitos e disfunções comportamentais de gente grande. "Uma pena", considerava Flávio. Eram crianças com problemas de rejeição, carência afetiva, depressão, agressividade, fobias, complexos, vítimas de bullying[1] ou

---

1 Expressão da língua inglesa usada para definir atos intencionais e repetidos de violência verbal, física ou psicológica praticados nas escolas por um aluno ou grupo de alunos com o objetivo de intimidar, humilhar, constranger ou agredir um ou mais colegas incapazes de se defender, caracterizando uma relação desigual de força ou poder. Apesar de comum nos ambientes escolares, pode ocorrer em qualquer contexto social e profissional.

de abuso sexual na própria família. Portanto, nada muito suave como ele supusera de início.

O pior de tudo era que, por mais que tentasse se isentar das situações apresentadas pela criança ou pelo adolescente, ele se via envolvido e sensibilizado pela fragilidade deles. A espontaneidade e a pureza de propósitos desses pequenos seres nem sempre eram compreendidas e bem administradas pelos pais.

Na verdade, ultimamente, Flávio vinha constatando que, na maioria dos casos que atendia, não eram as crianças e os adolescentes que necessitavam de tratamento psicoterapêutico, mas sim, seus pais. Os desentendimentos conjugais, a indiferença, a injustiça, o egoísmo dos parceiros, a falta de empatia e sensibilidade para com os sentimentos dos filhos causavam um estrago sem tamanho no seu universo emocional.

O interessante era que, quando o limite de tolerância da criança era ultrapassado e isso era extravasado por meio de ações e atitudes que os pais consideravam rebeldias, irresponsabilidades ou desequilíbrios, achavam mais cômodo encaminhá-la a um psicólogo e, assim, ficavam com a consciência tranquila, com a sensação do dever cumprido. O problema, a partir daí, passava a ser do profissional de saúde.

Quando era necessário chamar os pais para uma conversa, o psicólogo tinha uma dificuldade adicional: ainda que fizesse o máximo de esforço para manter uma postura eminentemente profissional, sua insatisfação e revolta com eles muitas vezes ameaçavam vir à tona. Então era preciso fazer um grande malabarismo mental e emocional para manter o autocontrole. Esse mesmo controle emocional era necessário sempre que a sessão acabava e Flávio devolvia a criança a um dos pais que a aguardava na sala de espera. Ele procurava ser gentil, mas não podia se esquecer do que ouvira minutos antes do filho ou filha daquela pessoa que se mostrava tão gentil e amorosa.

Essas coisas contribuíam para o seu desgaste, até porque ele próprio tinha lá seus problemas pessoais e consequentes vulnerabilidades, porém permanecia atento para não incorrer nesses erros, o que seria uma falha grave.

Atendera vários pais naquele dia, e talvez essa fosse a razão de estar tão esgotado física, mental e emocionalmente. Para completar, ultrapassara seu horário habitual de atendimento — o enorme relógio no alto da parede indicava quase vinte e uma horas.

Desde que abrira seu consultório, havia cinco anos, Flávio se condicionara a iniciar o atendimento dos seus pequenos clientes às nove horas e lá permanecer até as dezoito. Depois desse período, seu corpo e sua mente se recusavam rebeldemente a continuar trabalhando.

Mas naquele dia, devido às características dramáticas dos casos que se apresentaram, não lhe foi possível seguir essa rotina e assim avançara demais no seu horário de saída.

Ele tinha consciência de que o tempo ideal de uma sessão deveria ser em média de cinquenta minutos. Sempre que possível, ele seguia esse padrão. Todavia, quando acontecia de, esgotado esse prazo, o pequeno cliente se encontrar em deplorável estado emocional, muitas vezes com fortes crises de choro, raiva ou depressão, Flávio não se sentia confortável em interromper e encerrar a sessão naquele momento, com o menino ou a menina naquele forte estado de vulnerabilidade.

Tinha muitos colegas de profissão que seguiam rigorosamente esse tempo e Flávio respeitava a posição deles, mas não conseguia proceder daquela forma.

Achava-a insensível e desumana. Então, tratava de reconduzir a criança ou o jovem à serenidade necessária e só então encerrava a sessão — daí os seus atrasos eventuais.

Naquele dia tivera que proceder assim em quase todos os atendimentos. Isso causara enorme demora em encerrar o expediente, além das conversas que tivera com alguns pais. Daí seu esgotamento.

Disciplinado como era, havia um agravante adicional para seu desconforto: Flávio procurava a todo custo cumprir o planejamento que fizera para sua vida e detestava quando algo o fazia fugir dele.

Às segundas e quartas-feiras, fazia musculação numa academia para manter o corpo em forma; às terças e quintas, tinha compromisso numa casa assistencial vinculada a um centro espírita onde prestava atendimento gratuito a jovens cujos pais não tinham condições de pagar pelas sessões de psicoterapia — que, no Brasil, continua sendo artigo de luxo. Reservava as sextas-feiras e os fins de semana para lazer e diversão, eventualmente na companhia de amigos, mas na maior parte das vezes com sua mulher, Sueli.

Essa era a forma como estruturava seu tempo e detestava ter que abrir mão de qualquer desses compromissos. Porém naquele dia isso tinha acontecido, o que explicava grande parte da sua irritação. Enfim, queria sair dali o quanto antes. Definitivamente, não mexeria em mais uma palha sequer. Só pensava em ir para casa, tomar um banho bem quente e cair na cama.

Antes de fechar a porta de sua sala, deu mais uma espiada a fim de verificar se não havia esquecido nada importante. Depois, passou a chave na fechadura e atravessou a sala de espera em direção à porta de entrada.

Já estava com a chave pronta para ser girada quando interrompeu o movimento da mão e parou intrigado. No centro daquela robusta e pesada porta de entrada, à altura do seu rosto, havia uma janelinha com um espesso vidro transparente, protegida por pequenas, mas resistentes, grades. Essa minijanela permitia à recepcionista reconhecer o cliente que tocava a campainha do portão da casa ou que aguardava sua vez de ser atendido sentado numa das poltronas de vime da varanda. Era uma medida adicional de segurança, necessária nos dias de hoje.

Através do vidro da janelinha, sob a luz de um dos relâmpagos, Flávio percebeu intrigado o vulto de uma pessoa sentada numa das poltronas de vime. Por alguns instantes, sentiu medo. E se fosse um assaltante à espera de sua saída?

Tranquilizou-se um pouco ao lembrar-se da guarita com um segurança bem em frente à casa. Portanto, se houvesse alguém ali, deveria ser o pai ou a mãe de um cliente. Mas, ainda que fosse, estava atrasado; aliás, muito atrasado.

Esse pensamento transformou seu medo em indignação, muito próximo da raiva. Pior ainda se fosse um novo cliente. Que tamanha irresponsabilidade! Quem aquela pessoa julgava ser para ter a pretensão de ser atendida àquela hora da noite, sem agendar?

Tomado por esses sentimentos, foi de forma brusca que Flávio abriu a porta, escancarando-a já preparado para exclamar um "Pois não?" bem mal-humorado. Contudo, a coragem para isso desapareceu quando outro relâmpago mostrou-lhe a pessoa sentada na poltrona: uma elegante mulher que o olhava com a maior tranquilidade do mundo. Sem reação, ele ficou apenas fitando-a, incapaz de pronunciar uma só sílaba.

Esforçando-se para não demonstrar sua má vontade, fez um gesto com o braço, convidando-a para entrar.

Lentamente, a desconhecida se levantou e atravessou a varanda com tanta leveza que parecia estar levitando. Passou por ele — que se afastara um pouco para dar-lhe passagem — e entrou na sala de espera.

Ele percebeu que, curiosamente, ela não portava sombrinha e não estava nem um pouco molhada, apesar da chuva torrencial que caía sem trégua. Mas achou esse fato irrelevante naquele momento.

A mulher ficou parada na recepção, esperando alguma manifestação dele. A contragosto, Flávio reabriu a porta de sua sala e, com um desolado gesto de braço, convidou-a a entrar. Também silenciosamente indicou-lhe a poltrona reservada aos clientes, deu a volta em sua mesa de trabalho e sentou-se.

Enquanto graciosamente ela se sentava à sua frente, Flávio lembrou-se da vez em que um cliente inadvertidamente tinha se sentado na "sua" poltrona. Isso ocorreu logo em seu primeiro ano de atendimento. Recordava que naquele instante sentira-se invadido, quase destronado, por aquele cliente. Foi preciso fazer um grande esforço para não mostrar sua raiva. Fazendo força para parecer gentil, pedira-lhe que se acomodasse no sofá. O cliente ficara visivelmente constrangido ao perceber que cometera uma gafe, o que confortou um pouco o ego de Flávio, logo a sessão começou e o fato foi esquecido.

Com a inesperada visitante sentada à sua frente, pernas elegantemente cruzadas, Flávio agora podia observá-la melhor. Aparentava uns cinquenta anos, talvez um pouco mais. Tinha a pele muito alva, os cabelos louros presos no alto da cabeça na forma de um coque, dando-lhe um ar quase aristocrata, mas sem nada de antipático.

Pelo contrário, mostrava-se calma e amistosa. Seus traços eram refinados, os lábios finos, bem delineados, embora não apresentasse o perfil daquela que se pode considerar uma bela mulher. De alguma forma, aquela estranha lembrava-lhe uma diretora ou inspetora de escola — e esse pensamento divertiu-o intimamente.

Seu sorriso era enigmático e Flávio não saberia dizer se era porque se divertia ou ironizava a situação. Tinha uma incompreensível sensação de que aquela mulher não lhe era de todo desconhecida, porém não conseguia determinar se e de onde a conhecia.

De qualquer modo, decidiu que deveria ser duro com aquela cliente inesperada.

— Desculpe, seu nome é...

A voz não poderia ser mais suave:

— Rosália. Eu me chamo Rosália.

— Desculpe, dona Rosália, não me lembro de ter agendado nenhum atendimento com a senhora ou com qualquer outro cliente para esta hora.

Ela pareceu não se abalar com aquela informação que, obviamente, de maneira bem sutil, continha um recado irônico.

— De fato, não agendei.

Ele achou muito cinismo dela responder dessa maneira e isso contribuiu para que ele ficasse mais nervoso ainda.

— Bem, então o que...

Ela o interrompeu antes que concluísse a pergunta:

— Achei que esta seria a melhor hora para conversarmos.

Que disparate! Era o cúmulo! "Ela achou!..." Desta vez, exibindo um largo sorriso, quase de deboche, ele oscilou entre ser irônico e agressivo:

— Conversarmos? A senhora achou "melhor"? Desculpe de novo, dona Rosália, mas não me lembro de tê-la como cliente.

Sem perder a calma e a classe, ela retrucou:

— Mas eu não sou mesmo sua cliente.

Ele retificou com impaciência:

— ... ou candidata a cliente, que seja.

Ela sorriu, divertida:

— Também não sou candidata a ser sua cliente.

Definitivamente aborrecido, Flávio se levantou, num ostensivo convite para que ela se retirasse. Estendeu-lhe a mão direita:

— Dona Rosália, muito prazer em conhecê-la, mas tive um dia cheio, estou completamente esgotado e, com sinceridade, sem nenhuma paciência para decifrar enigmas. Não nos conhecemos e não temos nada a conversar. Aliás, graças a Deus nem tenho mais agenda para um só cliente que seja.

Ela permaneceu sentada e não lhe apertou a mão. Simplesmente ignorou seu gesto. Antes de responder, e novamente sem perder a calma e a classe, ela passeou o olhar por toda a sala e falou num tom de voz cuja suavidade impressionou Flávio:

— Desculpe, meu amigo, mas acho que é você que será meu cliente.

De tão surpreso e indignado, Flávio não sabia se ria de sarcasmo ou se pegava a mulher pelo braço e a expulsava de sua sala.

— Desculpe, não entendi o que a senhora falou — foi o mais gentil que conseguiu ser.

Ela o olhou fixamente, agora mais séria, sem aquele permanente e amistoso sorriso no rosto:

— Flávio, eu vim de muito longe para falar com você, para ajudá-lo. Poderia se sentar um pouco e me ouvir por um instante?

Flávio estava no seu limite de tolerância:

— Acho que a senhora não me ouviu dizer que es...

— ... está esgotado e ansioso para ir para casa.

Sua voz saiu mais alta do que pretendia:

— Isso mesmo!

A mulher pôs o braço esquerdo sobre o busto e o direito apoiado sobre ele, com a mão como se segurasse o queixo. Respondeu sem hesitar:

— Ir para casa para continuar aborrecido e esgotado?

Flávio não acreditou no que ouvira! Que petulância! Que ousadia! Como aquela mulher ousava se referir dessa maneira à sua vida privada? Flávio ia explodir:

— Escute aqui, minha senhora...

A mulher permanecia séria:

— Flávio, eu já lhe disse e você não me escutou: eu vim ajudá-lo. Portanto, não se aborreça.

Ele retrucou quase gritando:

— Eu não pedi ajuda a ninguém. Muito menos à senhora, a quem não tenho o prazer de conhecer!

A resposta dela foi definitivamente misteriosa. Sua voz voltou a ficar suave, como se ela tivesse contado até dez para não se contagiar com o nervosismo dele:

— Em primeiro lugar, nós nos conhecemos, sim. Só que há muito tempo e, por isso, certamente você não vai se lembrar de mim.

Mesmo com má vontade, Flávio fez um esforço de memória:

— Nós nos conhecemos?

Ela ignorou a pergunta:

— E em segundo lugar, você não pediu a minha ajuda, mas precisa dela.

Flávio tinha certeza de que ela estava blefando. Fez
força para que sua voz também retornasse à normalidade,
no entanto, era difícil esconder sua irritação:

— Escute aqui, dona Rosália, ou quem quer que
seja, eu não permito...

Uma das coisas que mais estava descontrolando
Flávio era a aparentemente inabalável serenidade dela!
Foi com essa serenidade que ela o interrompeu:

— Flávio, por favor, não perca tempo me fazendo
ameaças. Você não pode me fazer mal algum.

— Não? A senhora não sabe o que sou capaz de
fazer quando estou irritado como agora.

Ela olhou para ele durante algum tempo antes de
retrucar, de forma incisiva:

— O pior que você poderia fazer contra mim seria
matar-me. Mas nem isso você poderá fazer.

Desta vez, dominado pela irritação, ele foi explicitamente irônico diante do que ele considerou o cúmulo da
arrogância:

— Ah, quer dizer que a jovem senhora é imortal?

Pela primeira vez ela soltou algo próximo de uma
gargalhada, ainda que contida, em nome da elegância e
da educação:

— Como você descobriu? — ela ficou subitamente
séria e suas palavras seguintes soaram como um veredi-
to: — Você não pode me matar simplesmente porque eu
já estou morta.

Na intenção de dizer desaforos à mulher, Flávio havia se aproximado ameaçadoramente dela, já com o punho
fechado e levantado à altura de seu rosto, lutando consigo mesmo para não agredi-la — coisa que jamais fizera a

alguém durante toda a sua vida. Queria apenas intimidá-la, mas seu gesto parou no ar ao ouvir aquela resposta.

Retomando aquele sorriso enigmático de quando entrara na sala, a mulher levantou a mão esquerda, deu um elegante aceno de despedida e lentamente sua imagem foi se desvanecendo até desaparecer por completo.

Entre surpreso e chocado, Flávio lentamente recuou e se sentou em sua poltrona de "rei". Ficou coçando o centro da testa, um irresistível hábito adquirido sabe-se lá quando, que aparecia sempre que ele ficava muito nervoso, como naquele momento.

Mentalmente confuso, mas procurando manter sua racionalidade, o brilhante psicólogo concluiu que acabara de ter uma alucinação.

Capítulo 2

Flávio não saberia dizer quanto tempo deixou-se ficar largado em sua poltrona no consultório, com o olhar perdido no espaço. A pressa em ir para casa desaparecera por completo. Estava atordoado, tentando encontrar uma explicação lógica e racional para o que acabara de acontecer ali.

Não imaginava de onde viera aquela mulher e muito menos para onde fora, mas tinha sido uma piada de muito mau gosto aquela de dizer que estava morta. Se assim fosse, ela seria um fantasma, o que seria absurdo aceitar. Não existe vida após a morte, portanto, se ela tivesse morrido, não poderia aparecer ali. Aquilo não passava de uma piada sem graça. Espíritos não existem! Logo, também não existem fantasmas.

Esse era o mecanismo racional de defesa de Flávio. Foi isso que sempre ouviu dos seus pais. De tanto ouvir, passou a aceitar como verdade. Além do mais, essas questões que envolviam a espiritualidade não faziam parte do seu repertório de conversas, leituras, estudos e reflexões. Para ele, essas coisas pertenciam ao terreno da ficção.

Seu pai, agora aposentado, tinha sido um grande e conhecido médico-cirurgião ortodoxo, materialista, daqueles que colocam a medicina como a todo-poderosa solucionadora dos problemas da saúde humana. Ateu convicto, nas poucas vezes em que Flávio o ouviu referir-se a questões espirituais, aprendeu que a vida se resumia a esta passagem pela Terra, encerrada definitivamente com a morte. E ponto final. Simples assim.

Em defesa da sua falta de fé, Flávio ouviu-o dizer várias vezes: "Ao longo da minha vida, já realizei centenas de cirurgias, já abri muitos corpos. E em nenhuma dessas ocasiões vi uma alma sair de algum daqueles corpos...".

Sua mãe, que também se graduara em medicina, se dizia católica, mas Flávio não a via praticar ou participar dos rituais da sua religião, como missas dominicais, por exemplo. Assim, ele cresceu sem nenhum conhecimento ou interesse maior pelas coisas que diziam respeito à vida espiritual.

Apesar dessa falta de prática religiosa, Flávio tinha convicções muito positivas a respeito da vida e das pessoas. Tanto que prestava serviços de psicoterapia como voluntário numa instituição mantida por uma casa espírita. Mas ia lá apenas cumprir seu horário e sua atividade. Depois, saía discretamente, da mesma forma que chegava. Atendia crianças e adolescentes cujos pais não tinham condições financeiras de arcar com um atendimento remunerado. Fazia isso porque achava que todo profissional, de qualquer área que fosse, devia sempre dar uma parcela do seu tempo e do seu conhecimento para ajudar comunidades carentes por meio desse tipo de ação social.

Nessas idas, jamais se interessara em assistir às palestras e reuniões que aconteciam ali regularmente. Satisfazia-se apenas em saber que estava fazendo o bem. Inclusive, segundo acreditava, tinha sido obra do acaso a escolha daquela casa espírita. Ela ficava numa rua bem próximo do seu consultório e, sempre que saía para caminhar e espairecer um pouco, passava necessariamente por ela, pois ficava no meio do trajeto. Percebendo a movimentação de pessoas que entravam e saíam de lá, um dia sentiu curiosidade de saber do que se tratava. Como não havia porteiros nem seguranças, entrou sem ser importunado e lá dentro ficou observando o que as pessoas faziam e sobre o que conversavam. Fez algumas perguntas à atendente e ficou sabendo que se tratava de uma casa espiritualista envolvida em atividades beneficentes. Na verdade, esta foi a parte que o atraiu: sempre quisera dedicar parte do seu tempo a ajudar pessoas carentes, principalmente crianças e adolescentes.

A partir dessa conversa, foi apresentado à dirigente da instituição. Depois de poucas palavras, acertou com ela o compromisso informal de prestar ali atendimento psicoterapêutico gratuito a jovens, em determinados dias e horários da semana. Na ocasião, ele percebeu claramente que o pessoal da casa ficou muito feliz com a sua disposição. A prova é que providenciaram imediatamente uma pequena sala onde ele poderia atender os clientes. Para seu alívio, em nenhum momento tocaram no assunto "religião", e essa atitude perdurava até ali. Assim, evitava o constrangimento de saberem que o psicólogo não curtia aquelas práticas que constituíam a razão de existir da entidade.

Flávio adorava sua profissão, mas tivera que enfrentar algumas resistências antes de chegar até lá. Já adulto, quando tomou a decisão de graduar-se em psicologia, especializando-se em psicoterapia de crianças e adolescentes, foi um deus nos acuda na família. "Se ainda fosse psiquiatria...", dizia na época seu pai, para quem a psicologia era algo tão subjetivo, improvável e desnecessário quanto qualquer religião. Sua mãe não chegou a fazer forte oposição, apenas lamentou que a escolha do seu filho único tivesse recaído sobre uma profissão tão pouco rentável e reconhecida, segundo seus padrões pessoais.

O próprio Flávio não saberia explicar direito a razão da sua escolha. Ele lembrava que desde cedo se interessava muito pelas questões do comportamento humano, principalmente das que diziam respeito ao mundo infantojuvenil. Quase todas as noites, antes de dormir, deitado com os braços cruzados sob a cabeça e contemplando o teto do seu quarto na penumbra, ficava se perguntando: "Por que alguns jovens são extrovertidos e outros introvertidos? Por que alguns jovens agem e se comportam de forma agressiva, esquisita ou excêntrica? Por que alguns são excessivamente rebeldes e outros submissos? O que os faz optar entre os comportamentos positivos, morais e disciplinados, e os negativos, amorais e desorganizados? Por que jovens, aparentemente sem problemas, apresentam medos irracionais, traumas, fobias, manias e complexos?".

Aprendera que as respostas estavam na psicologia e em nenhuma outra ciência, nem mesmo na psiquiatria, que se dedicava a tratar das questões neurológicas. Para a psiquiatria, entender e melhorar os mecanismos do cérebro era mais importante que tentar acompanhar e compreender os instáveis, tortuosos e incompreensíveis processos das emoções e sentimentos, assunto que cabia aos psicólogos.

Assim, mesmo não contando com o apoio dos pais — e muitas vezes tendo até que conviver com algumas ironias deles —, prestou vestibular e, aos vinte e três anos de idade, já era um psicólogo graduado.

Devido à ótima situação financeira de seu pai — um médico-cirurgião muito competente e renomado, inclusive internacionalmente — e apesar das restrições que este fazia à escolha acadêmica do filho, Flávio cursou a Pontifícia Universidade Católica (PUC) no bairro das Perdizes, uma das mais conceituadas de São Paulo. Depois seguiu para o exterior, onde fez pós-graduação na Universidade Harvard, nos Estados Unidos, e, circulando pela Europa, participou de vários seminários, palestras e cursos breves sobre as mais diversas técnicas e teorias da psicologia do comportamento infantil e adolescente. Tornou-se especialista nos métodos e na filosofia de Piaget[2]. Portanto, sua formação como psicoterapeuta de crianças e jovens era invejável e irrepreensível.

Em pouco tempo, adquiriu considerável respeito no meio profissional e acadêmico, o que contribuiu para que rapidamente ganhasse uma grande e fiel clientela. No momento, para sua satisfação e orgulho, sua agenda estava lotada e havia fila de espera.

Com a sempre presente ajuda do pai, comprou uma bonita e ampla casa nas proximidades do Campo Belo, um bairro nobre da zona sul da capital paulista, cheio de edifícios e sobrados, muito arborizado. Além disso, o bairro fica próximo a outros também nobres, como Moema, Ibirapuera e Brooklin, o que lhe assegurava uma grande proximidade com clientes em potencial e ainda considerável valorização imobiliária. A casa ficava num local onde havia muitos outros consultórios e clínicas das mais variadas especialidades médicas, o que era comercialmente muito interessante.

Antes de se instalar ali, Flávio providenciou uma ampla reforma no imóvel, adaptando-o às suas necessidades profissionais. Contratou uma decoradora de interiores para dar ao ambiente um clima aprazível, relaxante e adequado tanto ao atendimento psicoterapêutico como, e principalmente, ao perfil de sua futura clientela: crianças

---

2   Jean Piaget (1896-1980) foi um dos mais importantes pesquisadores no campo da educação e da pedagogia infantil. Brilhante em psicologia evolutiva, revolucionou e mudou muitas práticas e conceitos da aprendizagem da criança. Dirigiu o Instituto Jean-Jacques Rousseau na Suíça e ensinou psicologia infantil na Universidade de Genebra. Hoje suas ideias e teorias são praticadas em muitos colégios do mundo todo.

e adolescentes. Portanto, sem que parecesse um jardim da infância, o ambiente não poderia ser nada austero nem lembrar tradicionalismo, conservadorismo ou autoritarismo. E tudo ficou exatamente como ele imaginara.

Para que isso se tornasse possível, participou pessoalmente da escolha de todos os itens de decoração, dos móveis e da seleção de Laura, a recepcionista, que também fazia as vezes de secretária.

Laura era uma jovem e simpática estudante de psicologia, muito esforçada e interessada. Sempre que tinha alguma dúvida ou curiosidade, recorria a ele.

Numa das várias viagens de estudo que fez ao exterior, Flávio conheceu Sueli, que viria a ser sua esposa alguns anos mais tarde. Ela também estava de passagem pela Europa buscando aperfeiçoamento para sua graduação em arquitetura e urbanismo, que cursara na Universidade Presbiteriana Mackenzie, também em São Paulo.

Sueli tinha uma história de vida muito bonita, pelos sucessos obtidos com seu próprio esforço. Era uma guerreira e uma vencedora, mas tinha uma enorme interrogação a respeito de suas origens. Não conhecera seus pais, que a entregaram para ser criada por uma tia. Essa tia nunca comentou nada sobre seus jovens pais, devido a uma promessa feita a eles. Antes que Sueli pudesse extrair alguma pista sobre seus pais, sua tia faleceu e o mistério ficou enterrado para sempre.

Depois de uma breve terapia, Sueli decidiu tocar sua vida e entregou-se aos estudos de arquitetura. Segundo um psicanalista ortodoxo, seu amigo, com essa escolha Sueli queria "reconstruir" sua história de vida sempre que aceitava algum projeto... Sem dar muita importância a essa interpretação, dedicou-se com afinco aos estudos e, tão logo obteve a graduação, rumou para o exterior em busca de aperfeiçoamento e especialização.

Muito inteligente e educada, além de bonita e divertida, Sueli logo conquistou o coração de Flávio. Mas, somente quando ele deu por encerrado seu ciclo de desenvolvimento em psicologia infantil, e depois de ter adquirido a casa onde instalaria seu consultório, é que ele tomou a decisão de se casar com Sueli. Antes, porém, comprou, no mesmo bairro, um confortável apartamento onde morariam. Daí para a frente, as decisões passaram a ser tomadas em conjunto pelo novo casal.

Tendo levado sua vida de maneira tão organizada, Flávio se considerava um sujeito bastante equilibrado. Por isso não aceitava como viável aquilo que acabara de vivenciar. Remexia em sua capacidade analítica a fim de encontrar uma explicação lógica para o que ocorrera. O pior é que não estava encontrando uma saída que o satisfizesse inteiramente.

"Calma, Flávio!", pensava com seus botões. "Você teve um dia terrível e está completamente esgotado. Ou seja, está superestressado, à beira de um colapso nervoso. Você acabou de ter uma alucinação. Como você cansou de ouvir nas palestras que frequentou e em vários livros que leu, isso acontece com qualquer pessoa que esteja sob forte pressão nervosa. Você sabe que está tendo problemas em casa, com sua mulher, e anda trabalhando demais. Então, acalme-se, nada de extraordinário aconteceu aqui. Foi uma simples alucinação."

Por um lado, ele fazia força para acreditar nessa conclusão, mas não estava inteiramente convencido. Por outro lado, era absurdo imaginar, por um instante que fosse, que vira um fantasma. E, pior ainda, que conversara com ele!

Ridículo, simplesmente ridículo! Que diria seu pai se lhe contasse aquilo? Provavelmente o internaria na clínica psiquiátrica mais próxima...

Franziu a testa quando olhou para o piso de sua sala, recoberto por tacos sempre irrepreensivelmente limpos. Não havia uma só gota de água da chuva. Então aquela mulher, que não usava sombrinha, não se molhara nem um pouco apesar de todo aquele aguaceiro? Foi até a varanda, observou o piso nas proximidades da poltrona onde ela estivera sentada e... nada. Tudo sequinho.

Como fazia horas que a chuva havia começado e até então não parara um instante sequer, a mulher deveria ter chegado debaixo d'água e teria que ter se molhado, pois o trajeto do portão da casa até a varanda não tinha cobertura. Pela lógica, ela deveria estar encharcada. Ou então ficara esperando tanto tempo para ser atendida que a roupa secara no corpo — hipótese que nada tinha de provável.

Capítulo 3

Irritado consigo mesmo, Flávio parou de coçar a testa e interrompeu seus pensamentos, pois percebeu que, afinal, estava fazendo conjecturas como se aquela mulher realmente tivesse existido, como se ela de fato tivesse estado no seu consultório... conversando com ele! E isso era racionalmente impossível. Simples assim.

Voltou para sua sala e tornou a sentar-se. Não estava mais com a menor vontade de ir para casa. Não aceitava a probabilidade de estar tão frágil a ponto de ter tido uma alucinação daquelas. Já estava clinicando havia cinco anos, e nesse tempo conhecera e enfrentara todo tipo de comportamentos esdrúxulos, inclusive de delírios e alucinações de clientes. Entretanto nenhum caso se assemelhava àquele.

"E se eu fosse para casa?", perguntava-se.

Se fosse para casa, certamente Sueli iria notar estranheza no seu comportamento. E ele não estava com a menor disposição de encarar uma discussão com sua mulher. Ele a amava muito, mas, no momento, a relação deles não estava nada boa; caso contrário, ela já teria ligado para o consultório, preocupada com o atraso dele.

Nos dois primeiros anos, quando tudo corria às mil maravilhas com o casamento, ele próprio teria tomado a iniciativa de ligar para casa e explicar que chegaria atrasado para o jantar. No momento atual, isso não mais importava. E ele sabia exatamente quando o relacionamento começara a ficar ruim.

Quando casaram, cinco anos atrás, haviam combinado esperar três anos para terem um filho, que era um grande desejo de ambos. Sem essa preocupação, a relação dos dois era uma permanente lua de mel. Saíam duas vezes por semana para jantar fora e até para dançar. Não perdiam estreias de filmes, peças teatrais e shows. Viajavam quase todo fim de semana e, nos feriados prolongados, davam uma esticada para fora do país, nas cidades da América do Sul mais próximas do Brasil.

No terceiro ano do casamento, conforme combinado, decidiram que era chegada a hora de alegrar a casa com um filho.

Suspenderam os métodos contraceptivos, intensificaram a intimidade, começaram a pensar na decoração do quarto para o futuro príncipe ou princesinha e ficaram na expectativa de sua chegada.

Só que ele, ou ela, não chegava nem dava o menor sinal de que estava a caminho.

Após vários meses de tentativas frustradas, o casal começou a achar que havia alguma coisa errada com eles, ou com um deles.

De comum acordo com Sueli, Flávio decidiu submeter-se a exames específicos para verificar se ele tinha problemas de esterilidade. Dias depois receberam o resultado dos exames e puderam constatar que Flávio não tinha nenhum problema.

Foi a partir daí que a relação deles começou a balançar.

Estava óbvio que Sueli também deveria submeter-se a exames análogos para verificar se algum problema de saúde a estava impedindo de engravidar, apesar de ela anualmente fazer os exames de rotina prescritos por seu médico, nunca ter apresentado nenhum problema e ainda não ter completado trinta anos de idade.

O clima entre o casal começou a ficar difícil, porque esta é sempre uma possibilidade que deixa a mulher muito tensa e insegura.

Também de comum acordo, decidiram ir juntos a um ginecologista muito famoso, especializado em infertilidade feminina. De início, ele considerou muito pouco tempo o período de tentativas; achava que deveria ser de pelo menos dois a três anos, antes que o casal começasse a ficar seriamente preocupado com o assunto.

O médico expôs, de forma bem didática, rabiscando num papel algum detalhe, as principais causas da esterilidade feminina, sempre enfatizando que, no caso de Sueli, estava falando apenas de hipóteses. Segundo ele, a dificuldade de engravidar muitas vezes decorria da falta de ovulação, provocada por um mau funcionamento dos ovários. Também podia ocorrer devido à deficiência de hormônios sexuais ou alteração na glândula hipófise, diretamente ligada ao mecanismo da ovulação. Não se podia descartar um histórico de eventuais inflamações crônicas ou outras causas. Por fim, o médico não afastou a hipótese de infertilidade psicológica provocada por excessiva ansiedade. Explicou que o sistema nervoso da mulher pode, de várias formas, inibir o sistema reprodutivo.

Pessoalmente, diante de algumas perguntas e observações preliminares, o médico achava que Sueli não aparentava ter nenhum desses problemas. No entanto, por insistência dela, concordou em solicitar exames específicos.

Após alguns dias, os resultados de toda a bateria de exames chegaram ao ansioso casal. Não poderiam ser melhores: nada havia de errado com Sueli que a impedisse de engravidar. Ou seja, o casal tinha tudo para respirar aliviado e continuar com as tentativas, dentro da normalidade de uma saudável vida sexual.

Mas não foi isso que aconteceu. O assunto passou a ser tratado como um mistério, dentro do qual se instalou um terrível sentimento de desconfiança por parte de Flávio. Ele começou a achar que sua mulher certamente estava boicotando a gravidez, por não estar com a devida boa vontade e, portanto, não tinha por ele o amor que jurava sentir.

Para complicar ainda mais, nessa mesma época, Sueli deixou de sentir prazer nas relações sexuais, justo ela que nunca tivera problemas de frigidez. Essa novidade só veio reforçar as desconfianças e as paranoias de Flávio.

Diante de tantos problemas, Sueli mostrava não sentir outra coisa senão perplexidade e confusão. Ela dizia não entender o fato de não conseguir engravidar. E por que ela deixara de sentir prazer?

Todas as vezes que o casal tentava dialogar a respeito dos dois assuntos, o que deveria ser uma conversa esclarecedora acabava em uma discussão áspera. No fim, Flávio ficava profundamente revoltado e irritado, e Sueli recolhia-se chorando ao quarto.

Ele insistia na tese do desamor ou do desinteresse, os quais induziam o organismo dela a não sentir prazer nem a consumar a fecundação. Era impressionante como, nesses momentos, todos os seus conhecimentos sobre a dinâmica do comportamento e das emoções não funcionavam.

Ele, sem admitir, tornara-se simplesmente irracional. Ela, sem encontrar uma explicação, sentia-se profundamente injustiçada e incompreendida.

Eis por que, naquela noite chuvosa e repleta de acontecimentos inusitados, Flávio não queria ir para casa. Sua mente fervilhava de indignação por não conseguir decifrar o ocorrido com aquela senhora. E, quando pensava em chegar a sua casa, sentar-se ao lado da esposa e trocar ideias com ela a respeito do assunto, sentia-se ainda pior, porque sabia que isso não seria possível. Ultimamente tratavam-se como dois estranhos e mal se falavam.

Portanto, com quem iria desabafar? Lembrou-se do pai. Apesar de seu radicalismo, ainda era um bom ouvinte e conselheiro. Esticou o braço, pegou o telefone e ligou. Se não estivesse chovendo tanto e há tantas horas, Flávio iria vê-lo pessoalmente.

Seus pais optaram por continuar morando no bairro do Ipiranga, onde Flávio nascera. Toda clientela do experiente cirurgião tinha sido formada pelos moradores daquele bairro e das proximidades. Depois, bom papo que era, criou laços de amizade com grande número de comerciantes e vizinhos, além de outros colegas de profissão que ali atuavam. Costumava dizer que naquela região sentia-se em casa. Mas entendeu perfeitamente quando o filho optou por montar seu consultório no bairro do Campo Belo. Para sua atividade, ali realmente parecia ser mais promissor.

Flávio sorriu ao lembrar que era seu pai quem sempre atendia o telefone, pois, fosse lendo o jornal, fosse assistindo à TV, mantinha o aparelho sempre ao seu lado. Segundo alegava, saber quem ligava e para que ligava era uma forma de estar sempre informado sobre o que acontecia em sua casa.

O filho achava que não era nada disso, mas sim uma forma de controlar sua ansiedade. Seu pai dizia que ninguém deveria deixar um telefone tocar mais que três vezes. Demorar mais do que isso para atender era um desrespeito com quem estava ligando. Talvez aí houvesse uma crítica velada à sua mãe, porque ela, diferentemente do marido, não tinha a menor pressa em atender o telefone. Dirigia-se lentamente ao aparelho, e não foram poucas as vezes que, quando finalmente atendia, a pessoa já tinha desligado. Claro que o marido a repreendia, muito nervoso e chateado.

Como era esperado, o pai de Flávio atendeu a ligação.

— Pai?

— Oi, filho — o velho reconhecia a voz do filho pela entonação do cumprimento. — Tudo bem?

— Tudo. Você sabe que ainda estou no consultório?

O pai mostrou-se surpreso:

— A esta hora, rapaz? O que houve? Está com tantos clientes assim?

Flávio riu da pilhéria dele:

— Nada disso. É essa chuva que não me deixa sair. O mundo está desabando em água aqui.

— Ah, já vai passar. Aqui também estava assim, mas já está passando. Logo logo melhora aí também.

— Ah, tomara. Estou louco para ir pra casa — Flávio chamava isso de "mentira piedosa", pois seus pais não sabiam da crise conjugal que ele estava atravessando.

— Ah, então me ligou para fazer hora comigo, não é?

— Claro! Quem melhor eu teria para passar o tempo de forma sábia e ao mesmo tempo divertida? — essa carícia no ego do pai era infalível. Flávio, na imaginação, podia vê-lo sorrindo vaidoso...

— Bem, vindo de um filho não tem muito valor. Mas, modéstia à parte, isso é verdade.

Flávio esperou que sua voz saísse sem trair sua ansiedade:

— Sabe quem encontrei hoje? — agora Flávio ia introduzir o verdadeiro motivo de ter ligado para seu pai. — O Cardoso.

— Cardoso? Que Cardoso?

Era outra mentirinha de Flávio. Na verdade, uma pequena travessura. Propositalmente ele usara o nome de um dos seus colegas do primeiro ano de psicologia, que um dia, ocasionalmente, apresentara a seu pai num encontro entre professores, alunos e pais. Sabia que ele não iria se lembrar e isso convinha a seu plano.

— Acho que você não vai se lembrar dele, pai, mas não é o que importa. Quero comentar com você uma curiosa conversa que tive com ele hoje. E quero saber sua opinião.

E, com as devidas adaptações para que o personagem da trama fosse o Cardoso, contou o estranho encontro com a misteriosa mulher em seu consultório, horas antes, ocultando as passagens que lhe convinha.

O pai ouviu-o em silêncio, entrecortado de vez em quando por alguns muxoxos ou risos de ironia.

— Que lhe parece? — perguntou Flávio ao concluir a narrativa.

A resposta do pai não o surpreendeu nem um pouco:

— Rapaz... O que estão esperando para trancafiar esse sujeito num asilo de loucos? Seu amigo pirou e ainda não percebeu...

— Você acha?

— Acho, não. Tenho certeza!

— Mas ele me contou com tanta convicção de que era verdade...

— Filho, o que você pode esperar da sanidade de um sujeito que diz conversar com almas do outro mundo? Não me diga que ele quer ser seu cliente.

— Não, não é esse o caso.

— Ainda bem, porque esse é um assunto para um psiquiatra. E dos bons! Com certeza esse seu amigo teve uma crise alucinatória e cabe a um psiquiatra descobrir a causa, que pode ter origem em psicoses ou esquizofrenias, embora essas visões sejam raras nesses casos. Não podemos excluir a possibilidade do uso de certas drogas que induzem à alucinação.

Flávio achou que o pai estava exagerando e preferiu desconversar:

— É, foi justamente o que eu recomendei a ele, que procurasse um bom psiquiatra. Mas, mudando de assunto, como vai a saúde?

E a partir daí falaram sobre amenidades por mais meia hora, quando Flávio percebeu que a chuva tinha, de fato, diminuído bastante. Já daria para ir embora.

— Ok, pai, conforme você previu, a chuva já passou. Está na hora de fechar o boteco!

Despediram-se com o carinho habitual e Flávio se levantou. Iria para casa enfrentar outro problema.

De alguma forma, a conversa com seu pai ajudou-o a acalmar-se com relação ao misterioso encontro. Claro, tudo não passara de uma alucinação.

Por via das dúvidas, ao passar pela varanda e atravessar o curto caminho ajardinado até o portão de saída, foi olhando em todas as direções para ver se não descobriria alguma sombra suspeita.

Capítulo 4

Sueli olhou para o relógio pela milésima vez: quase meia-noite. Nunca Flávio se atrasara tanto para o jantar e, quando o fizera por alguma necessidade profissional, sempre a avisara.

Ela entendia perfeitamente que, como a relação deles não andava lá muito amistosa, ele, por birra, até poderia deixar de avisá-la do atraso. Contudo, sendo tão tarde da noite, e com a violência correndo solta nas ruas, ela achava que deveria haver por parte dele um mínimo de consideração, até em nome do amor que um dia existira entre eles e no momento passava por um difícil teste.

Na estante onde estava a televisão, a que ela não assistia, mas deixava ligada apenas para não se sentir tão só, havia um porta-retratos com uma foto deles, tirada durante um passeio nos bons tempos. Rostos juntinhos, sorridentes. Ela insistia em manter aquela foto ali como uma espécie de talismã, para ver se as coisas voltavam a ser como antes. Ela o amava muito e sentia saudade dos primeiros anos de casados.

Haviam se conhecido numa das viagens que fizeram ao exterior para estudos. Ela tinha acabado de se graduar em arquitetura. Durante a faculdade, após uma visita que fizera ao Museu de Arte para elaborar um trabalho de conclusão de curso, conhecera e ficara encantada com a história de Lina Bo Bardi[3] e decidira ir nas férias até Roma para conhecer mais a trajetória da vida dela em seu país de origem. Dias depois, em Paris, conheceu Flávio, que também estava em período de férias numa viagem de estudos.

Sueli se lembrava de todos os detalhes daquele encontro. Ela tinha aproveitado um intervalo da palestra para tomar um café no hall de entrada do centro de convenções. Carregava vários livros, cadernos e apostilas nos braços, de forma que era precário o equilíbrio da mão que segurava a xícara. Decidiu sentar-se a uma mesinha. Ao se virar no balcão, deu de cara com Flávio, chocando-se num cômico encontrão. Ele estava na mesma situação que ela: cheio de livros e cadernos, segurando um copo de refrigerante. O choque dos dois promoveu uma troca recíproca dos líquidos quente e gelado em suas mãos. O que levavam nos braços foi ao chão e tudo se misturou. Seria cômico se não tivesse deixado manchas molhadas e açucaradas nas roupas de ambos. Apesar de tudo, quando se abaixaram para recolher o material, seus olhares se encontraram e parecia que um poderoso raio havia atingido os dois naquele instante. Ficaram um tempo enorme agachados, imóveis, olhos nos olhos, um sorriso maroto nos lábios de ambos. As pessoas que passavam olhavam intrigadas aquela cena.

Habitualmente, um encontrão desastrado daqueles teria provocado um considerável bate-boca, com ofensas e provocações. No entanto, parecia que se conheciam havia séculos, que estavam separados e agora se reencontravam. O sorriso, formando-se aos poucos, em cerca de

---

3 Lina Bo Bardi — Achillina Bo nasceu em Roma, onde se formou em arquitetura. Veio para o Brasil em 1946 e logo revolucionou nossa arquitetura com ideias arrojadas e inovadoras, como a nova sede do Museu de Arte de São Paulo, o Masp. Dentre suas inúmeras obras, encontram-se o projeto do Museu de Arte Moderna da Bahia, o Sesc Pompeia e muitas outras. Faleceu em 1992.

minutos já era gargalhada. Dali, com a maior naturalidade do mundo, ela o acompanhou até o hotel onde ele estava hospedado para que trocasse de roupa. Depois foi a vez dele levá-la para se refazer. No começo da noite já estavam jantando juntos, em seguida foram a um teatro e no fim estavam fazendo amor, sem receios nem bloqueios.

Eram tantas as afinidades entre eles que em pouco tempo o que deveria ser apenas uma companhia de viagem transformou-se em parceria amorosa. Algum tempo depois estavam casados.

No início, foram tempos de lua de mel intensa e permanente. Passearam, viajaram e fizeram amor — tudo em dose exagerada.

Depois vieram os problemas para Sueli engravidar, os desentendimentos e o distanciamento do casal.

Em seus momentos de reflexão, tentando descobrir quando esse problema começara, ela tinha a nítida sensação de que fora a partir do dia em que dera uma palestra no Instituto de Arquitetura. Ela se lembrava de que, naquela noite, Flávio, a pretexto de comemorar com ela o enorme sucesso da palestra, convidara-a para passarem a noite em um motel. Até então as relações sexuais do casal eram perfeitas e, a rigor, não haveria razões para uma recusa. No entanto, naquela noite, após receber os entusiasmados cumprimentos dos presentes, ela passou a se sentir estranhamente fraca e cansada. Fez o possível para recusar a proposta sem magoar Flávio, que parecia muito excitado. Ela jamais conseguiu esquecer a expressão dele, inicialmente de surpresa e depois de raiva, quando ela lhe respondeu que preferia ir para casa descansar.

Na opinião dela, foi a partir daí que a relação desandou e os seus inesperados problemas de saúde começaram a aparecer.

Como psicólogo, Flávio sabia que a frigidez feminina podia ter causas orgânicas ou emocionais. Estas, ele já tinha descartado desde o início do problema, pois sua mulher não sofria de depressão, estresse nem ansiedade crônica. Quanto a outras possíveis causas, os inúmeros exames feitos não detectaram nenhuma anemia, alterações hormonais, problemas vasculares, circulatórios ou neurológicos, nem hipotireoidismo. Ela também não estava usando antidepressivos ou quaisquer outros medicamentos que provocassem diminuição ou perda da libido. Os exames foram muitos, pois houve um cuidado do casal no sentido de que nenhuma possível causa fosse deixada de lado. Apesar disso, nenhuma resposta foi encontrada.

Assim, na falta de uma explicação clínica para a súbita infertilidade e frigidez de sua mulher, Flávio preferiu apegar-se a uma explicação puramente emocional: sua esposa não conseguia engravidar ou porque já não o amava mais, ou porque não queria ter um filho seu. Desta maneira, por uma razão ou por outra, seu organismo rejeitava consumar a fecundação. Se Flávio estivesse no controle de sua reconhecida racionalidade, teria percebido que suas hipóteses eram simplesmente falsas e absurdas!

De sua parte, Sueli não sabia mais o que fazer para reconquistar seu marido e reconstruir seu casamento. Apesar de católica de formação, não acreditava que preces e orações resolvessem a situação. A possibilidade de encontrarem uma solução a dois por meio do diálogo já se mostrara inviável, pois ele transformava qualquer conversa a respeito daquele assunto em discussão e acusações.

Ela não entendia como, sendo tão inteligente e culto, Flávio se tornara tão radical a ponto de perder a capacidade de refletir e buscar uma solução. O desejo dele de ser pai era tão grande quanto o dela de ser mãe. Portanto, deveriam estar juntos, lado a lado, na busca de uma explicação e uma maneira de resolver o problema.

Certa vez, numa das conversas, ela chegou a cogitar a hipótese de uma adoção. Ele rejeitou a ideia. Não porque fosse contra o processo de adoção, mas porque achava que o problema a ser resolvido primeiro era a questão dos sentimentos dela, fosse desamor ou desinteresse.

E assim os dois, mesmo convivendo num grande, confortável e luxuoso apartamento, encontravam-se na mais completa solidão. Não mais sorriam, não mais conversavam nem saíam para passear, viajar ou assistir a um filme ou a uma peça de teatro.

Como dois zumbis, após o jantar silencioso, terminavam o dia em frente a um aparelho de televisão, com os olhares e os pensamentos muito distantes da telinha luminosa.

Quando o sono os vencia, seguiam para a cama como autômatos e, sem trocarem um só gesto de afeto ou uma única palavra carinhosa, deitavam-se de costas um para o outro.

Certa noite, já deitados, ela tentou aproximar-se dele carinhosamente, buscando uma trégua. Embora com delicadeza, foi rejeitada. Depois dessa noite, nunca mais tentara outra reaproximação.

Muitas vezes, ao vê-lo pegar no sono, levantava-se para ir chorar solitária e silenciosamente no escuro da sala de estar.

Sueli suspirou aliviada quando ouviu o ruído da fechadura indicando que seu marido chegara em casa. Apesar de tudo, ainda o amava intensamente, da mesma forma como quando o conhecera. Era a imensidão desse amor que lhe dava esperanças de que um dia tudo se resolveria.

Como sempre vinha fazendo nos últimos tempos, ele entrou silenciosamente, passou por ela na sala e dirigiu-se ao quarto do casal para despir-se. Sueli não pôde deixar de se lembrar dos tempos em que ele chegava brincando, falando alto e pegando-a nos braços. Só após uma sessão de beijos carinhosos é que ele ia se desfazendo das roupas de trabalho, comentando as novidades do dia. Tudo isso fora substituído por um gélido cumprimento, seguido de um torturante silêncio.

Ela ouviu o som do chuveiro e novas lembranças vieram-lhe à mente. Sentiu que algumas lágrimas ameaçavam escorrer por sua face.

Sob a água, Flávio acalmou-se mais. Não pôde deixar de pensar que, tempos atrás, sua mulher estaria lhe fazendo companhia no banho. Era comum usarem a banheira e ali, sentindo o contato da água morna, ficarem longo tempo conversando ou se acariciando. Um ensaboava o outro, e o banho acabava se transformando em uma sessão amorosa. Mesmo que ela já tivesse se banhado, ficava sentada numa das extremidades da banheira, comentando o seu dia ou ouvindo os comentários dele. No fim era ela quem o enxugava. Às vezes, carinhosamente; outras vezes, provocadoramente.

E agora ali estava ele se banhando sozinho. De pé. Sufocou um soluço de tristeza que teimava em sair.

Minutos depois voltou à sala, já de pijama.

Dirigiu-se a ela em voz baixa:

— Desculpe pelo atraso. Houve um imprevisto.

Ela respondeu com cautela:

— Eu já estava preocupada. Você nunca chegou tão tarde!

Ele retrucou friamente:

— Eu já me desculpei.

Ela percebeu a irritação na voz dele e não quis se arriscar a começar mais uma discussão. Perguntou em voz baixa:

— Você quer falar sobre o imprevisto?

Flávio balançou a cabeça em sinal negativo:

— Não vale a pena. Nada importante.

Ela pensou: "Se não foi importante, qual foi a razão do atraso?", mas nada disse.

Ele percebeu a contradição e procurou corrigir:

— Não que não fosse importante, é que não vale a pena falar a respeito.

Depois de um tempo, durante o qual ele fingia ler o jornal, ela perguntou, apenas para quebrar o incômodo silêncio:

— Quer que ponha o jantar?

— Não precisa. Não estou com apetite. Vou tomar um pouco de leite e deitar. E você, já jantou?

— Não, estava à sua espera.

Ele quis ser gentil, mas sua voz não demonstrava convicção:

— Me desculpe tê-la feito esperar.

Sueli foi sincera na resposta, porém esperava que ele se sensibilizasse com ela:

— O importante é que você chegou e está bem. Como eu disse, estava muito preocupada — fez uma pausa e tentou mais uma vez uma aproximação íntima. — Você gostaria que eu lhe fizesse uma massagem relaxante?

Ele respondeu secamente:

— Não, obrigado. Não precisa se preocupar. Estou bem.

E levantou-se, indo para o quarto.

Conformada, Sueli percebeu que teria mais uma noite solitária, chorando silenciosamente na penumbra da sala do seu apartamento.

Desligou a televisão, ligou o aparelho de som e procurou um disco de relaxamento que tinha sons de água correndo num riacho e chilreios de pássaros ao fundo.

Como não sabia quanto tempo levaria para dormir, programou o aparelho para que funcionasse no sistema de repetição automática ao término da música. Depois, apagou as luzes, deixando acesa apenas a do abajur. Deitou-se no sofá da sala e procurou relaxar. Pegou-se pensando: "Ah, Flávio!... Eu o amo tanto!... Como deixamos que nosso amor chegasse a esse ponto?... Sinto tanta falta do seu sorriso, da sua voz, dos seus beijos e abraços...".

Sem perceber, adormeceu. Teve um sonho muito estranho.

Ela flutuava num espaço avermelhado, que parecia um crepúsculo. Não sentia medo, apenas uma imensa ansiedade.

À sua frente, no alto, havia uma bola luminosa. Assemelhava-se a um pequeno sol, mas não emitia calor, apenas luz. Por alguma razão, ela se sentia atraída por aquela luz.

De repente, percebeu que algo saía da bola e vinha em sua direção. Logo notou que era um bebê. Ele se desprendeu da bola e começou a flutuar, vindo na direção dela, que começou a chorar de felicidade.

No entanto, no meio do caminho entre Sueli e a bola de luz, o bebê parou como se algo o prendesse à bola. Ela via o esforço que o pequeno ser fazia para desprender-se e continuar se aproximando, mas não conseguia soltar-se. Sueli começou a entrar em pânico, pois sabia que o bebê queria vir para ela, que também o queria. De tanto esforço que a criancinha fez, começou a chorar como se estivesse sentindo dor. O pânico dela começou a transformar-se em desespero. Estendeu ambos os braços na direção do bebê, porém não conseguia pegá-lo. Procurou impulsionar seu corpo para a frente a fim de chegar mais perto e puxá-lo com suas mãos.

De repente, o que quer que estivesse prendendo o bebê à bola de luz começou a puxá-lo de volta com mais força e rapidez e ele foi se afastando. Sueli começou a gritar desesperada. Ela queria ajudar aquela criança! Na verdade, ela a queria para si. Mas o bebê ia se afastando cada vez mais. Então ela gritou com todas as suas forças:

— Solte meu bebê! Deixe que ele venha para mim!

Foi somente quando ele desapareceu dentro da bola de luz que ela soltou o grito desesperado que a acordou:

— Não faça isso! Devolva meu bebê!

Despertou assustada, molhada de suor, chorando descontroladamente, as mãos cobrindo o rosto. Aparentemente, Flávio nada escutara, pois não aparecera na sala.

Quando se acalmou um pouco, sentiu uma umidade quente entre as pernas. Sueli percebeu que havia menstruado. Lentamente, e com cuidado, levantou-se e foi ao banheiro.

Ao voltar, passou em frente à porta do quarto e confirmou que Flávio dormia. Era um sono agitado, inquieto, como se também estivesse prestes a ter um pesadelo.

Voltou para a sala escura e ficou meditando sobre seu sonho. Teria algum significado? Teria alguma relação com a situação conjugal que estava vivendo? Ou refletia apenas seu grande desejo de ser mãe?

Precisava conversar com alguém a respeito. Se não desabafasse, se ninguém lhe mostrasse uma luz no fim do túnel, por mais tênue que fosse, acabaria enlouquecendo.

Percebeu que o aparelho de som parara de funcionar. Achou estranho, porque ela o havia programado para repetir a música tão logo chegasse ao fim, mas não deu importância ao fato. Talvez tivesse se enganado ao fazer a programação de repetição automática do aparelho.

Como ainda estava sem sono, começou a relacionar mentalmente todas as pessoas que achava que poderia procurar para conversar. Adormeceu sem descobrir um só nome que merecesse sua integral confiança para esse tipo de assunto.

Sueli nunca poderia imaginar que um vulto feminino permanecia ao seu lado, de pé, fazendo gestos com as mãos sobre seu ventre como se o massageasse, e com uma visível expressão de triunfo maligno na face.

A tempestade voltou ainda mais forte, iluminando com raios e relâmpagos a cena que se desenrolava naquela sala, dando-lhe contornos fantasmagóricos.

Curiosamente, quando o estranho vulto de mulher surgira na sala, ao lado do corpo adormecido de Sueli, o aparelho de som parara de tocar.

Capítulo 5

Diferentemente dos recentes dias chuvosos, naquela manhã o sol brilhava a pino, como se dizia antigamente.

Em seu escritório de arquitetura, Sueli estava tão imersa em algum pensamento em sua mesa de trabalho, que se assustou quando o telefone tocou ao seu lado. Era sua secretária.

— Sueli, tem uma pessoa na linha querendo falar com você. Não se apresentou, mas diz que é um futuro cliente.

Apesar de chefe da equipe e dona do escritório, Sueli se achava muito jovem para ser chamada de "dona" ou "senhora". Era o que seus três funcionários também pensavam, daí a informalidade com que era tratada por eles. Sorriu ao responder:

— Opa, passe logo! Estamos precisando de novos clientes!

Pela voz, o "futuro cliente" parecia se tratar de um senhor de certa idade.

— Dona Sueli?

— Eu mesma. Bom dia!

— Bom dia! Creio que precisarei dos seus serviços.

Ela respondeu rapidamente:

— Pois não?

Com a ajuda do marido, Sueli conseguira alugar um pequeno sobrado perto de casa. No térreo havia a recepção, onde ficava a secretária e, no andar de cima,

em salas separadas, ficavam ela e seus dois desenhistas-
-projetistas. Era um espaço arejado, muito bem iluminado
e decorado de forma bastante moderna.

— Trabalho aqui na Avenida Paulista. Não é tão longe assim, mas o trânsito é que é complicado. Por isso
estou telefonando para a senhora em vez de ir até aí.

— Não faltará oportunidade, senhor...

— Oh, desculpe a minha falha, não me apresentei.
Sou Otávio, tenho um escritório de advocacia.

"Advogado? Humm... Os advogados costumam ser
bons clientes...", pensou Sueli animada.

— Muito bem, doutor Otávio. Em que posso ser-
-lhe útil?

— Bem, tenho um imóvel aí perto do seu escritório,
em Moema. Sua simpática secretária me disse que seu
ateliê fica no Campo Belo, é isso mesmo?

— Isso mesmo. Moema fica a um pulo daqui.

— Ótimo. Como eu dizia, tenho um imóvel. Na verdade, trata-se de um casarão abandonado há anos.

Sueli ficou surpresa: o espaço imobiliário do bairro
de Moema era um dos mais valorizados da capital. Não
era exatamente uma região para deixar um casarão ficar abandonado.

— Abandonado?

— Minha jovem, esta é uma longa história. Quem
sabe um dia lhe contarei pessoalmente?

— Sem problemas, doutor Otávio. O que o senhor
pretende para esse casarão?

— Gostaria de fazer uma boa reforma nele. Tenho
alguns planos em mente, mas antes preciso saber o seguinte: seu escritório se encarrega de tudo? Quero dizer, planejar a reforma, fazer nova planta se for preciso e

depois intermediar a contratação dos engenheiros e do pessoal de obras?

— Sim, claro, esse é o nosso trabalho. Se o senhor quiser, posso enviar-lhe um portfólio com os imóveis que já reformamos.

Ele interrompeu gentilmente:

— Não precisa se preocupar, dona Sueli. Algum tempo atrás eu assisti a uma palestra da senhora no Instituto de Arquitetura. Fiquei muito bem impressionado com seus conhecimentos. Além disso, tive ótimas referências a seu respeito.

Sueli ficou orgulhosa, mas não pôde deixar de observar a coincidência de ele ter falado em sua palestra e ela ter pensado nela havia pouco tempo:

— Muito obrigada. Posso saber de quem o senhor teve essas referências positivas a meu respeito para que eu possa agradecer?

— Também falaremos depois sobre esse assunto. Quando a senhora poderia visitar o imóvel?

— Dê-me só um instante enquanto verifico minha agenda.

Na verdade, havia tempo sobrando. Essa resposta era uma estratégia que aprendera em um curso sobre relações comerciais com o cliente: nunca o deixe perceber que sua empresa está com tempo ocioso. Ao marcar visitas e reuniões, mostre-se sempre muito atarefado e cheio de compromissos, mas, no final, encontre sempre uma boa justificativa para ir.

— Que sorte, doutor Otávio! Acabo de verificar que um cliente precisou viajar e adiou nossa reunião que estava agendada para hoje à tarde. Isso quer dizer que poderei visitar seu imóvel hoje mesmo, depois do almoço. A que horas nos encontraremos lá?

O advogado demorou um pouco para responder. Pigarreou antes de falar:

— Dona Sueli, em outras circunstâncias eu a acompanharia e até a convidaria para almoçar. Como a senhora deve saber, Moema está repleto de ótimos restaurantes. Mas infelizmente não poderei acompanhá-la nesta visita por causa de um monte de compromissos que me aguardam. Vou lhe dar o endereço e lá a senhora conversará com o senhor Severino, o vigia da casa. É uma excelente criatura, uma pessoa de confiança, um velho nordestino que está há muito tempo radicado em São Paulo.

Sueli estranhou. Em contratos de reforma, habitualmente o cliente acompanha o arquiteto até o imóvel, principalmente para expressar o que deseja que seja feito, com qual tipo de material e qual o estilo dos móveis e da arquitetura das novas instalações. Mas, enfim, pensou: "O cliente sempre manda, não é o que dizem?".

— Como o senhor preferir, doutor Otávio.

Ele passou o endereço, com detalhes, certificando--se de que ela saberia localizá-lo.

— Eu sei onde fica essa rua. Conheço muito bem a região, pois moro aqui perto.

— No Campo Belo, não é?

Sueli ficou curiosa. Ia perguntar ao homem como ele sabia que ela morava no Campo Belo. Mas, pensando rapidamente, diante da perspectiva de fechar um novo contrato de trabalho, achou melhor ficar quieta. Com a continuidade do relacionamento comercial, não faltaria oportunidade para esclarecer essa dúvida.

— Isso mesmo, doutor Otávio. Já faço até uma ideia de onde fica seu imóvel.

— Excelente! — o advogado voltou a pigarrear antes de continuar: — Veja, dona Sueli, não vá se assustar com o estado do imóvel. Está uma lástima, caindo aos pedaços.

— Ah, não se preocupe, doutor Otávio. O senhor não imagina o estado deplorável de alguns imóveis que tenho reformado.

— Então está bem. Depois a senhora me liga e falaremos mais a respeito.

— Combinado, doutor Otávio. Em nosso próximo contato, espero que o senhor nos dê o prazer de vir até o meu escritório tomar um cafezinho.

— Veremos, minha jovem, veremos. Foi um prazer conhecê-la — e desligou.

———

Depois de pôr o telefone no gancho, Otávio ficou refletindo a respeito da sua decisão de contratar aquela arquiteta. Percebera que ficara curiosa em saber como ele possuía tantas informações a respeito dela. Fora um descuido dele deixar escapar aquelas informações, sobretudo o conhecimento de onde ela morava, porque ele não teria como explicar.

Não houvera indicação nenhuma, como ele dissera. Fora uma pequena e inofensiva mentira, porque certamente ela não acreditaria que tudo a respeito dela — nome, endereço, profissão e até o local onde ela morava — lhe fora fornecido por meio de um sonho que tivera alguns meses antes. Isso mesmo, um sonho.

Nele, uma mulher desconhecida aparecia numa rua, apontando para uma enorme placa, como um grande painel. Nela estava escrito em letras garrafais o nome da arquiteta Sueli, o telefone e o nome do bairro onde ela trabalhava e morava. A cena do sonho durou tanto tempo e se repetiu tantas vezes que ele pôde decorar aquelas informações da placa.

Ao acordar, verificou surpreso que aqueles mesmos dados estavam rabiscados no bloco de anotações que ele sempre mantinha sobre seu criado-mudo. Ele mantinha esse hábito no caso de, antes de dormir, se lembrar de algum compromisso para o dia seguinte.

O mais curioso é que ele não se lembrava de ter despertado imediatamente após o sonho e muito menos de ter rabiscado aquelas informações no seu bloco de anotações.

No começo, ele não levara o sonho muito a sério, por isso levou tanto tempo para fazer contato com a arquiteta. Só tomou essa decisão quando o sonho passou a se repetir, de forma incômoda, quase todos os dias.

Por essas e outras razões, ele não tinha como explicar à arquiteta o fato de ele saber tanto sobre ela. Certamente ela não acreditaria nessa história de sonhos recorrentes.

Otávio deu graças a Deus por ela não ter insistido nesse assunto antes de desligar. E torcia para que ela continuasse não se lembrando disso nos encontros que com certeza teriam futuramente.

Em circunstâncias normais, Sueli ligaria imediatamente para o marido e compartilharia com ele sua alegria de estar conseguindo um novo cliente. Todavia, a situação entre os dois não lhe dava essa motivação. E ela achava uma pena não ter com quem dividir aquela alegria. Isso lhe causou certa melancolia, mas decidiu reagir passando a imaginar como seria o novo trabalho.

Girou sua poltrona na direção da janela de vidro e ficou contemplando o movimento lá fora, com o habitual trânsito serpenteando veloz pela avenida.

Ainda olhando a veloz e barulhenta procissão de carros nos dois sentidos da avenida, Sueli pôs-se a pensar quem estaria naqueles carros. Para onde iriam? Eram pessoas apaixonadas ou solitárias, como ela? Percebeu que esses pensamentos a deixariam mais triste ainda. Precisava, pois, evitá-los. Voltou a girar a poltrona e debruçou-se sobre a mesa de trabalho. Já estava quase na hora do almoço.

Do seu escritório até o imóvel do novo cliente, em condições normais de trânsito, Sueli não gastaria mais de quinze minutos. Por isso, pegar um trabalho ali seria o que se costumava chamar de uma "mão na roda".

Tão logo terminou sua habitual caminhada após o almoço, Sueli pegou seu carro e pôs-se a caminho. Aprendera que, em matéria de mercado, não se deve facilitar diante das oportunidades que surgem e, portanto, é fundamental prestar pronto atendimento aos clientes.

Não teve dificuldade para chegar ao local. O imóvel ficava num trecho residencial do bairro, um pouco afastado do seu ponto central. Havia uma série de casas e sobrados, depois vinha um terreno baldio. Diante do crescimento do bairro, provavelmente dentro de pouco tempo uma construtora qualquer levantaria ali mais um dos enormes prédios que começavam a dominar a região.

Era vizinho ao terreno baldio que ficava o imóvel, ou seja, o que outrora fora um belo casarão.

Por ser um local relativamente pouco movimentado, fora fácil para Sueli estacionar ali, bem defronte, do lado oposto da rua.

Ficou alguns minutos olhando o imóvel ainda de dentro do carro. Por alguma razão, lembrou-se do aterrorizante casarão do filme *Psicose*, do mestre do suspense Alfred Hitchcock. Para ser igual, só precisava ficar no alto de uma colina...

Pelo que se podia perceber de fora, o casarão estava precisando de muitos reparos, de uma urgente e completa reforma. Era incrível imaginar que fosse possível encontrar um imóvel naquele estado numa região tão nobre. Certamente deveria ter ficado um longo tempo em litígio, problemas de inventário, coisas assim.

Antes de atravessar a rua e procurar o Severino, examinou melhor o casarão. Estava realmente bem estragado, como prevenira o doutor Otávio. Em volta das inúmeras rachaduras, as paredes apresentavam indícios de que um dia haviam sido pintadas de cor-de-rosa. Algumas janelas davam a impressão de que despencariam na primeira forte rajada de vento. Como a porta de entrada da casa era recuada, dava para notar que outrora houvera um jardim ladeando um danificado caminho de pedras que ia do velho e enferrujado portão de ferro até a varanda. Todo o imóvel era cercado por longas muretas gastas pelo tempo.

Não havia campainha, por isso Sueli bateu palmas algumas vezes para chamar a atenção de Severino, se é que ele estava lá.

Depois de algum tempo sem aparecer ninguém, Sueli decidiu entrar e ir até a varanda. Ao empurrar o tosco portão, ouviu um rangido típico dos filmes de terror.

"Credo", pensou, "isto aqui está bem ruinzinho mesmo. Se o doutor Otávio quiser fazer uma reforma como manda o figurino, vai ter que gastar uma pequena fortuna..."

Andando devagar e tomando muito cuidado para não escorregar com seus sapatos de salto alto, atravessou o caminho de pedras e parou na frente da varanda. Tornou a bater palmas.

— Olá! Boa tarde! Tem alguém em casa?

Nenhuma resposta.

Sueli deu a volta por um dos lados da casa e, ao perceber que muitos dos vidros das janelas estavam quebrados, resolveu dar uma espiada através dos espaços abertos. Afinal, estava autorizada pelo dono do imóvel a conhecê-lo. Não tinha culpa se o Severino não estava ali para atendê-la.

Pela fresta de uma das janelas viu que se tratava de um casarão bastante espaçoso. Ali no térreo havia um grande salão empoeirado, com sofás e poltronas totalmente gastos e danificados. Conseguiu ver que no fundo daquele salão havia uma mesinha com um telefone antigo e, em seguida, uma escada que deveria dar acesso ao andar de cima. E ao lado dela percebeu o início do que deveria ser um corredor que provavelmente se prolongaria até os quartos térreos e a cozinha.

— Boa tarde, dona!

Sueli quase caiu para trás com o susto! Pelo buraco nos vidros da janela por onde ela estava espiando o interior da casa, apareceu subitamente a carranca negra de Severino.

Capítulo 6

Foi um susto e tanto! O coração de Sueli ficou batendo em descompasso. Nem conseguiu responder.

— Um momentinho, dona — Severino falou e sumiu da janela.

Sueli recostou-se à parede para recuperar-se um pouco do susto que levara. O vigia reapareceu no fim do estreito e gasto passeio de cimento, alguns metros após a janela onde havia surgido.

Severino aparentava já ter passado dos setenta anos, era magro, mas forte, bem conservado, de pele escura, barba e bigode, e cabelos encaracolados e inteiramente brancos. Para Sueli, a fisionomia dele lembrava a figura de um Preto Velho, espírito carregado de docilidade e de extrema sabedoria, presença comum nas tendas de umbanda, e muito conhecido por seus seguidores. Tinha a expressão constrangida de quem acabara de cometer um deslize:

— Desculpe se assustei a senhora, dona. Eu estava tirando um cochilo dentro do casarão e não vi a senhora chegar. Sempre faço isso depois do almoço para recuperar as energias. Vamos entrar?

Enquanto o seguia em direção à entrada do casarão, Sueli quis se certificar:

— O senhor é o Severino, não é?

— Sim, senhora. Pela manhã, o doutor Otávio me avisou que a senhora viria. Não disse a hora, mas falou que seria hoje à tarde. Pensei que a senhora viesse mais tarde. Me desculpe pelo cochilo e principalmente pelo susto que dei na senhora.

— Ah, não se preocupe com isso, Severino. Se eu pudesse, também tiraria um cochilo toda tarde, depois do almoço. Como você já deve ter imaginado, eu sou a Sueli, a arquiteta da qual lhe falou o doutor Otávio.

Subiram os dois degraus, passaram pela ampla varanda, porém, antes que ela pudesse entrar na casa, o homem parou bem na porta, impedindo sua passagem. Voltou-se para Sueli:

— Não sei se o doutor Otávio avisou a senhora que o casarão está muito sujo e estragado. Desde já peço desculpas pelo mau estado dele. É uma bela casa, mas está muito maltratada. Faço o que posso para mantê-la em ordem, mas a senhora sabe como é, na minha idade a gente não pode cuidar de tudo ao mesmo tempo. Tem coisas que não dá para fazer, pois o corpo não aguenta mais, não é mesmo?

— Ora, Severino, fique tranquilo. Na minha profissão, estou acostumada a visitar lugares bem mais judiados.

Ele olhou bem para ela, pareceu ainda hesitante, e finalmente afastou-se, dando-lhe passagem para entrar na casa.

No instante em que Sueli colocou os pés dentro do casarão, sentiu um estranho frio invadir-lhe o corpo. Aquilo era muito curioso, porque o tempo estava bastante quente... Ficou parada um instante tentando entender por que e de onde viera aquele frio súbito. Também curiosa e absurda foi a rápida sensação de já ter estado naquele casarão. Isso lhe passou pela cabeça de forma rápida, talvez não mais que cinco segundos, mas muito intensa. Obviamente ela *nunca* estivera naquele lugar, não havia a menor dúvida.

Severino percebeu a reação dela:

— Algum problema, dona?

Ela apertou os braços em torno do corpo e disfarçou:

— Não, nenhum. Pensei ter sentido frio, mas o tempo está tão quente lá fora... Deve ter sido alguma corrente de ar... — hesitou, decidindo nada comentar sobre a sensação de *déjà-vu*[4].

Severino olhou fixamente para ela, ia comentar alguma coisa, mas desistiu. Ele ia à sua frente mostrando-lhe as dependências do andar térreo.

Estranhamente ela sentia que suas pernas pareciam estar com dificuldade em acompanhá-lo. Pareciam tão pesadas que ela tinha que fazer um esforço extra para caminhar. De qualquer forma, fez força para continuar, procurando não demonstrar que havia algo errado. De vez em quando, em flashes muito rápidos, voltava a atacar-lhe aquela sensação esquisita de já conhecer o ambiente.

O salão principal, logo na entrada, era enorme. Havia um tapete persa marrom no centro, ladeado por grandes poltronas antigas e gastas pelo uso e pelo tempo. Ao lado, à esquerda, separada por uma larga abertura na forma de arco, havia outra grande sala, também com tapetes, poltronas e várias mesinhas redondas, provavelmente usadas para leitura, jogos ou ponto de encontro para conversas. À frente vinha o que parecia ser a sala de refeições, muito comprida e ampla. A enorme mesa, com tampo de verniz escuro, era suficiente para comportar cerca de vinte pessoas. "Ideal para banquetes", pensou ela. Defronte a essa

---

4 *Déjà-vu*: expressão francesa que significa "já visto". É usada para designar a sensação que algumas pessoas têm de que já conhecem pessoas, lugares ou situações que estão vendo ou vivenciando pela primeira vez. Alguns estudiosos afirmam que esse fenômeno decorre de uma reação psicológica que traz à tona arquivos da memória antiga sem passar pelo crivo da memória imediata. Outros, entretanto, acreditam tratar-se de recordações de vidas passadas, dentro do conceito reencarnacionista.

sala, no lado esquerdo da mesa, havia quatro portas que provavelmente davam acesso a dormitórios.

Como ela previra, no fim do longo corredor estava a cozinha, também tão espaçosa que poderia ser usada como sala de almoço ou jantar para mais uma dezena de pessoas. Outrora, devia ter sido bem aparelhada, mas agora os equipamentos e utensílios, o fogão, uma enorme geladeira, a pia, tudo se encontrava visivelmente deteriorado, enferrujado e provavelmente sem condições de uso. Sobre o mármore ao lado da pia, havia um pequeno fogareiro que certamente era onde o vigia preparava ou esquentava suas refeições e o café, conforme indicava um velho bule que se via ali.

Com alguma dificuldade, pois os ferrolhos estavam emperrados, denunciando que havia muito tempo não eram acionados, Severino abriu a porta que dava da cozinha para um imenso quintal, onde ainda se podiam ver vestígios de hortaliças, plantas e árvores. No momento, tudo se mostrava ressecado e improdutivo, e o chão estava recoberto pela folhagem seca.

Em torno desse quintal, com certeza por medida de segurança, a mureta que envolvia o casarão se transformara em altos muros, com cacos de vidro em cima, em toda a extensão.

Dessa porta, retornaram à sala de refeições onde, no lado oposto, havia uma escada de forma espiralada que dava acesso ao andar superior.

Começaram a subir a escada. A cada passo, Sueli voltava a ter a sensação de que já estivera ali. Mas era uma hipótese tão improvável que ela decidiu não mais lhe dar atenção. De qualquer forma, sem saber a razão, não estava muito à vontade naquele imóvel. E não entendia por quê, pois estava acostumada a visitar casas, sobrados e prédios antigos e malconservados, iguais ou piores que este.

A situação ali era outra, completamente estranha e desconhecida para Sueli. Desde que adentrara o casarão, além da sensação de *déjà-vu*, fora preciso fazer um esforço físico enorme para levantar os pés do chão e conseguir andar. O desgaste agora era ainda maior para subir os degraus. Era como se alguma força estranha e invisível quisesse impedi-la de subir ou de visitar aquele lugar.

Chegou ao topo incrivelmente cansada, depois de passar pelo trecho da escada onde ela fazia uma curva, bem na metade. Precisou parar um pouco para recuperar o fôlego e as energias.

Severino, que vinha acompanhando-a, a uma respeitosa distância, percebeu o esgotamento da arquiteta. Perguntou com um pouco de ironia na voz:

— Cansou, moça?

— Um pouco. Devo estar fora de forma — respondeu meio constrangida, pois ele, um senhor de idade avançada, não aparentava nenhum cansaço.

Retomaram a caminhada quando ela sentiu que estava respirando melhor.

Devia haver pelo menos uma dúzia de quartos naquele andar, provavelmente tão espaçosos quanto o restante do casarão. As portas eram altas, compatíveis com a altura do teto. Em determinados trechos, o piso de madeira rangia à medida que eles caminhavam. A imensidão daquele espaço despertou nela uma súbita curiosidade:

— Severino, o que funcionava aqui?

O velho homem, que continuava seguindo à sua frente indicando o caminho, parou e, sem se voltar, perguntou, com uma voz estranhamente baixa:

— O doutor Otávio não lhe contou?

— Ainda não tivemos oportunidade de conversar a respeito. Por enquanto, ele só me pediu que viesse conhecer o imóvel.

Então Severino voltou-se lentamente para ela e falou num tom de voz que não agradou nem um pouco a Sueli. Não que fosse grosseiro ou inadequado, mas era como se escondesse algum segredo:

— Dona, é melhor que ele mesmo conte tudo para a senhora — voltou-se e continuou caminhando.

Entraram em dois ou três quartos. Eram todos semelhantes. Neles havia apenas uma grande e velha cama, uma larga poltrona ao lado e, rente a uma das paredes, algo que no passado deveria ter sido uma penteadeira. Nada mais. Eram ambientes muito abafados, até porque havia muito as janelas não eram abertas. No primeiro deles, Severino procurou se justificar:

— Desculpe a sujeira, dona. Faz muito tempo que ninguém entra aqui. O vento se encarrega de trazer esse pó.

Havia também quatro ou cinco banheiros naquele andar. Tudo confirmava que não eram utilizados havia muito tempo, desde o estado das pias, das banheiras e dos chuveiros até o forte cheiro de mofo. O calor lá fora contribuía para o clima abafado daquelas dependências.

Sueli deu-se por satisfeita. Dirigiram-se à escada para descerem ao piso térreo. Antes do topo, à direita do início da escada, havia uma porta fechada, como as demais, e Sueli, por alguma razão inexplicável, sentiu vontade de entrar naquele cômodo. Ela chegou a colocar a mão na maçaneta, mas foi abruptamente impedida por Severino com uma exclamação de medo:

— Não faça isso, moça! Não entre aí!

Sueli recuou assustada:

— O que foi, Severino? Algum problema?

Agora ele não fazia questão de esconder a expressão de medo:

— Não, nenhum problema, mas, por favor, moça, não entre nesse quarto! Por favor! Por favor!

Ela estava impressionada com a súbita reação dele, que até então vinha se mantendo tranquilo.

— Calma, Severino, não se preocupe, não vou entrar.

Ele agradeceu com um gesto de cabeça e voltou-se rapidamente em direção à escada. Desceu bem mais depressa do que tinha subido, e Sueli, mesmo sem entender nada do que acabara de ocorrer, procurou acompanhar seu ritmo. No meio da escada, no ponto em que ela fazia uma curva, Sueli parou, segurou-se no corrimão e olhou para trás, para o topo.

Pela visão periférica, tivera a impressão de ter visto um vulto lá em cima. Intrigada, voltou-se para o vigia:

— Tem mais alguém aqui além de nós, Severino?

Ele pareceu empalidecer e sua resposta não foi muito convincente:

— Não, senhora. Como eu lhe disse, faz muito tempo que não vem ninguém aqui. Nem mesmo o doutor Otávio.

Sueli ficou alguns instantes olhando para o alto da escada. Tinha quase certeza de ter visto um vulto. Enfim, se havia mais alguém ali e fazia questão de se manter escondido, não era da sua conta. Teve um pensamento malicioso: poderia ser uma namorada do Severino que estava escondida naquele quarto em que ele pedira para não entrar e, não aguentando a curiosidade, viera até a escada para ver a visitante... Sorriu ao pensar nessa possibilidade. Voltou-se e continuou a descer. Agora se sentia melhor do que ao subir.

Ao chegarem ao enorme salão principal, depois de terem passado novamente pela sala de refeições, Severino dirigiu-se com rapidez à porta de saída e abriu-a. Parecia que tinha muita pressa em dar por encerrada a visita de Sueli.

— Posso ajudar em mais alguma coisa, moça?

— Não, Severino, estou satisfeita. Vou telefonar para o doutor Otávio e dizer-lhe que estive aqui.

Despediu-se, agradecendo ao vigia a atenção. Quando já estava no portão, pronta para sair, ele a chamou da porta, onde permanecera:

— Moça, desculpe perguntar, mas a senhora viu ou sentiu alguma coisa estranha enquanto visitava o casarão?

Sueli se lembrou do frio, da sensação de já ter estado ali, do peso que sentira nas pernas e do vulto que julgara ter visto no alto da escada; entretanto, preferiu responder com outra pergunta:

— Por que você está perguntando isso, Severino? Eu deveria ter visto ou sentido alguma coisa estranha dentro do casarão?

A resposta dela pareceu deixá-lo confuso:

— Não, moça... É que... Como o casarão é muito velho, algumas pessoas... Bem, não é nada... Desculpe minha curiosidade.

Sueli não insistiu.

— Tudo bem, Severino.

Saiu, fechou o velho e enferrujado portão da melhor maneira que conseguiu, atravessou a rua e entrou em seu carro. Antes de dar a partida, ficou contemplando o casarão por mais algum tempo. Algo lhe dizia que alguma estranha história devia estar escondida entre suas grossas paredes. Se isso procedia, certamente o doutor Otávio haveria de esclarecer. Ligou o carro e voltou para o escritório.

Durante todo o trajeto de volta, por mais que tentasse se concentrar no trânsito, acompanhou-a com insistência a sensação de que havia alguma coisa errada com aquele casarão.

———

Depois que Sueli saiu do casarão, Severino foi para o quintal e sentou-se debaixo de uma velha e desfolhada mangueira, seu lugar preferido para tirar um cochilo depois do almoço e também para pensar na vida. O sol continuava inclemente, mas a pouca folhagem da mangueira ainda era suficiente para protegê-lo do calor.

Ele estava um pouco preocupado com a visita da arquiteta, pois ficara com a impressão de que a moça desconfiara de alguma coisa relacionada ao casarão.

Sabia que a vizinhança comentava que o lugar era mal-assombrado; contudo, durante todos aqueles anos em que vivia ali, nunca vira ou ouvira nada de estranho — e olhe que ele sempre dormia sozinho.

Também tinha conhecimento dos trágicos acontecimentos que marcaram o passado do casarão. Sabia — e até participara — da criação e extinção de um abrigo para crianças que funcionara ali e acabara com a expulsão delas por Igor, filho do senhor Horácio. Por decisão do rapaz e de sua amante, de abrigo para crianças, o casarão fora transformado num prostíbulo.

Severino acompanhou toda a instalação do bordel e sua rápida trajetória do sucesso à decadência. Sabia das mortes havidas ali, muitos anos atrás. Sabia de tudo isso, mas não se impressionava. Gostava muito do casarão e sentia-se íntimo dele. Devia a ele todo esse tempo de abrigo. Não teria tido outro lugar para morar, pois não possuía parentes em São Paulo.

Ainda jovem, mal saído da adolescência, deixara sua cidadezinha no interior de Pernambuco. Falavam maravilhas sobre São Paulo, diziam que era a terra do futuro, onde se ganhava muito dinheiro. De tanto ouvir isso, e para afastar-se da vida de necessidades que passava com seus pais e os nove irmãos menores, decidiu fugir. Chegou à cidade grande e batalhou durante muito tempo em busca de emprego. Não teve êxito em suas tentativas porque não tinha a instrução mínima requerida pelas empresas, mesmo para os cargos mais simples. Infelizmente, ele não concluíra os estudos e não tinha nenhum conhecimento específico ou especialidade profissional. Fora uma sorte encontrar aquele espaço para morar.

Apesar de decorrido tanto tempo, ele se lembrava bem de como tudo havia começado.

Um dia, havia muitos anos, estava perambulando sem destino em busca de algum trabalho, quando passou diante do casarão. Ali, viu um senhor de boa aparência e bem-vestido agachado, cuidando desajeitadamente de um jardim cujas flores ameaçavam murchar. Ele se aproximou e perguntou ao homem:

— O senhor quer uma ajudazinha aí, moço?

O homem se voltou para aquele rapazola desconhecido e respondeu também com uma pergunta:

— E você entende disso, rapaz?

Ele não entendia, mas precisava desesperadamente de um trabalho:

— Bom, a gente sempre dá um jeito.

O homem se levantou e Severino pôde apreciá-lo melhor. Era bem alto, de pele muito clara e avermelhada, olhos azuis, um pouco acima do peso e um sorriso benevolente no rosto.

— Chegue aqui e me mostre suas mãos.

Severino não entendeu o teste, mas fez o que o homem pediu. Abriu o portão, aproximou-se dele e mostrou-lhe as mãos, primeiro um lado, depois o outro.

O homem pegou nelas, revirou-as e resmungou:

— São muito macias, não parecem mãos de quem está acostumado a mexer com a terra.

Severino ficou meio sem jeito por sua mentira ter sido descoberta, porém insistiu:

— Por que o senhor não me dá uma oportunidade, moço? O senhor parece ser uma pessoa decente e ocupada, e deve ter coisas mais importantes para fazer que ficar mexendo com a terra, cuidando do jardim, sujando as mãos e até se arriscando a machucá-las com algum espinho. Por que não me deixa fazer isso?

O homem não teve outro jeito senão sorrir diante da esperteza do rapaz com aquela conversa de vendedor. De fato, tinha um monte de coisas importantes e urgentes para fazer no escritório. Ele só parara ali no jardim porque precisava relaxar um pouco. Resolveu recompensar a iniciativa do jovem e fazer-lhe uma proposta:

— Está bem, vou lhe dar uma oportunidade. Você fica trabalhando comigo durante um mês, cuidando das plantas. Daqui a um mês vamos ver se você conseguiu melhorar alguma coisa deste jardim e do quintal lá atrás. Do jeito que estão, as plantas, flores e árvores vão morrer ressecadas — o homem estendeu-lhe a mão grossa e forte. — Eu me chamo Horácio, e você?

— Eu sou o Severino, de Pernambuco. Não tenho família aqui e faz tempo vim para São Paulo fazer minha vida. Me disseram que seria fácil, que aqui era a terra do dinheiro. Mas ainda não consegui um emprego decente, acho que é porque não tenho instrução. Garanto que o senhor não vai se arrepender. Daqui a um mês isso aqui vai estar parecendo uma floresta.

— Pois muito bem, Severino, pode começar hoje mesmo. E pode dormir por aqui. Quarto é o que não falta neste casarão. Mas veja se não vai dormir demais e esquecer do nosso trato!

Rindo, o homem se despediu. Ele não morava ali. Aquele casarão era apenas um dos vários imóveis que o senhor Horácio possuía e visitava regularmente para verificar em que estado se encontravam. Isso Severino ficou sabendo dias depois, conversando com os empregados da vizinhança.

O pernambucano se agarrou com unhas e dentes àquela oportunidade. Começou limpando tudo cuidadosamente, tirando os gravetos, as folhas secas e os galhos murchos. Aparou as folhagens das árvores e passou a molhar as plantas duas vezes ao dia. Na hora do almoço, saía visitando os jardins do bairro, procurava pelo jardineiro responsável e pedia instruções sobre como cuidar de flores, plantas e árvores.

Seu plano deu certo. Em duas ou três semanas já dava para perceber grandes mudanças e melhorias tanto no jardim quanto no quintal. E isso não passou despercebido para o senhor Horácio quando ele voltou no fim do mês seguinte. Gostou tanto que contratou o garoto.

— Gostei do seu trabalho, rapaz. Ainda pode melhorar, mas mostra que você tem jeito para a coisa.

E foi assim que Severino se tornou cria do casarão e ganhou um bondoso patrão. Ele fazia o possível para manter o casarão limpo e conservado; no entanto, a idade já não lhe permitia fazer tudo o que era necessário. Não tinha mais forças e liberdade de movimentos.

Depois que a arquiteta saiu, Severino ficou se perguntando se ela já tinha conhecimento das histórias do casarão. Porque ele teve a impressão de que, por alguma razão, ela ficara assustada com algo que vira ou sentira dentro da casa.

Capítulo 7

Flávio preparou-se para mais um dia de atendimento. Não estava inteiramente recuperado do que acontecera na noite anterior. Meio a contragosto e até por não ter uma explicação melhor, estava aceitando a versão de estresse. No íntimo, porém, tinha lá suas dúvidas. Tudo parecera tão real...

Se sua relação com Sueli não estivesse tão tensa, gostaria de, naquela mesma noite, ter comentado o fato com ela e ouvido sua opinião. Do jeito que as coisas estavam, entretanto, não havia clima para essa nem qualquer outra conversa.

Continuava inconformado com a recusa dela em engravidar. Sim, ainda que ela não admitisse, só poderia tratar-se de uma rejeição — mesmo inconsciente — ao papel de mãe. Se havia a gravidez psicológica, na qual a mulher sente todos os sintomas da gestação mesmo sem ter sido fertilizada, então deveria existir também o oposto: considerar-se incapaz de engravidar, ainda que todos os exames realizados nada tivessem encontrado de errado com o sistema reprodutivo dela. Portanto, devia estar lhe faltando vontade emocional de ser mãe. E isso, aliado à dificuldade atual em sentir prazer no sexo, só podia significar que ela deixara de amá-lo.

Para ele, essa situação era incompreensível e inaceitável, pois, até o momento em que tiveram vontade de se tornar pais, estavam vivendo uma bela e intensa lua de mel. Bastou a ideia da gravidez para tudo mudar.

Como era possível algo que vinha sendo tão belo e intenso transformar-se e enfraquecer daquela maneira? O que ele fizera de errado — se é que fizera — para provocar tamanho desamor? E por que não conseguiam conversar calmamente a respeito do problema para tentar chegar a um entendimento e tudo voltar a ser como antes?

A manhã transcorreu de forma arrastada. Flávio atendeu os três adolescentes agendados, mas tinha consciência de que não estava em seus melhores dias.

Aproveitou o intervalo do almoço para fazer algumas pesquisas nos livros de sua estante. Começou por pesquisar "alucinações", uma vez que, conforme seus conhecimentos, já afastara a hipótese de "delírio".

A definição era óbvia e consensual entre todos os autores pesquisados, embora cada um se expressasse utilizando diferentes terminologias. A essência era a mesma: "Alucinação é a percepção real de algo — pessoa ou objeto — inexistente". Simples assim.

Leu atentamente sobre todas as formas possíveis de alucinação: auditivas, visuais, táteis, olfativas, gustativas, sinestésicas. Reviu os conceitos e a sintomatologia dos transtornos de causa esquizofrênica e psicótica, e nada se encaixava no seu caso. Além disso, não estava alcoolizado, doente, nem usando drogas que pudessem conduzi-lo a estados alucinógenos. Tudo podia ser confortável e simplificadamente diagnosticado como "estresse" e pronto. Assunto encerrado. Mas... seria mesmo tão simples assim?

Das crianças agendadas para a tarde, a última cancelou a sessão. Por isso, Laura, sua recepcionista-secretária, pediu-lhe para sair mais cedo, pois teria prova na faculdade e queria aproveitar para estudar mais um pouco a matéria.

Nessas circunstâncias, Flávio também se programou para sair logo após o término da última consulta. Para desanuviar a mente, talvez fosse a um cinema ou convidasse um colega para compartilhar uma rodada de chope.

Exatamente às cinco horas, depois que o último cliente da tarde já havia saído, Flávio preparou-se para fechar o consultório, mas antes preocupou-se em repor na estante os livros que estivera folheando e estavam espalhados sobre sua mesa.

Ao voltar-se, levou um enorme susto: a misteriosa mulher estava sentada diante de sua mesa, no sofá destinado aos clientes, olhando-o com uma expressão ligeiramente divertida:

— Olá!

Ele não fez a menor questão de disfarçar seu aborrecimento:

— A senhora, de novo?

Definitivamente ela estava se divertindo com a situação:

— Afinal, sou ou não uma alucinação? O que os livros dizem? A que conclusão você chegou?

Flávio estava entre indignado e confuso:

— Não acredito... Não é possível...

— Essa reação significa uma boa ou uma má recepção?

— Como a senhora conseguiu entrar? As portas estão fechadas.

Ela soltou uma daquelas gostosas e discretas gargalhadas que ele já conhecia bem e o irritavam tanto.

— Vejo que você continua se preocupando com detalhes e deixando de lado as coisas realmente relevantes.

— Ah, não! Não vamos falar por metáforas de novo!...

— Quando você estiver preparado, deixaremos de falar por metáforas e iremos direto ao assunto que realmente interessa.

— Que assunto? Afinal, o que a senhora quer de mim?

Ao contrário dele, a mulher não perdia a calma:

— Já lhe disse ontem: quero ajudá-lo. Mais nada.

— Me desculpe, eu acho a senhora de uma pretensão inominável! Quem pensa que é para me ajudar? E quem lhe disse que preciso de ajuda? Não me lembro de tê-la pedido, e muito menos à senhora.

— Ah, não precisa?

Ele ia responder "não" agressivamente, mas não teve coragem. Lembrou-se do seu problema conjugal. Não podia mentir, não era do seu feitio. Simplesmente ficou calado.

A visitante continuou, agora com voz conciliadora:

— Meu caro Flávio, eu nunca fui casada, mas sei exatamente como são essas coisas. Que tal falarmos um pouco a respeito?

— Como posso conversar com a senhora a respeito de coisas pessoais se nem ao menos sei quem a senhora é? Afinal, o terapeuta aqui sou eu. Estou aqui para ouvir, não para falar de mim.

— Na vida, todos nós somos um pouco terapeutas, um pouco clientes. Depende do momento de cada um. Quem não tem ou nunca teve problemas? Ninguém é perfeito. E quem não tem bons conselhos a dar? O resto é estereótipo, rótulos. Pois digamos que agora sou sua terapeuta, e você é meu cliente.

Flávio balançou negativamente a cabeça e não segurou o riso, mas era um riso nervoso, não de satisfação:

— Não é assim que as coisas funcionam, senhora desconhecida.

— Rosália.

— Que seja! A gente escolhe o terapeuta, seja porque confia nele, seja porque confia na sua competência. Eu nem sei quem a senhora é... Nem sei se a senhora existe... Para mim, continua sendo uma alucinação. E eu devo estar louco por estar dialogando com uma alucinação!

Agora, ela se mostrava delicadamente impaciente:

— Você insiste nessa mesma tecla... Que pena! Responda-me uma coisa: quantas pessoas você conhece ou acha que conhece bem que já lhe decepcionaram? — Flávio pensou em sua mulher. — E quantos desconhecidos e anônimos já lhe ajudaram, muitas vezes sem que você nem mesmo soubesse da existência deles?

Bem, isso era verdade. Então, Flávio decidiu entrar no jogo da desconhecida para ver aonde tudo aquilo ia dar.

— Está bem, vamos inverter a situação. Sou seu cliente. Mas como a senhora acha que pode me ajudar se não me conhece, se não sabe dos meus problemas?

Ela pareceu aliviada:

— Que bom que estamos começando a nos entender. Estamos evoluindo... Vejo que agora você já aceita conversar comigo e admite que tem problemas.

— Como a senhora mesma disse, quem não os tem? Mas sem me conhecer, muito pouco a senhora poderá fazer por mim.

Ela não respondeu logo. Levantou-se, andou pela sala, ficou por uns instantes olhando um quadro que mostrava o cosmos, pendurado na parede ao lado da estante. Parecia estar pensando no que iria dizer. Voltou a se sentar e, quando finalmente falou, sua voz estava séria:

— Flávio, eu o conheço mais do que você é capaz de imaginar.

A pergunta dele era mais de desafio que de curiosidade:

— Como assim? De onde e desde quando a senhora me conhece?

Ela fez uma expressão de impaciência:

— Pronto! Lá vamos nós outra vez aos detalhes...

— Então me responda: qual é o meu problema? Já que eu tenho que tolerar sua presença mesmo, então vamos transformá-la em algo útil. Qual é o meu problema?

Ela mudou de expressão e ficou subitamente compenetrada:

— Bem, agora creio que podemos falar seriamente. Para início de conversa, deixe-me informá-lo de que sei que você e sua mulher querem ter um filho e há muito tempo estão tentando sem conseguir.

Flávio levou um choque: como ela podia saber daquele problema? Era um assunto íntimo e pessoal, guardado a sete chaves. Nem seus pais tinham conhecimento dele. Antes de encontrar uma resposta para isso, ele se surpreendeu respondendo seriamente àquela mulher desconhecida:

— Sim, eu quero ter um filho, mas quanto a ela... não tenho certeza.

— Pois fique sabendo que ela também quer, tanto quanto você. Isso eu posso lhe assegurar.

Flávio ficou novamente surpreso:

— Como sabe disso? Por acaso a conhece? Por acaso conversou com minha mulher e ela se abriu com a senhora? — voltou a impacientar-se: — Afinal, quem é a senhora?

— Rapaz, me fez quatro perguntas de uma só vez! Que tal irmos com menos sede ao pote?

Ele reconheceu que perdera a calma:

— Desculpe. É que a senhora me deixa nervoso e ansioso.

— Prefere que eu me vá?

Ele pensou que essa poderia ser uma boa oportunidade de livrar-se daquela estranha, já que ela mesma fizera a pergunta. O problema era que ele não tinha mais certeza se queria que ela se fosse.

— Não quis dizer isso. Mas convenhamos que essa não é uma situação convencional. Nunca me aconteceu algo assim. Quando a senhora apareceu aqui ontem, pensei ter ficado louco, alucinado.

Ela respondeu com uma voz incrivelmente suave, quase carinhosa:

— Não há nada de errado com sua cabeça, Flávio. Você não enlouqueceu nem está tendo alucinações.

— Então a senhora é real?

— Para você, sim.

— Como assim "para mim"? E para as outras pessoas?

— Pedi-lhe para irmos com mais calma, lembra-se?

— Desculpe, mas devo admitir que estou confuso, sem entender direito o que está acontecendo.

A mulher inclinou o corpo para a frente, a fim de ficar mais próxima dele e assim fazer-se ouvir sem distorções:

— Flávio, preste bem atenção no que vou lhe dizer. É importante você saber três coisas fundamentais e, principalmente, acreditar nelas: primeiro, sua mulher o ama tão intensamente como quando se declararam a primeira vez. Segundo, ela deseja ter um filho seu tanto quanto você. E terceiro, não há nada de errado com o sistema reprodutivo dela.

Flávio olhava Rosália fixamente e, enquanto ela falava, por alguma razão que ele não entendia, uma forte emoção se apossou dele, e seus olhos se encheram de lágrimas. Como era possível? Parecia que aquela mulher tinha a resposta e a solução de todos os problemas que o afligiam... No entanto, era uma ilustre desconhecida. Vai ver nem médica era!... E por que ele a estava levando tão a sério a ponto de se emocionar tanto?

Ela percebeu a emoção dele e olhou-o com muita meiguice. Essa atitude deu-lhe forças para perguntar:

— Mas, então, por que... Por que ela não engravida? Por que deixou de ter prazer no amor? Por que não conseguimos mais dialogar?

Ela se levantou, voltou a andar devagar pela sala, parou novamente diante do quadro com imagem cósmica e só então se sentou, falando com voz séria, firme:

— Flávio, precisa estar preparado para o que vou lhe dizer. Sei que vai impactá-lo bastante, mas é preciso que saiba.

Seu coração se agitou e, por um instante, ele sentiu um começo de pânico:

— Minha mulher está me traindo? Ela ama outro, é isso que está acontecendo?

A desconhecida respondeu serenamente:

— Não é nada disso, meu caro... Não lhe disse que ela o ama como da primeira vez que o conheceu?

Ele ficou sem jeito por ter admitido sua insegurança com relação à fidelidade de sua mulher:

— Desculpe minha precipitação, mas a senhora precisa compreender que estou completamente desarvorado. Não faço a menor ideia do que está acontecendo comigo e com Sueli.

— Escute bem: os problemas pelos quais você e sua mulher estão passando não podem ser tratados com a medicina da Terra. Vocês não encontrarão cura nem solução com remédios ou tratamentos daqui, por uma razão muito simples: seus problemas têm origem em outras vidas, vidas passadas.

Flávio teve outro choque ao ouvir essas palavras de Rosália. Seus olhos arregalaram-se, sua boca ficou aberta, sua respiração quase parou. Ele ficou olhando a mulher, primeiro com perplexidade, depois com decepção e por último com raiva, muita raiva. Seu rosto esquentou e ele sabia que devia estar muito vermelho. Mas, de tão indignado e irritado, não conseguiu dizer nada. Queria gritar, queria insultar aquela mulher, queria que ela sumisse da sua frente. Sentia-se enganado, traído, ridicularizado!

— Vidas passadas? A senhora é louca?

Vendo a agressiva reação dele, ela falou baixinho, com cautela:

— Eu o avisei de que deveria se preparar para o que iria ouvir, está lembrado?

De tão bravo, ele mal conseguia articular uma frase:

— A senhora... a senhora... Sua... sua...

Fora de si, ele se levantou disposto a expulsá-la dali, mesmo que precisasse usar de violência, coisa a que ele não era habituado. Deu a volta na mesa derrubando alguns livros que estavam na borda dela e dirigiu-se irritado a Rosália. Mas parou no meio do caminho. Ela desaparecera. Assim, sem mais nem menos. Simplesmente sumira, como se tivesse evaporado.

Não, aquilo não podia estar acontecendo! Era demais para a mente racional dele! Sentiu a sala rodar e percebeu que ia desmaiar. Jogou o corpo para a frente e pelo menos desabaria sobre o sofá onde a mulher estivera sentada havia pouco.

Deixou-se cair pesadamente e tudo escureceu em sua mente.

Capítulo 8

Flávio voltou a si lentamente, sentindo um grande mal-estar e um princípio de dor de cabeça. Sem consultar o relógio, ele não saberia dizer quanto tempo ficara desacordado no sofá.

Que loucura acabara de vivenciar! Como era possível? O que estava acontecendo com ele? Não havia bebido nada alcoólico, não tinha usado nenhum medicamento especial, não estava febril, tinha dormido bem e não se sentia estressado. Então, que raio era aquilo?

Como sempre acontecia quando ficava muito nervoso, começou a coçar o centro da testa. Era um gesto involuntário, um hábito adquirido em algum ponto da sua vida, sabe-se lá por quê.

Apesar de toda a confusão em sua cabeça, agora pelo menos tinha uma certeza: aquilo, o que quer que fosse, não era uma simples alucinação. Ou então ele estava ficando louco. Nenhum surto esquizofrênico ou psicótico explicava o ocorrido: a conversa mantida com Rosália fazia sentido, as frases eram corretas e até consistentes. A postura e a imagem dela, durante todos os diálogos, pareciam reais, em nenhum momento assumiram a forma de delírios ou visões oníricas.

E como ela poderia saber que ele e sua mulher queriam ter um filho? E que estavam tendo problemas conjugais?

Não, não havia explicação. Pelo menos, ele não encontrava nenhuma. Aquilo contrariava tudo o que ele aprendera nos cinco anos de faculdade e em tantos outros nos cursos de pós-graduação, especialização, palestras, leituras... Uma loucura!

Deixou-se ficar no sofá, relembrando todo o estranho diálogo. Deus! Com quem ele poderia conversar a respeito desse assunto para tentar obter alguma explicação? Sabia que não adiantaria procurar ninguém do contexto médico, pois a reação do profissional seria idêntica à do seu pai quando lhe telefonara no dia anterior.

Depois de muito pesquisar nos arquivos da memória, lembrou-se de tia Zulmira, irmã do seu pai, que tinha na família a fama de ser pirada, uma maluquinha, uma pessoa "diferente". Tudo porque, segundo os parentes comentavam com ironia, ela dizia ver e conversar com os mortos. Diziam inclusive que ela frequentava lugares onde se praticavam rituais de magia, espiritismo, coisas assim. Enfim, a tia Zulmira era considerada uma pessoa "estranha".

Será que valeria a pena bater um papo com uma pessoa dessas? Talvez sim. Já que aquelas ditas normais não o estavam ajudando em nada, por que não tentar alguma explicação com alguém diferente?

Ao pensar nisso, Flávio se recriminou por estar incorrendo num preconceito, o que ele, como psicólogo, não poderia jamais se permitir. Não havia pessoas "diferentes". Havia pessoas com pensamentos divergentes das demais, mas isso não as transformava em malucas, esquisitas ou estranhas. Provavelmente a forma de tia Zulmira pensar e agir não combinava com a dos demais membros da família. E daí?

Além do mais, que alternativa tinha? Decidiu que iria, sim, conversar com tia Zulmira. Lembrou que não tinha o telefone dela. Talvez seu pai tivesse.

Esperou as mãos pararem de tremer antes de discar.

— Pai?

Como sempre, ele mesmo atendeu:

— Oi, filho, tudo bem? Ainda está no consultório?

— Estou, mas já estou de saída.

— É bom mesmo. Esse negócio de fazer hora extra não leva a lugar nenhum, só ao estresse.

Flávio decidiu que seria bom relaxar um pouco, descontrair a conversa antes de abordar o assunto que o levara a ligar para o pai:

— Veja quem fala... Pelo que me lembro, o senhor varava madrugadas operando pacientes...

O pai retrucou sem pensar na desqualificante mensagem oculta em suas palavras:

— Sim, mas eu era médico, né?

"Eis aí a origem dos meus preconceitos...", pensou Flávio, porém manteve a brincadeira:

— Muito obrigado pela consideração com a minha profissão, viu? Só os médicos trabalham tanto...

Só então o velho pai percebeu o deslize que cometera:

— Não, senhor! Eu não quis dizer nada disso que você entendeu! — tentou justificar: — É que eu era cirurgião, não podia interromper uma operação no meio, não é mesmo?

Flávio estava apenas provocando o pai, não queria transformar aquilo numa discussão:

— Estou brincando, pai, apenas mexendo com você...

— Ah bom, ainda bem. Você sabe que o admiro muito como profissional e respeito bastante a sua profissão.

Essa parte do "respeito bastante a sua profissão" não era para ser levada a sério, entendia Flávio. A relação entre médicos — psiquiatras ou não — e psicólogos vinha se tornando mais amistosa, mais respeitosa, o que não acontecia até poucos anos antes. Diante dos eficientes resultados obtidos, divulgados e reconhecidos, gradual- mente a psicologia foi se impondo como ciência. Contudo, seu pai pertencia à "velha guarda".

— Claro, pai, eu sei disso. Como disse, só estava provocando você.

— Mas diga aí: por que a ligação? Aquele seu amigo teve outra visão? Se teve, vou começar a ficar seriamente preocupado com você por manter amizade com esse pes- soal pirado — falou sorrindo, em tom de galhofa.

— Nada disso, pai. É que... — só então lembrou que não tinha pensado antes numa boa justificativa para pedir o telefone da tia Zulmira, assim, sem mais nem menos. Ele raramente falava com a tia. O que argumentaria? Precisava pensar rápido numa resposta. — É que... parece que a tia Zulmira quer falar comigo e não deixou o telefone.

— A Zulmira quer falar com você? Vai ver que ela cansou de ser abilolada e agora quer colocar a cabeça no lugar. Claro que ela tinha que se esquecer de deixar o número do telefone dela. Isso é típico da sua tia. Só não esquece a própria cabeça por aí porque está presa ao pescoço.

"Esta é a fama da tia Zulmira na família", pensou Flávio desolado.

Seu pai continuava falando:

— Eu acho que tenho o telefone dela. Deixe-me dar uma espiada na minha agenda.

Enquanto o pai procurava o número do telefone da tia Zulmira, Flávio sentiu uma pontada de remorso. Com a sua desculpa para pedir o telefone dela, contribuíra involuntariamente para aumentar mais um pouco a fama de doidivanas da tia.

Seu pai retornou ao telefone:

— Achei. Anota aí, filho!

— Pode dizer, pai — e escreveu o número no mesmo bloco de anotações que usava nos atendimentos.

Seu pai não parava de tripudiar sobre a irmã:

— Cuidado com ela, hein, filho! Sua tia não bate bem da cachola! Vê lá o que ela vai querer de você. E nada de atender de graça só porque é tia! Ela é aposentada, mas ganha muito bem.

— Que é isso, pai? Não se fala assim de uma irmã. E desde quando aposentado ganha bem? Em todo caso, não se preocupe. Já sou grandinho e vacinado.

Novo remorso acometeu Flávio: era ele quem estava querendo falar com a tia Zulmira, e não o contrário.

Despediu-se do pai com o carinho de sempre.

Tudo indicava que aquela tal de Rosália, verdadeira ou falsa, mexera mesmo com sua cabeça.

Ficou algum tempo olhando o telefone antes de decidir discar. Não tinha a menor ideia do que iria dizer para abordar o assunto.

"Bem, se eu não falar com ela, com quem falarei? Então, se não tenho opção, seja o que Deus quiser."

———

O telefone tocou do outro lado umas cinco ou seis vezes antes que alguém atendesse. "Que azar, vai ver não tem ninguém em casa", já estava pensando Flávio quando ouviu uma voz surpreendentemente jovem dizer:

— Como vai, Flávio? Há quanto tempo!

Ah, não! Essa não! Mais mistérios para a cabeça já atormentada de Flávio: como é que a tia Zulmira poderia saber que era ele, se nem chegara a cumprimentá-la?

— Oi, tia! Como sabia que era eu?

— Ué, toda vez que o meu telefone toca, eu já sei quem está ligando! Ou pelo menos eu tento adivinhar todas as vezes. Estou boa nisso! De cada dez tentativas, eu acerto sete ou oito.

Essa tia era louca mesmo! Que conversa fiada! Por essa razão era considerada maluquinha! E agora vinha com essa história de telepatia, clarividência, ou fosse lá que nome isso tivesse.[5]

Flávio já tinha lido a respeito. Esses temas não faziam parte do currículo de psicologia, mas sim da parapsicologia, porém, como estava na moda, ele andou pesquisando um pouco mais para se manter atualizado nas discussões. Eram e ainda são temas polêmicos. Por diversos motivos, a ciência formal não acredita na existência da telepatia nem da clarividência, portanto não as aceita, mas há universidades, sobretudo americanas, que tiveram departamentos dedicados a pesquisar esse fenômeno, a exemplo da Duke University, nos Estados Unidos. Da mesma forma, há nomes de cientistas famosos que estão na história mundial da parapsicologia e desses fenômenos, como J. B. Rhine[6]. Flávio também sabia que

---

5 Telepatia é a capacidade que algumas pessoas têm de conhecer pensamentos, emoções e atividades de outra, sem usar qualquer tipo de recurso e independentemente de ela estar perto ou longe do telepata. Esse termo é usado desde 1882 e foi criado por Fredric William Henry Myers (1843–1901), fundador da Society for Psychical Research (Sociedade para Pesquisa Psíquica). De forma diferente, na clarividência as informações vêm dos objetos e situações, permitindo à pessoa ver ou antever eventos próximos ou distantes.

6 J. B. Rhine (1895-1980), biólogo americano, ficou mundialmente conhecido por suas pesquisas científicas da parapsicologia, com rígido controle estatístico. Era ligado ao Departamento de Psicologia da Duke University, onde criou o laboratório de parapsicologia. Seu livro *Percepção Extrassensorial* obteve grande repercussão no lançamento, motivando muitas outras edições nos anos subsequentes.

Albert Einstein se interessava pelo assunto e chegou até a prefaciar o livro *Radio Mental*, publicado em 1930, no qual Upton Sinclair, ganhador do Prêmio Pulitzer, descreve as faculdades e experiências telepáticas de sua esposa.

Apesar de todas essas informações, Flávio admitia ser muito cético quanto a tais assuntos. Além disso, concluiu que de nada valeria questionar a fantasia da tia Zulmira. Se ela se divertia com essas fantasias, que continuasse. Forçou um bom humor sem muita convicção e achou melhor entrar na brincadeira:

— Legal, tia! Isso é muito bom porque aí a senhora, sabendo quem está ligando, só atende se quiser. E aí se livra dos chatos...

Ela o repreendeu carinhosamente:

— Imagine, meu filho! Ninguém é chato. Se alguém ligou para mim, é porque deseja falar comigo e eu tenho mais é que atender com todo carinho e atenção, não é mesmo?

Flávio percebeu que acabara de seguir o exemplo de seu pai: cometera um deslize e, para piorar, discriminatório. Ficou sem graça com a lição de moral da tia. Tentou corrigir:

— Estou brincando, tia. A senhora está certa. É como eu na minha profissão: tenho que atender a todos aqueles que me procuram. Não há clientes chatos.

— Não é mesmo? Eu sabia que você só podia estar brincando. Mas, então, a que devo a honra da sua ligação?

Pronto, chegara o momento que Flávio tanto temia: entrar no assunto da aparição.

— Bem, é o seguinte. É que... Como é que eu vou começar?

— Hum. Já vi que se trata de algum enrosco. Quando alguém engasga assim para falar, é porque é complicado. E falar sobre essas coisas por telefone não dá certo.

Flávio se surpreendeu com a sensibilidade da tia. Estava se convencendo de que de maluquinha ela não tinha nada.

— É. O assunto é meio delicado mesmo.

Na resposta, parecia que ela tinha adivinhado seu pensamento, pois imaginara exatamente o que a tia propunha:

— Que tal eu lhe fazer uma visita? Faz tanto tempo que não nos vemos. Quer dizer, se você tiver uma vaga na sua agenda, que deve estar sempre cheia.

— Graças a Deus está, tia. Mas a gente sempre dá um jeitinho. Que tal vir almoçar comigo amanhã?

— Ótimo! Era justamente um convite desses que eu estava esperando! A que horas você quer que eu esteja aí?

— Meio-dia estaria ótimo. Meu primeiro cliente da tarde só vem às catorze horas.

— Ah, dará tempo suficiente para colocarmos a conversa em dia. Estarei aí pontualmente ao meio-dia. Antes preciso ir ao salão me embelezar para meu sobrinho não se assustar com a velha tia.

— Que é isso, tia? A senhora é naturalmente bonita por dentro e por fora! Não precisa dessas coisas de salão.

— Mas eu aposto que sua mulher não deixa de ir toda semana!

— Ah, isso é verdade. Mas é porque ela é feia e precisa se embelezar — brincou Flávio.

— Feia? A Sueli, feia? Eu queria ter dez por cento da feiura dela.

— Bondade sua, tia. Bem, estarei à sua espera amanhã.

Despediram-se. Afinal, foi mais fácil do que Flávio esperava.

Ele ainda não tinha muita certeza de que agira certo em convidar a tia Zulmira para uma conversa a respeito da "aparição". Agora já estava feito, era tarde demais para arrependimentos. Na pior das hipóteses, ouviria mais uma opinião. Por mais maluca que fosse.

Capítulo 9

O motorista que pretenda fazer o trajeto que vai do bairro do Campo Belo até a Avenida Paulista deve se preparar para enfrentar uma considerável maratona de carros. O acesso àquela avenida é quase sempre complicado. Afinal, ela ocupa um lugar de grande importância no cenário financeiro, cultural e turístico do país[7].

Nesse percurso, o trânsito é frequentemente intenso e desorganizado. Conseguir uma vaga para estacionar é quase impossível: equivale a tirar a sorte grande! Felizmente, no luxuoso edifício onde o doutor Otávio tinha seu escritório, havia estacionamento para os clientes e visitantes, inclusive com manobrista.

Enquanto o elevador subia, Sueli pensava como aquele advogado devia estar bem de vida. O ambiente ali era bastante luxuoso e sofisticado.

O escritório era identificado por letreiros dourados desenhados no vidro que servia de parede: "Leal Advogados & Associados".

Uma bonita recepcionista atendeu-a com um simpático sorriso.

---

7 A Avenida Paulista, inaugurada em 1891, é uma das mais conhecidas e importantes de São Paulo e é considerada um dos principais centros financeiros do país. Abriga inúmeras sedes de empresas, além de bancos, cinemas e lugares famosos, como o Museu de Arte de São Paulo (Masp) e o Parque Trianon. Até a década de 1950, tinha um perfil estritamente residencial.

— Meu nome é Sueli. Sou arquiteta. Tenho uma reunião agendada com o doutor Otávio.

— Ah, pois não — pelo interfone, a moça informou a chegada de Sueli à secretária do advogado. Depois saiu de trás da sua mesa e pediu: — Por favor, acompanhe-me.

Passaram por largos e elegantes corredores com o piso revestido com um grosso carpete marrom-claro, até pararem em frente a uma porta, que a moça gentilmente abriu, depois de bater com delicadeza. Deu passagem a Sueli e completou:

— Entre, por favor. A secretária do doutor Otávio vai encaminhá-la até ele em instantes.

A loura secretária do advogado devia ter uns quarenta anos. Era tão elegante e simpática quanto a recepcionista.

"Sem dúvida, o pessoal aqui é muito bem selecionado", pensou Sueli.

A secretária levantou-se e pediu:

— Por favor, queira me acompanhar. O doutor Otávio já está à sua espera.

O mesmo ritual anterior: a jovem senhora bateu suavemente numa porta, abriu-a e deu passagem a Sueli.

A sala do advogado era enorme, também acarpetada, decorada com móveis sofisticados e modernos para a época. Por trás da imensa mesa do doutor Otávio, uma grande janela de vidro substituía toda a parede de fundo, permitindo uma belíssima visão panorâmica da Avenida Paulista.

O que havia de convencional ali era a pilha de grossos livros e muitas folhas de documentos e papéis sobre a mesa. Esse quadro parecia ser marca registrada dos advogados, pelo menos daqueles em cujas salas Sueli já havia entrado.

O doutor Otávio era um sujeito grande, robusto, rosto redondo, avermelhado, mãos enormes, os cabelos já escasseando. Apesar do tamanho, parecia muito amistoso e transmitia um elevado astral. Demonstrava ser uma pessoa bem-humorada e simpática. Devia beirar os sessenta e cinco anos de idade, talvez um pouco mais, porém mostrava-se bem conservado fisicamente.

Ele deu a volta na mesa e foi cumprimentar Sueli ainda na entrada da sala, já com a enorme mão direita estendida:

— Muito boa tarde, dona Sueli. Estou muito feliz que tenha aceitado vir até aqui.

— O prazer é meu, doutor Otávio.

Em seguida, encaminharam-se para uma pequena mesa redonda posicionada estrategicamente a um canto, reservada para pequenas reuniões como aquela.

— A senhora deseja um pouco de água, café ou chá?

— Eu aceito um pouco de água, por favor. Ainda estou sob o efeito do enorme calor lá de fora.

Ele sorriu compreensivamente, fez o pedido à secretária pelo interfone e voltou à mesinha.

Depois da habitual troca de cartões de visita, ele iniciou uma conversa de aquecimento:

— A senhora teve dificuldades para chegar até aqui?

— Bem, meu escritório é relativamente perto daqui, mas o senhor já sabe como é o trânsito de São Paulo, não é? Não há hora em que esteja bom.

— É verdade. Dirigir nesta cidade requer uma paciência de Jó. Não sei aonde vamos parar. A cada dia milhares de novos carros são despejados em nossas ruas e avenidas. Já não há mais espaço para trafegar.

Sueli resolveu brincar um pouco para descontrair:

— A Prefeitura bem que poderia contratar bons arquitetos para redesenhar a cidade e assim, quem sabe, resolver esse problema.

O MISTÉRIO DO REENCONTRO

O doutor Otávio entendeu a piada e riu gostosa e descontraidamente. Ao fazê-lo, todo o seu corpanzil se sacudiu:

— É verdade, é verdade.

Conversaram sobre mais algumas amenidades, até que finalmente ele entrou no assunto:

— E então, a senhora foi visitar o imóvel?

Antes de responder, passou pelo pensamento de Sueli como um profissional que parecia ir tão bem nos negócios podia ter mantido durante tanto tempo um imóvel naquelas condições? Mas apressou-se a responder:

— Sim, sim. O senhor fez o primeiro contato comigo na parte da manhã e depois do almoço eu fui lá.

Otávio ficou olhando para Sueli algum tempo, balançando a cabeça, antes de perguntar:

— E... o que achou?

Ela pensou um pouco antes de responder. Lembrou-se do frio que sentira logo ao entrar no casarão e da sensação de *déjà-vu*. Lembrou-se também da dificuldade em caminhar lá dentro, principalmente ao subir as escadas. E ainda havia a história do vulto que julgara ter visto. Sorriu intimamente e achou aquilo tudo uma bobagem. Devia ter sido influência do calor. Achou melhor nada comentar a respeito. O doutor Otávio poderia julgá-la uma pessoa fraca ou impressionável. Assim, respondeu procurando parecer bem profissional:

— Correu tudo bem, mas achei que o imóvel está... está bem acabadinho... Na verdade, estou sendo gentil. Eu diria que ele está precisando de uma bela reforma.

Ele ficou meio pensativo e respondeu:

— Tem razão, tem razão. Ele ficou abandonado durante muito tempo.

Sueli não se conformava com o descaso demonstrado com o casarão, a ponto de deixá-lo ficar naquele estado:

— Posso saber o motivo? Alguma disputa judicial?

— Antes fosse, minha jovem, antes fosse — o advogado levantou-se, foi até a imensa janela de vidro, ficou um tempo olhando o movimento fervilhante da avenida lá embaixo e depois voltou-se para Sueli, permanecendo perto da janela. — É uma longa história. Aquele casarão encobre fatos e relatos não muito agradáveis, que, dentre outras coisas, também incluem disputas judiciais.

Ela ficou realmente curiosa:

— Trata-se de coisas que eu possa saber? Afinal, se vamos fazer o trabalho de reforma nele, para mim é muito importante conhecer sua história para que a arquitetura e a decoração fiquem compatíveis.

Otávio ficou um longo tempo em silêncio, passeando pelos cantos da sala, com as mãos nos bolsos laterais da calça. Parecia refletir sobre a decisão de contar ou não a história do casarão. Por fim, sentou-se à mesinha redonda, defronte a Sueli, e começou a falar com voz pausada:

— Quando estive naquele casarão pela primeira vez, ele servia de abrigo para crianças desamparadas, crianças de rua, abandonadas pelos pais ou mesmo órfãs. Só aceitavam meninos. Eram cerca de vinte garotos, com idades que variavam entre dez e catorze anos, pelo que eu me lembro. Moravam todos ali, dormindo dois em cada quarto.

Sueli ficou surpresa já no início da história. Nunca imaginaria isso, pois, na visita que fizera ao local, não percebera o menor vestígio da presença de crianças no passado da casa. Não fez nenhum comentário e continuou ouvindo, atenta, a história.

— Seu proprietário na época, o senhor Horácio, um homem muito bondoso e rico, financiava tudo. Ele já tinha idade avançada, por volta dos oitenta anos, talvez até um pouco mais. Era viúvo, mas tinha uma espécie de secretária ou assistente, dona Rosália, que era quem cuidava, com muito carinho e dedicação, de tudo que se relacionava ao abrigo. Era, por assim dizer, a "mãe" de todas aquelas crianças e adolescentes. Quem pagava todas as contas era o senhor Horácio, mas era a dona Rosália que fazia aquilo funcionar. E funcionava direitinho: havia duas cozinheiras, dois rapazes para cuidar do jardim e da manutenção do casarão, um deles era o Severino, que continua lá e a senhora deve ter conhecido. — Sueli balançou a cabeça afirmativamente. — Havia também um enfermeiro e até um senhor que trabalhava como garçom para servir as refeições da meninada. Todas as crianças estudavam em escolas públicas, uma turma na parte da manhã, outra na parte da tarde. Quem permanecia em casa, ficava aprendendo atividades manuais de pintura, carpintaria ou cuidando da horta, do jardim e das árvores frutíferas que havia em abundância no enorme quintal. A vizinhança comentava que toda aquela boa ação era resultante de um pedido que a finada esposa do senhor Horácio, dona Julieta, fizera a ele em seu leito de morte. As pessoas que a conheceram em vida afirmam que era uma mulher boníssima, quase uma santa.

— Devia ser mesmo uma criatura muito bondosa. Ainda bem que o marido atendeu ao pedido dela.

— E atendeu direitinho. Se houvesse mais espaço no casarão, não faltariam crianças e jovens que gostariam de morar lá.

O advogado levantou-se e pediu à secretária que trouxesse mais água e cafezinho para eles. Voltou a sentar-se e permaneceu em silêncio, provavelmente aguardando a secretária servi-los.

Sueli decidiu quebrar o silêncio:

— O senhor se referiu a uma história não muito agradável. Mas até agora parece um conto de fadas. O que aconteceu lá?

Otávio olhou rapidamente para ela, porém não respondeu. Ficou amassando pequenos pedaços de papel, fazendo bolinhas. Ele só voltou a falar depois que a secretária entrou e saiu, tendo depositado uma bandeja com dois copos de água e duas xícaras de café sobre a mesinha.

— Desculpe meu silêncio. Confio muito na minha secretária e em todos os meus funcionários, entretanto não gostaria que outras pessoas ficassem sabendo desta história.

Depois que ambos beberam a água e o cafezinho, ele retomou a narrativa.

— A história começou a mudar radicalmente pouco antes de o senhor Horácio falecer. O único filho dele, cujo nome permita-me não pronunciar, decidiu acabar com tudo. Resolveu acabar com o conto de fadas, como a senhora chamou a história do abrigo das crianças.

— Como assim "acabar com tudo"?

— O filho do senhor Horácio era o oposto dele. O que o pai tinha de honesto, bondoso e decente, o filho tinha de devasso, corrupto e beberrão. Ele só se interessava por mulheres, bebida, jogo e principalmente dinheiro. Ele fazia qualquer negócio para ganhar dinheiro, e quase sempre de forma ilegal e desonesta. Ele decidiu acabar com o abrigo das crianças e usar o local para um negócio que fosse lucrativo.

Sueli sentiu uma onda de revolta invadir-lhe o peito:

— Que barbaridade!

— Com certeza. Uma das primeiras providências dele foi demitir todos os empregados. Só ficou o Severino, porque alguém tinha que permanecer para tomar conta da casa. E depois despejou todos os garotos.

— O que o senhor quer dizer com "despejou"? As crianças foram expulsas e mandadas para a rua? Assim, sem mais nem menos?

Otávio balançou tristemente a cabeça, em sinal afirmativo:

— Assim, sem mais nem menos, minha senhora. Em dois dias, as crianças foram obrigadas a abandonar o casarão onde já moravam havia mais de um ano.

— E ninguém reagiu? O bairro, a comunidade... Ninguém tentou impedir esse desatino?

— Não havia o que fazer. O abrigo era uma iniciativa pessoal do senhor Horácio. Não tinha registro, não tinha nome, não era uma entidade jurídica. Oficialmente, perante a Lei, ele não existia. Era como se alguém decidisse hospedar amigos em sua casa e depois desistisse da ideia, mandando todos embora. Foi assim que aconteceu.

— E a dona Rosália, a "mãe" dos garotos que administrava o abrigo? O que ela fez? Como ela reagiu?

O advogado balançou a cabeça para os lados:

— Coitada da Rosália... O que ela poderia fazer? Rogou, implorou, chorou, mas tudo em vão. Na verdade, o filho do senhor Horácio e sua amante riam dos esforços de Rosália para manter o abrigo. Infelizmente o senhor Horácio não estava mais lá para apoiá-la.

— E que destino essa pobre senhora teve?

— Inicialmente ela tentou agrupar os meninos em casas de família, clubes, escolas, mas pouco conseguiu. Logo percebeu que não conseguiria mais mantê-los reunidos. Ninguém queria assumir a responsabilidade de providenciar comida, lavagem das roupas, cuidado com a saúde deles e dar-lhes um cantinho para dormir. Aos poucos, os meninos foram abandonando-a, e cada um saiu pelo mundo procurando seus próprios recursos, tentando se defender sozinho para sobreviver. Até que por fim ela ficou inteiramente só.

— Que tristeza! Agora entendo o que o senhor quis dizer com "uma história não muito agradável".

— Infelizmente, a senhora não ouviu da missa a metade.

Sueli se surpreendeu:

— Tem mais coisas ruins?

Antes de responder, Horácio tirou do bolso da calça um lenço branco e enxugou a testa. Sueli teve a impressão de que nesse gesto ele, de forma bem discreta, também enxugou algumas lágrimas.

— Dizem que Rosália enlouqueceu. E parece que essa informação não é uma metáfora. Tudo indica que ela efetivamente perdeu o juízo, de tão transtornada que ficou com o fechamento do abrigo e com o abandono das crianças.

Sueli estava horrorizada:

— Deus do céu!

— O que contam é que, depois que o abrigo foi fechado, ela ficou morando na mansão do senhor Horácio. Quando ficou sabendo que algumas das crianças haviam sido presas por roubo, outras estavam usando bebidas alcoólicas, cigarros e se prostituindo, e dois garotos haviam sido mortos em brigas de rua, ela não aguentou. Perdeu o juízo e foi internada num hospício. Morreu poucos meses depois.

Sensibilizada com aquela história, Sueli também enxugou discretamente uma lágrima que teimava em aparecer. Otávio percebeu a emoção da arquiteta:

— Desculpe se a estou chocando, mas a senhora insistiu em conhecer a história do casarão.

— Não se preocupe, doutor Otávio. Sou sentimental assim mesmo, choro por qualquer coisa, até comerciais da televisão.

Ele sorriu com melancolia:

— Eu sei que esta história é realmente muito triste — fez uma pausa antes de prosseguir —, principalmente diante do destino que foi dado ao casarão.

— O que fizeram com ele?

— Como eu disse antes, o filho do senhor Horácio era um devasso, um mulherengo interessado apenas em ganhar dinheiro fácil. Naquela época, Moema vivia um dos seus melhores momentos, com a invasão das indústrias e das grandes construtoras, atraídas pelas vantagens da região. O sujeito achou que o modo mais rápido e fácil de ganhar dinheiro seria abrir um bordel. E foi isso que ele fez. Inaugurou o prostíbulo duas ou três semanas após o despejo dos meninos, depois de ter feito algumas reformas e adaptações de improviso no imóvel.

— Que horror!

— Na visão dele, o casarão era ideal para isso: muito bem localizado numa região nobre, de fácil acesso, amplo, com muitos quartos e banheiros, espaço para estacionamento... Como ele já estava bem cuidado, com boa manutenção, da ideia à prática foi um piscar de olhos. Só esperou os meninos saírem, fez uma pequena e rápida reforma, e pronto. Entregou o "negócio" nas mãos de uma verdadeira alma gêmea dele, uma mulher horrível, cruel e também devassa chamada Cassandra, e a coisa prosperou.

— Então o plano dele funcionou?

— Durante algum tempo, sim. Era incrível o movimento de carros em frente ao casarão, porque o negócio pretendia ser de alto nível. E tudo indicava que prosperava, para satisfação do infame. Comentava-se que a seleção das mulheres era feita pelo próprio, que só contratava aquelas que primeiro satisfaziam seus instintos bestiais. Depois, entregava-as à sanha da tal Cassandra, que impingia verdadeiros sacrifícios às mulheres, obrigando-as a trabalhar além da conta. Tudo por crueldade e ganância.

Sueli estava revoltada e ansiosa para saber como tudo aquilo iria acabar:

— Por favor, doutor Otávio, me conte logo o final dessa história porque estou verdadeiramente horrorizada.

— Cerca de cinco ou seis meses depois de inaugurado o bordel, a vizinhança reagiu. Mesmo antes, já havia uma revolta latente contra os novos proprietários devido ao fechamento do abrigo das crianças. Mas, com a inauguração da casa de prostituição, a paciência da comunidade chegou ao limite. Além das pressões geradas por uma bem fundamentada ação judicial, pois ali era uma zona estritamente residencial, alguns moradores começaram uma campanha de boicote à casa e a seus frequentadores.

— Como?

— Esvaziar os pneus e fazer riscos com pregos na lataria dos carros dos clientes, interromper a energia elétrica deixando a casa às escuras, tirar fotografias das placas dos carros e divulgá-las nos postes, bares e restaurantes da região, jogar bombinhas — dessas que a meninada usa nas festas juninas — pelas janelas usando estilingues, jogar grandes pedras no telhado. Alguns moradores mais exaltados chegaram até a quebrar os vidros de alguns carros.

Sueli estava boquiaberta:

— Que história incrível! E toda essa campanha funcionou?

— Contribuiu muito para o desfecho. Essa campanha começou a afugentar os frequentadores que receavam não apenas os prejuízos materiais provocados nos carros, mas também a divulgação da presença deles naquele lugar, o que, para alguns, seria um verdadeiro escândalo, pois havia muitos homens casados, dentre políticos, empresários e autoridades. Contudo, o golpe de misericórdia veio mesmo com a lacração do prostíbulo pela Justiça.

— Ainda bem. Mas com esse desfecho, o que aconteceu com a dupla que administrava o tal negócio?

— Revoltado com a evasão dos seus clientes, o infame passou a ofender os moradores do bairro de forma indiscriminada, achando que todos eles eram culpados pelo seu fracasso, pois o negócio acabou falindo. Conta-se que, numa discussão com um morador, ele o teria insultado perguntando se sua filha não estava precisando de emprego, pois haveria uma vaga para ela no bordel. Sentindo-se agredido em seus brios e na honra da família, esse morador sacou uma arma e atirou bem no meio da testa do infeliz. Foi um único e certeiro tiro. Rigorosamente no meio da testa.

— Meu Deus, que história terrível!

— Quanto a Cassandra, no dia em que a polícia foi lacrar a casa, pediu permissão para ir pegar alguma coisa no andar de cima, trancou-se num dos quartos e matou-se. Ela sabia que se fosse presa teria muitas contas a pagar à Justiça e iria apodrecer na cadeia.

— Nossa, doutor Otávio, que história terrível! E desde então o casarão ficou abandonado?

— Isso mesmo.

— Entendo — Sueli pensou um pouco antes de prosseguir. — Desculpe perguntar, doutor Otávio, mas por que o senhor tomou agora essa decisão de reformá-lo?

Otávio fez uma longa pausa. Cruzou as mãos sobre a barriga e ficou olhando o teto por alguns instantes. Seu peito subia e descia como se estivesse fazendo um grande esforço, preparando-se para o que ia dizer, ou como se estivesse tentando controlar uma crise de choro.

Quando finalmente falou, sua voz era quase um sussurro:

— Eu fui uma daquelas crianças.

Capítulo 10

Sueli levou um choque. Ela entendeu as palavras dele, mas achou tão incrível o que ouvira que quis uma confirmação:

— Desculpe, doutor, não entendi.

Otávio levantou-se como que para recuperar o fôlego e voltou a postar-se adiante da enorme janela de vidro:

— Eu fui um daqueles meninos. Não conheci meus pais. Fui criado por tias e outros parentes que, na verdade, não me queriam por perto. Durante muitos anos fui morador de rua. Até que a bondosa Rosália me encontrou e me levou para o abrigo, onde já havia outras crianças. Depois que o abrigo fechou e nós fomos expulsos, voltei a perambular por algum tempo pelas ruas, até que tive a sorte de ser praticamente adotado por uma bondosa senhora, uma viúva sem filhos, dona Dora. Que Deus a tenha em Seu Reino. Aconteceu alguns meses depois de ter sido expulso do abrigo. Numa madrugada fria, ela me encontrou na Avenida São João, tremendo de febre e quase desmaiado de fome. Dona Dora me levou para a casa dela e me criou como se fosse minha mãe de verdade. Fez-me ser uma pessoa de bem. Cuidou de mim, da minha saúde, incentivou-me a estudar, introduziu-me no mercado de trabalho e foi graças a ela que me tornei um advogado de sucesso e de renome. Tudo isso que a senhora está vendo neste escritório, eu devo a ela.

— E naturalmente também ao esforço do senhor, que correspondeu à confiança dela.

O advogado estava com os olhos marejados:

— Agora que já atingi todos os meus objetivos profissionais e estou em vias de me aposentar, decidi que é chegada a hora de tornar realidade, mais uma vez, o pedido que dona Julieta, a bondosa esposa do senhor Horácio, fez a ele em seu leito de morte. Ela sempre desejou construir um lar para crianças abandonadas. Seu marido atendeu seu pedido apenas em parte, porque seu projeto foi interrompido por seu falecimento e total falta de sensibilidade do filho. Mas eu posso dar continuidade ao plano dele, realizando o sonho de sua esposa. Como lhe disse, agora que já superei as barreiras e os desafios da vida profissional, que já provei meu valor e consegui me prover de recursos financeiros suficientes, eu devo retribuir, porque foi naquele abrigo que tive e recebi as primeiras demonstrações de amor materno. E isso eu nunca esqueci — fez um gesto discreto para enxugar uma lágrima.

— Concordo.

— Na verdade, apesar de ter sido abandonado ainda bebê pelos meus pais biológicos, eu fui um privilegiado, porque a vida me deu, depois, duas mães: Rosália, que cuidou de mim no abrigo, e dona Dora, que me adotou como filho e me tornou cidadão — fungou forte, assoou o nariz, procurou mostrar-se emocionalmente recuperado e perguntou: — Entende agora por que quero reformar o casarão e reabrir o abrigo?

Sueli ouvira tudo atentamente e estava muito emocionada; contudo, fez bastante força para manter o ar profissional:

— Entendo perfeitamente, doutor Otávio, e louvo bastante sua iniciativa. No fundo, apesar de tudo o que de desagradável aconteceu, é uma história que terá um final feliz.

O advogado sorriu, ainda um tanto melancólico:

— Isso é o que veremos, minha cara.

Sueli se surpreendeu com o aparente pessimismo dele:

— Como assim? O senhor tem dúvidas de que conseguirá atingir esses novos objetivos, depois de tudo que já superou na vida? O senhor é um vitorioso!

Ele olhou-a fixamente, fez um gesto de agradecimento com a cabeça, mas não fez nenhum comentário. Apenas voltou a assoar o nariz e continuou:

— Bem, a parte da história que vou lhe contar agora, considere como um simples adendo. A senhora tem inteira liberdade para acreditar ou não. Tudo bem?

Sueli ficou curiosa e respondeu com firmeza:

— Tudo bem.

— Até aqui o que lhe contei reflete a mais pura realidade, talvez com alguma pequena distorção aqui e ali devido ao passar do tempo e à natural perda de algumas informações. Mas, daqui para a frente, vou repassar informações que chegaram até mim por meio de fontes nem sempre muito confiáveis. De acordo?

— Claro. Fique à vontade.

Ele tomou uma grande inspiração e disparou:

— Dizem que aquele casarão é mal-assombrado!

De tão surpresa, Sueli ficou inicialmente séria e nem piscou, olhando fixamente para o advogado:

Depois de uma fração de segundos, não conseguiu segurar uma espontânea e estridente gargalhada. Otávio manteve-se impassível, sem se mostrar incomodado por essa inesperada reação da sua ouvinte.

Ela pôs a mão diante da boca e logo se arrependeu da sua risada:

— Desculpe, doutor Otávio. Não foi minha intenção mostrar descrédito ou pouco caso à sua informação.

Ele pareceu compreensivo:

— Não precisa se desculpar, minha jovem. Eu compreendo bem essa reação. Não há mal nenhum nela. O que lhe revelei é algo que realmente parece muito absurdo.

Ainda constrangida, Sueli tentou se justificar, como se fosse um pedido de desculpas:

— É que eu fui pega de surpresa e não pude me controlar. Mas... mal-assombrado? O casarão é mal-assombrado, doutor Otávio? Foi isso mesmo que o senhor disse?

— Foi, mas veja bem: é o que dizem. Não estou afirmando nada. O fato é que dizem que o casarão é mal-assombrado. Lembra o fim triste e sofrido que teve a Rosália? Ela morreu alguns meses após a inauguração do bordel. Pois dizem que a revolta e o ódio dela pelo fim do abrigo foram tão fortes que, mesmo depois de morta, passou a assombrar aquele local para prejudicar o negócio. No começo as prostitutas achavam que os vultos e os ruídos que algumas diziam ver e ouvir eram brincadeira das outras, eram falsas impressões ou equívocos. Mas depois as coisas começaram a ficar mais sérias: cadeiras se moviam sozinhas, quadros se desprendiam das paredes, as panelas e os pratos pulavam e caíam no chão, talheres voavam, portas e janelas abriam e fechavam de forma descontrolada e tudo isso começou, de fato, a prejudicar o negócio que parecia ter começado tão bem. Algumas mulheres chegaram a ir embora, com medo, apesar das ameaças de retaliação de Cassandra. As relações com os clientes se tornaram, como de costume, frias e mecânicas, sem ter nem dar prazer. Foi como se todas aquelas mulheres passassem a sofrer de frigidez. Claro que os clientes reclamaram pra valer, afinal gastavam muito dinheiro.

Neste ponto da narrativa, ouvindo a palavra "frigidez", Sueli sentiu um terrível desconforto. Deve ter ficado pálida, pois o doutor Otávio perguntou gentilmente:

— Tudo bem com a senhora, dona Sueli? Está passando mal?

Ela procurou se recuperar e disfarçar:

— Não, tudo bem. Acho que algo que comi no almoço não me fez bem. Também comi muito depressa para não me atrasar para o nosso encontro. Não devo ter feito a digestão direito — mentiu, pois tivera tempo de fazer sua habitual caminhada após o almoço, justamente para facilitar a digestão.

— A senhora deseja que eu peça à minha secretária que lhe traga um digestivo?

— Não, não, obrigada. Não precisa se preocupar. Já passou. Estou melhor.

— Bem, já estamos encerrando a reunião. Acho que prendi a senhora por muito tempo.

Ela tentou disfarçar sua tensão, fingindo brincar, mas não lhe saía da cabeça a palavra "frigidez":

— Pelo menos, conte-me o final dessa história de assombração.

— Em resumo, dizem que o espírito de Rosália acabou com o bordel através das suas assombrações e de vez em quando aparece nos quartos, corredores e escadas. Isso é o que diz o Severino, apesar de afirmar que nunca viu nada de fantasmagórico no casarão ao longo de todos esses anos que mora lá. Ele só repassa o que ouve dos vizinhos. E eu, naturalmente, não posso endossar a veracidade dessas histórias.

Ouvindo a narrativa, Sueli compreendeu a razão de algumas perguntas estranhas que o vigia Severino lhe fizera por ocasião da sua visita ao casarão. E ainda havia mais por ouvir:

— Tem mais um detalhe curioso para completar esta história fantástica. Como se não bastasse uma assombração, dizem que na verdade há duas, e elas competem entre si. A senhora acredita numa coisa dessas?

Desta vez Sueli não gargalhou, todavia não pôde esconder seu espanto:

— Dois fantasmas competindo? Como assim?

— Lembra-se de Cassandra, a alcoviteira e amante do filho do senhor Horácio? Lembra-se do fim trágico dela? Pois então, a versão que contam e que chegou até mim é a seguinte: enquanto o espírito de Rosália está lutando para reinaugurar o abrigo das crianças, o espírito de Cassandra faz de tudo para impedir que isso aconteça, porque não se conforma com o final desastroso do seu "negócio". O espírito dela teria um pensamento mais ou menos assim: "Se eu não pude ter sucesso aqui nesta casa, ninguém mais terá" — neste ponto, Otávio afastou a cadeira e fez um gesto de limpar as mãos: — Pronto. Final da história. Agora a senhora pode relaxar que não haverá mais surpresas — e cruzou os braços sobre o peito como que dizendo: "Eu já acabei. Agora é sua vez de falar".

Sueli se abanou com um folheto que estivera todo o tempo sobre a mesa:

— Ufa! Que história!

O advogado pôs suas grossas mãos sobre o vidro da mesinha e fitou-a bem nos olhos:

— Agora me diga, moça, com sinceridade: depois de ouvir tudo isso, ainda aceita fazer o trabalho no casarão?

Ela respondeu sem a menor hesitação:

— Mas é claro, doutor Otávio! Principalmente agora que estou sabendo da belíssima finalidade da reforma, a instalação de um lar para crianças desamparadas! E, quanto às histórias de assombração, já faz muito tempo que deixei de acreditar em fantasmas.

Otávio deu um ruidoso suspiro de alívio:

— Aaaah, ainda bem! Pensei que talvez a senhora desistisse depois de ouvir essas histórias fantásticas! E pode ter certeza de que eu não a recriminaria, apesar de ficar frustrado, pois preferiria que o projeto ficasse em suas mãos. Graças a Deus podemos ir em frente. Desta vez, pretendo fazer tudo conforme a lei estabelece para que no futuro não tenhamos problemas.

Tomou um gole de água, limpou a garganta e preparou-se para contar uma novidade:

— Depois de contar tantas histórias lúgubres, deixe-me dar-lhe uma boa notícia: hoje, exatamente hoje, está fazendo seis meses que aquele imóvel é meu. Sou legalmente o novo proprietário do casarão. Com papel passado e tudo o mais que a lei exige.

— Que boa notícia! E o senhor deixou para me contar isso só no final?

— Claro! Se a senhora não aceitasse mais fazer o trabalho, eu nem teria contado. Mas, agora que seremos parceiros, não haverá mais segredos entre nós. Estou muito feliz. Depois de imensas brigas judiciais, venci a disputa e já estou com a escritura definitiva do terreno e do casarão em meu nome.

— Muito bem, doutor Otávio, parabéns! É uma bela e grande vitória.

— Também acho. Pretendo criar um lar para algumas crianças e adolescentes que se encontrem em situação de risco social.

Ela franziu a testa e foi sincera, ainda que na sua voz houvesse um tom de ironia:

— O que o senhor quer dizer com "risco social"?

— Oh, desculpe usar esses termos. Isso é mania de advogado. Mas já explico: as crianças consideradas em risco social são aquelas que foram ou ainda estão expostas a vários riscos para sua saúde física ou mental, que não recebem os cuidados mais elementares de higiene, segurança e alimentação. São aquelas marginalizadas, que levam uma vida isolada da sociedade. Em resumo, são as crianças de rua, as desamparadas, as que são submetidas a trabalho escravo. O objetivo do abrigo é dar a essas crianças um lar, com condições dignas de vida, com educação, saúde, respeito e qualidade de vida. A médio e longo prazos, a ideia é qualificá-las para o mercado de trabalho, inserindo-as definitivamente no contexto social da comunidade.

Sueli estava até emocionada ouvindo aquelas palavras:

— Pois saiba, doutor Otávio, que eu me sinto muito orgulhosa de trabalhar num projeto desses.

Otávio abriu o rosto num largo sorriso:

— Que bom, dona Sueli! — e apertaram-se as mãos, selando a parceria.

— Agora, doutor, precisamos agendar uma visita nossa ao casarão; contudo, eu preciso que o senhor me dê algumas diretrizes das reformas que pretende fazer, até para que eu possa lhe apresentar um orçamento.

— Sei que essa visita é necessária para que você possa começar o seu trabalho. Vamos combinar assim: verei com minha secretária como está minha agenda de compromissos e depois ligarei para a senhora para verificarmos qual o melhor dia para irmos ao casarão. Está bem assim?

— Está ótimo. Ficarei aguardando.

Em seguida, Otávio mostrou a Sueli as demais dependências do escritório, apresentando-a aos demais funcionários — já usando a expressão "a nossa arquiteta". Ela ficou realmente deslumbrada com as luxuosas, porém funcionais, instalações do lugar, tudo muito arejado e organizado. Chamou-lhe a atenção o bom humor e a simpatia de todos os profissionais ali. Certamente aquilo era um reflexo do perfil do dono.

Depois, despediram-se como dois amigos que se conhecem de longa data.

Enquanto o elevador descia, a cabeça de Sueli fervilhava com tantas informações. Antes de retornar ao escritório, ela precisava ir a um lugar tranquilo para colocar as ideias em ordem.

Capítulo 11

Foi um impacto sair do refrigerado, silencioso e confortável escritório do doutor Otávio e enfrentar a Avenida Paulista, com seu barulhento e intenso tráfego, aquela multidão passando apressada de um lado para o outro da calçada, e aquele calor inclemente.

Precisava relaxar um pouco depois de tudo o que ouvira. Aonde poderia ir para não ser incomodada e poder respirar aliviada alguns minutos?

Lembrou-se do Parque Trianon, em frente ao Masp, a alguns metros de onde ela estava. Seria uma boa opção. Amplamente arborizado, o parque é um oásis verde em meio àquela selva de pedra.

Escolheu um cantinho bem tranquilo, onde havia um banco disponível. Sentiu um grande alívio ao sentar-se e relaxar o corpo. A exemplo de todos os demais bancos existentes ao longo do percurso do parque, aquele também era entalhado em madeira, dando um elegante toque rústico ao ambiente.

"Nossa Mãe! Quanta coisa estranha ouvi do doutor Otávio a respeito do casarão!", pensava Sueli.

Agora entendia bem as atitudes esquisitas do Severino, o vigia da casa. Entendia também por que, no final da sua visita, quando já se preparava para sair, ele havia lhe perguntado se vira ou sentira alguma coisa durante a visita. Essa pergunta teria alguma coisa a ver com aquele súbito peso nas pernas, aquela dificuldade em percorrer as dependências do imóvel? Talvez.

Lembrou-se também do vulto que julgara ter visto no alto da escada. E entendia agora por que Severino se assustara tanto quando ela fizera menção de entrar num determinado quarto, retirando abruptamente sua mão da maçaneta: aquele devia ser o quarto onde ocorrera o trágico fim de Cassandra.

Então ela não pôde deixar de rir de si mesma. Ao pensar nessas coisas, era como se estivesse levando a sério aquelas histórias de assombração a respeito da casa. Quanta bobagem!

Tudo haveria de se explicar e esclarecer, e aqueles "fantasmas" deixariam de existir, exceto na imaginação supersticiosa de Severino e de alguns vizinhos.

No entanto, o que a deixou muito impressionada foi a maldade do filho do senhor Horácio, que preferiu acabar com o abrigo das crianças para instalar no mesmo local um bordel. Que falta de escrúpulos e de sensibilidade!

E Rosália, coitada, que tanto se esforçara para levar adiante o sonho de dona Julieta, a esposa do senhor Horácio. Que triste fim, enlouquecer depois de saber dos problemas enfrentados pelos meninos despejados, e morrer internada num sanatório. Quantas tragédias! Sem falar do suicídio de Cassandra, a cúmplice do sujeito que causou tudo e no final morreu com um tiro no meio da testa.

De toda essa história, a única parte não exatamente cômica, mas com um toque pitoresco, foram as formas de boicote ao bordel levadas a efeito pelos moradores do bairro. Sueli sorriu intimamente ao imaginar um sujeito que fora ao bordel dando uma desculpa esfarrapada à esposa e, na hora de voltar apressado para casa, encontrava os pneus do seu carro furados e esvaziados. E o que dizer das bombinhas atiradas dentro da casa com estilingues? E das pedradas no telhado? Sem falar dos cartazes colocados nos postes e bares mostrando fotos das placas dos carros de alguns frequentadores.

Nessas reflexões, Sueli não parava de lembrar que o doutor Otávio dissera que as prostitutas haviam deixado de ter prazer nas relações amorosas, do mesmo modo — e ela sentia um calafrio ao fazer instintivamente essa comparação — que estava acontecendo com ela. Claro que por outros motivos, mas o sintoma era o mesmo: falta de prazer na relação sexual com o marido.

"Bem", imaginava ela, "não há nenhuma razão para eu ficar pensando nessas coisas. Isso nada tem a ver comigo. Não devo me deixar impressionar por essas histórias fantásticas. Preciso me concentrar no trabalho que terei de fazer."

O primeiro passo já fora dado com a reunião que tivera com o doutor Otávio. Agora precisava agendar outra visita ao casarão, na companhia do advogado. Tinha de se lembrar de pedir a ele que, na ocasião, levasse uma planta da casa. E, por sua vez, ela não poderia se esquecer de levar sua máquina fotográfica para registrar as dependências do imóvel e, a partir dali, começar a planejar e projetar as reformas.

Depois dessas reflexões profissionais, decidiu dedicar um pouco do seu tempo a meditar sobre sua própria vida. Ali, sem a presença de seus funcionários, sem o telefone tocando a todo instante, seria ideal investir algum tempo para pensar no destino do seu casamento.

Ainda amava muito seu marido, isso era certo. Se assim não fosse, diante da recente indiferença dele, ela já teria sugerido a separação. Entretanto, algo lhe dizia que ainda havia esperanças de recompor a vida do casal.

Por isso, não entendia por que não conseguia engravidar. Então, tudo deveria ser um problema de cabeça. Mas o quê? Seu marido era psicólogo, deveria pesquisar e levantar alguma hipótese. Porém, diante da situação, sua reação tinha sido e continuava sendo puramente emocional, apenas deduzindo que se tratava de um simples caso de desamor, de falta de desejo. E nada se fazia a respeito, a não ser deixar o tempo passar. Teorias falsas e absurdas.

Assim, a solução — se é que viria — ficaria por conta do acaso.

Outra dificuldade adicional que impedia a descoberta de um caminho era a intransponível dificuldade de manter um diálogo pacífico e construtivo a respeito do assunto com Flávio. Qualquer frase dela era logo mal interpretada por ele, entendida como insinuação ou acusação. E o que deveria ser um diálogo se transformava em dois monólogos quase sempre agressivos. A situação estava realmente difícil para o casal.

Ela deixou os pensamentos de lado, aspirou o ar puro daquele oásis verde e, ao sair do parque, viu uma mãe brincando com o filhinho. Imediatamente lembrou-se do sonho com o bebê...

Sueli sorriu, afastou os pensamentos com as mãos e voltou ao trabalho.

———

Naquela noite, sonhou de novo. Tudo se repetia. Ela estendia os braços em direção ao bebê, mas não conseguia alcançá-lo, por mais que se esticasse. Então, o que quer que estivesse segurando o bebê, começava a puxá-lo de volta. À medida que ele se afastava, aumentava a aflição de Sueli, e ela começava a gritar desesperadamente até acordar:

— Solte meu bebê! Deixe que ele venha para mim! Não faça isso!

Acordou novamente aos prantos, ensopada de suor, as mãos cobrindo o rosto. Flávio acordou com seus gritos e, num gesto que havia muito tempo não fazia, passou os braços em torno dos seus ombros e puxou-a para si, acalmando-a:

— Shhh... Passou, passou. Está tudo bem. Foi apenas um pesadelo — ele sussurrara com voz delicada, como havia muito tempo Sueli não o ouvia falar.

Ela se deixou ficar um longo tempo ali, recostada no peito forte dele, que passara a acariciar seus cabelos. Antes de voltar a adormecer, ela pensou: "Preciso contar esse sonho ao Flávio. Quem sabe ele saberá o que significa?".

Dormiu ainda sentindo as mãos dele sobre seus cabelos. Como nos velhos tempos.

Capítulo 12

Tia Zulmira foi pontual. Se não tivessem marcado hora, Flávio com certeza não a reconheceria. Ele não tinha ideia de quanto tempo se passara desde que a vira pela última vez. Apenas sabia que não se viam havia um bom tempo.

Ela lembrava uma daquelas nobres senhoras londrinas, personagem de um romance policial da escritora inglesa Agatha Christie.

Tia Zulmira, que devia ser apenas dois ou três anos mais nova que o pai dele, vestia-se com discrição, falava e se comportava com um espontâneo refinamento que nada tinha de afetado. Pelo contrário, ostentando um permanente sorriso no rosto, era a imagem da simpatia, da tia bondosa. Nunca se casara nem tivera filhos. O que se comentava em família era que, quando jovem, havia se apaixonado perdidamente por um artista. Mas, quando começaram a planejar o casamento, ele sofreu um acidente e morreu.

A partir daí, Zulmira nunca mais se interessara por homem algum. Contudo, não era uma pessoa amarga nem triste. Pelo contrário, seu permanente bom humor e sua simpatia fizeram com que ganhasse muitos amigos. E depois que sua fama de diferente se espalhou, aí então que aumentou a legião de pessoas que passou a procurá--la para ouvir suas previsões ou mensagens espirituais. Ela, que desde cedo mostrou-se "estranha", decidiu especializar-se e estudar com afinco a doutrina espírita.

Ela abraçou e beijou Flávio com muito carinho, ao contrário dele, que se sentia meio sem jeito — quer porque não tinha mesmo intimidade com ela, quer porque sabia que seu convite para visitá-lo nada teve de afetivo, somente puro interesse pessoal.

— Que médico bonito você se tornou, meu filho!

— Que é isso, tia, nem sou médico, nem sou tão bonito assim.

Ela se surpreendeu:

— Como assim, não é médico?

— Psicólogo não é médico, tia, só os psiquiatras.

— Ah, pois para mim é tudo a mesma coisa. Qualquer que seja o nome, vocês não tratam da saúde mental e emocional da gente, de traumas, fobias e complexos?

Flávio ia explicar a diferença entre as duas profissões, porém desistiu. Não vinha ao caso.

— Vamos entrar, tia.

— Que lindo seu consultório, Flávio! Muito elegante, muito agradável. Aqui, qualquer um fica de cabeça boa.

Flávio ficou deveras vaidoso, pois fora ele pessoalmente que decidira os detalhes daquela decoração.

— Que bom que a senhora gostou, tia.

Ela sentou-se no sofá destinado aos clientes e despejou ao lado toda sua bagagem: bolsa, sombrinha, xale, uma lembrancinha para o sobrinho...

Depois de acomodada, deu um profundo suspiro:

— Aaah, que delícia! Este ar-condicionado está divino. Lá fora o calor está de matar... Ah, antes que eu me esqueça — e entregou-lhe o presente —, como se costuma dizer, é simples, mas é de coração, viu?

Flávio ficou realmente sem jeito:

— Ora, tia, que é isso, não precisava — e foi desfazendo o pacote cuidadosamente embrulhado num papel laminado azul, todo florido.

— Eu preciso gastar meu dinheiro, menino.

Flávio sorriu. Era uma caneta. Muito bonita, sem dúvida; no entanto, Flávio possuía dezenas delas, por se tratar de um presente muito habitual que recebia no Natal e no seu aniversário. De qualquer forma, mostrou-se agradecido, levantou, deu a volta na mesa e, vencendo a inibição, beijou a face da tia.

Ela sorriu, feliz:

— Viu? Só de receber esse beijo, já valeu a pena ter dado a lembrancinha — disse, brincalhona.

Flávio estava ansioso para entrar no assunto, mas aguardava uma oportunidade adequada, uma brecha que fosse oportuna na conversa. Ela mesma puxou o assunto:

— E então, meu filho, o que está acontecendo?

Essa pergunta, feita assim de supetão, pegou Flávio de surpresa, pois imaginava ele próprio introduzir o assunto. Deve ter ruborizado, sentido o rosto esquentar.

— Pode se abrir com a tia, viu, meu filho? Conheço você desde bebezinho. Troquei muitas fraldas suas, viu? Então, não precisa ter formalidades nem segredos para a tia. Pode confiar em mim.

Aí Flávio ruborizou de vez. Não estava acostumado a esse tipo de brincadeira, muito menos da tia Zulmira, a quem não via fazia tanto tempo. E, apesar de ser verdade o que ela dissera, ele se surpreendeu por se ver tão exposto daquela forma.

— Que é isso, tia? Claro que confio na senhora.

— Então vamos lá. Seu primeiro cliente da tarde chega às catorze horas, não é? Então vamos aproveitar bem o tempo — mudou o tom de voz e continuou: — O que está afligindo meu sobrinho?

Inesperadamente, Flávio se flagrou mentindo:

— Na verdade, tia, trata-se de um amigo meu. Ele teve umas experiências estranhas...

O MISTÉRIO DO REENCONTRO

Ela o interrompeu sorrindo divertida:

— Sei, sei. Com uma misteriosa mulher vestida elegantemente, de cabelos louros e olhos verdes...

Flávio tremeu e sentiu-se flagrado em alguma travessura:

— Como a senhora sabe?

Calmamente, a tia respondeu com a expressão mais cândida do mundo:

— Porque neste momento ela está ao seu lado, com um braço na sua poltrona, em volta dos seus ombros. E está sorrindo da sua mentirinha.

Flávio ficou de pé num pulo. Olhava da poltrona para a tia e vice-versa. Que espécie de brincadeira era aquela?

Tia Zulmira caiu numa gostosa gargalhada, o que deixou Flávio ainda mais confuso.

— Ah, meu querido sobrinho! Desculpe minha gargalhada, mas sua reação foi tão engraçada! Eu não pretendia assustá-lo, tampouco essa senhora. Desculpe-me e sente-se, por favor. Não há perigo algum. Essa mulher é do bem. Eu sinto a energia dela, é muito boa. Pela expressão simpática e sorridente, acho que provavelmente ela quer dizer-lhe algo ou ajudá-lo de alguma forma.

Flávio sentou-se com cautela, olhando antes para a poltrona, com muito cuidado, como se nela pudesse haver alguma armadilha perigosa.

Tia Zulmira continuou a falar, enxugando os olhos com um delicado lencinho de bordas enfeitadas. Chorara de tanto rir.

— Esqueça essa história de "é meu amigo que tem um problema", meu querido sobrinho. Não é à toa que dizem que sua tia é meio maluquinha. O que interessa agora é: o que eu posso fazer por você? Eu sei das coisas, eu vejo e ouço coisas que a maioria das pessoas não ouve nem vê. Não tenho culpa, é um dom que Deus me deu. Portanto, meu sobrinho, eu sei que não existe nenhum amigo seu com problema. O caso é com você mesmo. E quanto à mulher que estava ao seu lado, não se preocupe. Eu pedi, mentalmente, de maneira gentil, que ela se retirasse.

— E... ela foi?

— Foi, fique tranquilo. Como eu lhe disse, ela é do bem. Vai nos deixar conversar a sós. O que houve com você? Tem a ver com ela?

Flávio estava pasmado. Agora já não duvidava de mais nada.

— Bem, essa senhora já apareceu duas vezes aqui no meu consultório. Com esta, é a terceira vez.

Ele contou para a tia como foram as duas visitas dela. Só omitiu as partes que se referiam ao seu problema com Sueli.

Zulmira ouviu tudo em respeitoso silêncio, balançando afirmativamente a cabeça de vez em quando, mostrando que estava acompanhando e compreendendo o que ouvia.

— Essa é a história, tia. E, como eu não entendo dessas coisas, achei que estava enlouquecendo, tendo delírios e alucinações.

Zulmira ficou alguns minutos em silêncio, balançando afirmativamente a cabeça e olhando para o sobrinho, como se estivesse refletindo a respeito do que ouvira. Flávio começava a se sentir incomodado, como se ela estivesse mentalmente desnudando-o ou submetendo-o a raios X. Depois ela deu um grande suspiro e começou a falar:

— Bom, sei que você não me contou tudo. Há outras coisas mais sérias por trás dessa história, algo ligado à sua vida conjugal. Mas sobre isso conversaremos outra hora.

"Essa mulher é mesmo incrível. Ela está se referindo ao meu problema com Sueli. Como ela pode saber?", pensou Flávio entre assustado e admirado.

— Antes de tudo, meu sobrinho, eu preciso lhe falar um pouco sobre mim. Você me oferece um pouco de água?

— Oh, desculpe não ter oferecido antes. É que, quando minha secretária não está, eu fico meio perdido — e levantou-se para pegar água, bandeja e copos na pequena copa, nos fundos do consultório.

— Não se preocupe. É que o calor está terrível, apesar do ar-condicionado.

— Imagine, tia.

Flávio voltou da copa com a bandeja. Depositou-a sobre uma mesinha e, enquanto servia a tia, pensou no que ela iria lhe dizer.

Capítulo 13

Depois de beber lentamente uns bons goles, tia Zulmira depositou o copo na bandeja sobre a mesa e começou a esclarecer ao aturdido psicólogo muitas coisas que ele não fazia nem ideia de que existiam.

— Eu sou espírita. Sou médium vidente. Vejo coisas e falo com os mortos há muito tempo, desde antes da adolescência, se você quer saber.

— Tia, na verdade, eu sei muito pouco sobre isso e não fica muito claro para mim o que significa você dizer que é espírita, médium, sensitiva, vidente, essas coisas, embora seja voluntário de uma instituição mantida por uma casa espírita.

— Está bem, deixe-me explicar. O espiritismo é uma doutrina que existe desde meados do século 19, codificada por Allan Kardec. Essa doutrina tem sua base na crença de que os vivos podem se comunicar com os mortos. Essa comunicação é feita através de pessoas especialmente sensitivas chamadas de médiuns. Alguns médiuns, como eu, podem ver e ouvir os espíritos das pessoas desencarnadas, quer dizer, mortas.

— Então... vocês acreditam que há vida depois da morte?

— Sem a menor dúvida. Nesta vida estamos todos de passagem. Depois que acontece a chamada morte aqui na Terra, vamos para outros planos espirituais, em outra dimensão, aprender mais coisas para nos tornar pessoas melhores, e depois retornar à Terra em outro corpo e quase sempre em outro lugar. É a chamada reencarnação.

— Vocês acreditam mesmo nisso tudo que a senhora está me dizendo?

— Não só acreditamos, como praticamos e ensinamos.

— E esses espíritos podem fazer mal para nós, os vivos?

Tia Zulmira pensou um pouco antes de responder.

— Veja, assim como na Terra existem pessoas boas e más, no mundo espiritual também encontramos espíritos que, ao longo de suas várias vidas, melhoram suas atitudes e se tornam espíritos bons. Mas também encontramos aqueles que não aceitam a nova condição, se rebelam e nada aprendem, são os espíritos desorientados. Estes muitas vezes dão um jeito de aparecer por aqui para atrapalhar a vida de quem eles acham que os prejudicaram quando estavam vivos na Terra. Ou então fazem travessuras apenas para se divertir.

Flávio começava a ficar preocupado com aquelas informações inteiramente novas para ele:

— E o que podemos fazer para nos proteger?

— Na verdade, esses espíritos não são necessariamente maus, são apenas desorientados, pouco esclarecidos. Nós, espíritas, temos meios de conversar com eles e convencê-los a escolher o caminho do crescimento, do progresso espiritual, em vez de ficarem aborrecendo e amedrontando os vivos — ela mudou o tom e continuou: — Pela sua expressão, vejo que você está muito confuso com essas coisas que estou lhe dizendo.

— E estou mesmo, tia. Não me leve a mal, mas acho que depois desta conversa vou ter que procurar um bom psicólogo para colocar meus parafusos nos devidos lugares.

Tia Zulmira repetiu a gostosa gargalhada que dera no início da conversa.

— Ah, meu sobrinho, você é muito engraçado.

Podia ser engraçado, porém ele estava realmente confuso:

— A senhora há de convir que é tudo muito estranho para quem nunca se aprofundou no assunto.

— Eu sei, eu compreendo. Agora você pode imaginar o que sua tia passou quando, aos doze anos, começou a dizer em casa que estava vendo espíritos, ouvindo vozes ou adivinhando coisas. Quiseram me internar. Não conseguiram, mas até hoje carrego a fama de maluquinha, diferente ou estranha.

— Não há como negar que a senhora é diferente da maioria das pessoas. Sabe que, ainda hoje, as coisas diferentes assustam os outros. O desconhecido, para a maioria das pessoas, é assustador, porque parece sempre uma ameaça. Preferem lidar com o cotidiano, o dia a dia, a rotina. Quase lincharam Freud quando ele falou sobre a sexualidade das crianças, o Complexo de Édipo, a libido e outras coisas que a moral da época considerava blasfêmia.

— Mas creia: eu não me importo com a opinião dos outros. Maluquinha ou não, você não imagina a quantidade de pessoas que me procura para dar notícias sobre entes queridos que já se foram, conselhos sobre decisões a tomar ou até encaminhá-las para curas.

— Curas?

— Alguns médiuns especiais intermedeiam o contato com médicos do além e conseguem curas espirituais fantásticas. Eu não tenho esse dom, mas no meu grupo, lá no centro espírita, temos vários médiuns operadores.

— A senhora tem um grupo, um centro espírita?

— No Brasil há milhares de grupos e centros espíritas para acolher e atender as pessoas, espíritas ou não. O centro não é meu, mas eu o frequento há mais de vinte anos, e assim formamos grupos de trabalho mais ou menos constantes.

— Mas isso é legal? Não é curandeirismo ou prática ilegal da medicina?

Ouviu-se outra gostosa gargalhada da tia:

— Nenhum dos nossos médiuns dá receita nem usa qualquer tipo de beberagem ou instrumento cirúrgico para fazer os tratamentos e as curas espirituais. Tudo é feito através de passes, que são gestos mobilizadores de energias com as mãos, e muita oração em grupo. Que mal há nisso? Você cairia de costas se eu lhe dissesse o nome de gente conhecida e famosa que frequenta nossas reuniões.

— Qualquer pessoa pode participar?

— Qualquer pessoa que precise de ajuda ou orientação.

— De qualquer religião?

— De qualquer religião, idade, sexo, cor, profissão. Não temos nenhum tipo de preconceito ou discriminação.

— Isso é muito legal, muito democrático. E qual é o preço desses atendimentos?

Mais uma contagiante gargalhada da tia:

— Se eu fosse cobrar os atendimentos espirituais que faço, estaria mais rica do que você, meu sobrinho — ficou séria e disse: — Não se cobra nada, meu querido. O centro onde você presta assistência cobra pelo atendimento?

— Eles só me deram uma sala anexa ao galpão. Nunca quis me envolver, mas já me disseram que lá tudo é de graça.

— No centro que frequento, ninguém paga nada pela ajuda que recebe. Fazemos isso pelo prazer de praticar o bem. Se usamos dons que nos foram dados de graça por Deus, não temos o direito de cobrar por usá-los.

— Nossa, que filosofia bonita!

— Também acho — e mudando de tom: — Bom, mas estamos deixando pra lá o motivo do seu convite para minha vinda aqui.

Flávio ajeitou-se na poltrona.

— Bem, tia, pelo que entendi do que a senhora falou, a mulher que me visita é um espírito.

— É. E ontem ficou muito assustada, e até ofendida, com a sua reação quando tentou lhe explicar tudo o que lhe expliquei agora.

— Mas, tia, eu nunca na vida poderia imaginar que um dia seria visitado por um espírito.

— Não precisa se justificar, meu sobrinho. Porém, antes de a gente explodir em raiva, é sempre bom deixar a outra parte falar, não é mesmo? Parece que ela não teve muita oportunidade de esclarecer a situação.

Flávio teve a humildade de admitir:

— É verdade, tia. Eu fui muito impulsivo, muito precipitado e até grosseiro.

— Bom, tudo já passou e ela já o desculpou. A prova é que ela estava aqui ainda há pouco. O importante agora é descobrir a razão pela qual ela veio visitá-lo.

— O que a senhora acha?

— Ainda não tive oportunidade de conversar direito com ela. Sei apenas que ela quer ajudar. Em quê e por quê, eu ainda não sei. Parece que você está vivendo um problema em casa, é verdade?

Flávio pigarreou e baixou os olhos meio envergonhado de admitir que estava vivendo um problema conjugal:

— Bem, na verdade, eu e a Sueli estamos passando por uma crise.

Zulmira ficou em silêncio esperando ouvir o resto da história. Flávio não estava acostumado a falar de sua vida íntima com ninguém, e ter que fazer isso deixava-o desconfortável. Todavia, teve que romper o silêncio que já estava ficando insuportável:

— Eu e Sueli queríamos ter um filho, mas ela não pode engravidar.

— Não pode? Por quê?

— Ninguém sabe. Já fizemos todos os exames possíveis e imagináveis, e nada indica que haja problemas físicos conosco. Nem eu nem ela temos problemas de fertilidade.

— Isso quer dizer que não há nenhuma explicação médica para essa dificuldade?

— Nenhuma. Como lhe disse, já fizemos todos os exames e nada de errado foi encontrado em nós.

Tia Zulmira refletiu um pouco antes de perguntar:

— E você, pessoalmente, acha o quê?

Ele ficou meio desconcertado em responder:

— Bem... Sinceramente? Acho que ela deixou de me amar. Ou então, mesmo que ainda me ame, ela não quer ter esse filho, por medo ou por imaturidade, e isso afeta o metabolismo dela, boicotando a gravidez, ainda que de forma inconsciente. Algumas mulheres passam por esse problema, uma espécie de "infertilidade psicológica". É por isso que algumas mulheres, tão logo adotam uma criança, conseguem engravidar rapidamente. Ou seja, vencida a tensão existente, elas relaxam, deixam o organismo funcionar normalmente e a gravidez ocorre.

— E você, como psicólogo, acha que seja esse o caso da Sueli?

— Sinceramente não sei, tia, mas não me parece que seja. Ela diz querer muito esse filho.

Depois de outro silêncio, Zulmira falou:

— Bom, meu sobrinho, se a causa não é médica nem psicológica, o que é que resta?

Flávio sentia-se perdido:

— Não sei, tia. Simplesmente não sei.

— A resposta é simples. Se a causa não é médica nem psicológica, resta a causa espiritual.

Causa espiritual? Flávio nunca havia pensado naquilo. Ele não fazia a menor ideia do que seria uma "causa espiritual" e de que maneira ela poderia provocar um problema dessa natureza. Lembrou que Rosália, a visão feminina, fizera referência a "vidas passadas" como a origem dos problemas, mas não sabia se isso se enquadrava nas "causas espirituais".

— Causa espiritual? Como assim? — perguntou ele à tia.

— Vou tentar explicar, preste atenção: a vida é feita de escolhas. Para tomar qualquer decisão, nós precisamos fazer escolhas. Algumas escolhas indevidas feitas em vidas passadas por uma pessoa podem criar dificuldades ou limitações para algumas situações dessa mesma pessoa na vida atual. Não posso afirmar ainda que este seja o caso da sua mulher. Seria preciso pesquisar a respeito, ouvi-la, tentar descobrir a ligação de ambos em vida passada, com quais pessoas vocês interagiram...

— Tudo isso?

— Tudo isso. Não existe uma varinha de condão ou um passe de mágica para resolver esse e outros problemas espirituais. A solução requer sempre um trabalho intenso e sério.

Definitivamente, o psicólogo não estava habituado àquele tipo de conversa. Ficou refletindo alguns segundos para assimilar direito tudo o que ouvira.

— Supondo que eu e Sueli aceitemos fazer esse trabalho espiritual, por onde começamos?

Zulmira disfarçou um suspiro de alívio, porque aquela pergunta dava a entender que havia uma possibilidade de ele aceitar o tratamento espiritual.

— Em primeiro lugar, converse com sua mulher e procure descobrir se no momento ela está frequentando lugares que possam ter energias negativas, ou se está tendo contato com pessoas negativas. E isso vale para você também. Ou seja, o primeiro passo consiste em vocês mesmos fazerem uma análise de como e com quem estão levando a vida e o trabalho. Por exemplo, imagino que aqui neste consultório você receba muitas pessoas, não apenas os adolescentes, mas os pais deles também, com muitas cargas negativas devido aos problemas pelos quais estão passando. Muitas vezes essas pessoas, involuntariamente, passam para você essas energias negativas, ou você, sem perceber, as absorve, seja por ser uma pessoa sensível, seja porque está empenhado em ajudá-las. Pense nisso. E faça a mesma proposta à sua mulher, que também recebe clientes diariamente no escritório dela. Não são pacientes, mas isso não quer dizer que não estejam com energias negativas. Então, conversem entre si e depois voltaremos a nos falar.

Flávio pensava se conseguiria convencer sua mulher a seguir as recomendações da tia Zulmira. Entretanto, esse era um problema dele. No momento, tinha mais era que agradecer pelas orientações e esclarecimentos dados:

— Puxa, tia, não sei como lhe agradecer. Vou pensar direitinho a respeito de tudo o que ouvi e depois voltamos a conversar, sim. Eu só estou preocupado agora é com o horário. Já são quase duas horas e daqui a pouco meu cliente vai chegar.

Zulmira deu um sorriso travesso:

— Ah, não se preocupe com isso. A mãe dele vai ligar daqui a pouquinho e vai pedir para remarcar o horário.

Flávio sorriu:

— A senhora acha? Bem, nada é impossível, tia, mas a mãe desse próximo cliente é muito rígida, muito organizada. Logo, é muito pouco provável que ela faça isso.

Mal Flávio acabara de falar, o telefone tocou. Sua secretária, que já havia retornado do almoço, passou-lhe a ligação.

Flávio atendeu:

— Olá, dona Lígia, tudo bem? Como vai o Estevão? — enquanto ouvia, ia ficando pálido. Depois de ouvir em silêncio, falou: — Nenhum problema, dona Lígia. Estimo as melhoras dele. Por favor, mantenha-me informado. A senhora pode reagendar a sessão com minha secretária. Até logo — e desligou.

Zulmira apenas olhava-o, rindo divertida:

— E então, podemos ir almoçar agora? — perguntou com jeito bem debochado.

Flávio não respondeu, apenas balançou a cabeça de um lado para o outro, como quem diz: "Eu não estou acreditando nisso. Isso não pode estar acontecendo!". Todavia, levantou-se, deu a volta na mesa e abriu a porta para tia Zulmira sair.

Agora havia tempo suficiente para que pudessem almoçar em paz.

Capítulo 14

Sueli se surpreendeu quando viu Flávio chegar mais cedo em casa. Como ela o conhecia bem, logo percebeu que ele estava tenso, nervoso. Pensou fazer um gesto que o acalmasse, mas desistiu. Nada disse nem perguntou, pois poderia transformar a recepção numa discussão, por mais carinhosa que procurasse ser. Já tentara outras vezes e não dera certo.

Jantaram praticamente em silêncio. Quando ela estava na cozinha lavando a louça do jantar, ele chegou de mansinho e parou na porta. Falou com voz baixa e macia:

— Podemos conversar um pouquinho na sala?

Sueli achou que a voz dele estava estranha, parecendo angustiada, como de quem está precisando de ajuda. Ela se apressou para finalizar o que estava fazendo e depois foi para a sala, onde seu marido já a esperava, com o semblante carregado.

"O que será que vai ser desta vez?", perguntou-se apreensiva.

Ele estava sentado no sofá, com as mãos entrecruzadas, brincando com os dedos polegares, como as pessoas fazem quando estão nervosas. Inicialmente ela pensou em sentar-se ao lado dele. Depois, refletiu melhor: por não saber o que esperar daquela conversa, decidiu acomodar-se na poltrona à sua frente e ficou esperando em silêncio. Afinal, o convite para conversar partira dele.

Ele hesitou, coçou o centro da testa — hábito que ela conhecia muito bem e já estava acostumada a ver sempre que ele ficava nervoso — e começou a falar com alguma timidez, aparentando um misto de ansiedade, dúvida e insegurança no que iria dizer. Sua voz continuava baixa e pausada:

— As coisas que vou lhe falar poderão parecer sem sentido, poderão até parecer maluquices. Mas lhe garanto que estou perfeitamente bem do meu juízo, não estou sob qualquer estresse nem pressão, nada bebi de álcool e só o que tem me preocupado é a nossa situação — fez uma pausa. — Na verdade, não sei se o que vou lhe falar tem ou não a ver com a nossa situação. Mas peço-lhe que me ouça até o fim e só depois faça as perguntas e os comentários que quiser.

Ela ficou um pouco preocupada com essa introdução solene, contudo, procurou não demonstrar. Cruzou os braços e as pernas.

— Está bem.

Ele fez uma nova pausa, olhando para baixo. Depois, mirou-a diretamente nos olhos e fez a pergunta que o incomodava tanto:

— Você já ouviu falar em espiritismo?

Ela se surpreendeu com a pergunta. Olhou-o de maneira inquisitiva franzindo a testa, e respondeu aparentando calma:

— Sim, já.

Ele esperava dela mais comentários a respeito da sua pergunta, pois ficou em silêncio, apenas olhando-a. Como esses comentários adicionais não vieram, ele insistiu:

— E o que você pensa a respeito?

Ela deu de ombros:

— Para falar a verdade, nunca pensei muito a respeito desse assunto. Você sabe que somos de famílias católicas, exceto seu pai, que é ateu. Portanto, conversas sobre esses temas, se não eram proibidas, pelo menos eram evitadas em casa. Daí, não aprendi nada sobre isso.

Ele continuava mexendo os dedos.

— É verdade. Mas, certamente, lá no escritório, ou mesmo durante a faculdade, você deve ter ouvido seus funcionários ou suas amigas falarem a respeito.

Ela olhou para cima, refletindo um pouco antes de responder:

— Sim, lembro vagamente que algumas amigas da faculdade comentavam coisas a respeito, mas nunca dei muita importância a essas conversas.

Flávio insistia em querer saber a opinião da esposa sobre o tema:

— Mas, tomando como base o que elas falavam, o que você hoje pensa sobre esse assunto?

— Olha, pelo que sei, o espiritismo tem a ver com reencarnação, com vida após a morte, com comunicação com os mortos, coisas assim. Não sei muito mais do que isso.

— E você acredita nessas coisas?

Ela relaxou um pouco, percebendo que o assunto era menos grave do que ela esperava. Descruzou os braços e sorriu meio irônica, achando a pergunta descabida:

— Ué, como é que posso acreditar ou não numa coisa a respeito da qual nada sei?

Ele ficou olhando-a, parecendo frustrado com a resposta dela, e teve que admitir:

— É verdade.

Um longo e desconfortável silêncio se instalou na sala. Ele voltou a mexer nervosamente com os dedos das mãos. Depois de um tempo disse de supetão:

— Almocei hoje com a tia Zulmira.

Sueli olhou surpresa para ele. Eis aí uma informação inesperada e esquisita. Tia Zulmira não fazia parte do círculo de amigos íntimos, aqueles que são convidados para almoçar ou jantar. Que razões teriam levado seu marido a almoçar com ela? Procurou disfarçar a surpresa, mostrando alguma indiferença:

— Ah, foi? E como vai ela?

— Vai bem, muito bem — Flávio fez nova pausa, como que pensando no que iria perguntar. — Você sabia que ela é espírita?

— Que ela é espírita, não sabia. O que sempre ouvi falar dela é que se trata de uma pessoa — hesitou um pouco —, uma pessoa diferente.

Ele sorriu, sabendo a que ela se referia:

— Maluquinha?

Sueli relutou em admitir, pois achava aquele adjetivo muito pejorativo para ser aplicado a uma pessoa da família:

— É, já ouvi isso também. Mas não gosto desse tipo de comentário. As pessoas são como são. De qualquer modo, não a conheço o suficiente para emitir uma opinião sobre ela.

— Hoje pude conhecê-la melhor. Conversamos muito antes e durante o almoço. É uma pessoa muito interessante. Tem crenças um tanto exóticas, eu diria. Mas é muito inteligente, esperta e divertida.

— É mesmo?

— É. Conhece e estuda o mundo espiritual há mais de vinte anos. Explicou-me um pouco dessa doutrina.

Sueli voltou a ficar surpresa:

— Eu não sabia que você se interessava por esse assunto.

Flávio se ajeitou melhor no sofá e passou a falar com mais disposição.

— Esse é o ponto: não me interessava. Passei a pensar nisso de uns dias para cá, principalmente depois de hoje, da conversa com a tia Zulmira.

Agora Sueli não escondia sua curiosidade:

— Posso saber o que aconteceu nessa conversa que despertou em você esse interesse por um assunto que até poucos dias atrás não lhe interessava nem lhe dizia o menor respeito?

Flávio ficou um bom tempo em silêncio, olhando para o teto branco do apartamento. Precisava pensar direitinho no que iria falar para não assustar ou confundir sua mulher. Começou com cautela:

— Bem, aqui é que entra a parte estranha da minha história e para a qual peço sua atenção e seu voto de confiança. Insisto em dizer que não estou alcoolizado, louco nem com surtos delirantes.

Ela demonstrou certa impaciência com todos esses alertas dele:

— Estou achando muito estranho você insistir tanto em afirmar sua sobriedade e sua sanidade mental. Eu sei que as coisas não andam bem entre nós. Tudo bem que você tem andado nervoso comigo, que já não é a mesma pessoa com a qual me casei, mas daí a achar que você anda bebendo ou está ficando louco, ou tendo surtos delirantes, há uma grande distância.

— Desculpe, mas, por enquanto, não quero falar sobre nós. Depois falaremos. De qualquer forma, de uma maneira ou de outra, o que vou narrar conduzirá a isso.

O MISTÉRIO DO REENCONTRO

Resignada, ela voltou a cruzar os braços.

— Está bem. Ouvirei com atenção.

E Flávio narrou detalhadamente as duas visitas de Rosália, omitindo o nome dela. Durante a narrativa, coçou o centro da testa diversas vezes. Sentia-se muito incomodado e deslocado falando sobre aquele assunto — logo ele, um sujeito racional e um psicólogo de formação católica.

Quando Flávio terminou sua narrativa, Sueli ficou olhando para ele por longo tempo, com a fisionomia séria. Não havia ironia, descrédito nem incredulidade na sua expressão. Apenas não sabia o que pensar nem o que concluir daquilo tudo. Seria algum tipo de teste que Flávio estava aplicando nela?

— Foi por causa de tudo isso que você decidiu conversar com a tia Zulmira?

— Exatamente. Eu não sabia a quem recorrer e estava ficando louco. Cheguei a introduzir o assunto com meu pai, mas ele cortou a conversa logo de início. Você o conhece bem. É um ateu convicto.

— É verdade. E a conversa com a tia Zulmira ajudou a esclarecer alguma coisa?

— Bem, eu estou na seguinte situação: ou acredito nas teorias dela ou não acredito. Se acreditar, há uma possível explicação e uma provável solução, por mais estranha que pareça. Se eu não acreditar, volto à estaca zero e simplesmente não saberei o que fazer.

— Ou seja, parece que você não tem muitas opções. Se correr o bicho pega, se ficar o bicho come!

— Exatamente.

Sueli pensou um pouco.

— E quais são as teorias da tia Zulmira?

Flávio contou toda a sua conversa com a tia. À medida que ele falava e começava a aparecer no assunto a problemática do casal, Sueli ia mudando sua expressão e sua atitude. Antes, mostrava-se séria e segura de si, mantendo a posição de quem estava apenas ouvindo uma justificativa, mas não necessariamente acreditando nela. Agora se sentia uma pessoa também envolvida na história, com um papel definido e com tarefas a cumprir.

Essa constatação parecia deixá-la vulnerável e temerosa. Não era mais uma simples ouvinte, uma simples espectadora. Agora que estava também no centro do furacão cabia-lhe diretamente uma parcela de responsabilidade na busca de soluções.

Levantou-se apenas para disfarçar seu súbito nervosismo. Passou uma flanela sobre o televisor e em alguns quadros, como se só naquele momento tivesse descoberto ali alguma poeira. Na verdade, sua mente fervilhava.

Refletindo sobre as coisas que seu marido contara, ocorreu-lhe uma curiosidade:

— Essa mulher que o visitou e, segundo a tia Zulmira, é um espírito, se identificou? Disse pelo menos o nome?

— Rosália. Ela disse chamar-se Rosália.

— Rosália?!

O vaso que ela limpava no momento em que ouviu aquele nome caiu no chão com estardalhaço, ferindo violentamente o silêncio da noite e da sala.

Sueli estremeceu dos pés à cabeça: de imediato lembrou-se do que lhe contara o doutor Otávio. Rosália fora a "mãe" do abrigo dos meninos que funcionou no casarão que ela ia reformar, a mesma que morrera louca num hospício.

— Sim — disse Flávio, levantando-se depressa para ajudá-la a recolher os cacos do vaso e as flores. — Por que você ficou nervosa quando pronunciei o nome da mulher que tem aparecido para mim? Você conhece alguém com esse nome?

Procurando manter-se lúcida, Sueli se fez mentalmente uma censura: estava reagindo como se desse crédito às histórias do doutor Otávio. E não havia razão nenhuma para supor que aquela Rosália do casarão tivesse algo a ver com o espírito que visitara seu marido.

Flávio insistiu na pergunta:

— Su, você me ouviu?

Ela despertou bruscamente de suas reflexões:

— Desculpe. Eu me distraí por alguns instantes.

— Eu percebi. Perguntei se você conhecia alguém com o nome de Rosália.

Ela hesitou, porque não tinha muita certeza de que as duas "Rosálias" fossem a mesma pessoa:

— Não, não conheço. Quer dizer...

Flávio impacientou-se:

— Afinal, conhece ou não conhece?

Ela deu um profundo suspiro:

— Bom, agora você é quem vai me ouvir com atenção. Acho melhor lhe contar minha experiência de ontem com um novo cliente.

— Ontem? Um novo cliente? Mas você não me contou nada. Antes eu era o primeiro a saber.

Percebendo que ele se irritara, ela procurou responder com bastante calma para evitar que aquele problema de comunicação viesse a gerar mais um conflito entre eles:

— Querido, do jeito que as coisas estão entre nós, da forma como você tem me tratado e, além disso, chegado tarde e com mau humor, não tem havido clima para dividirmos as novidades do nosso dia a dia como fazíamos antes. Tudo bem que eu não lhe contei o contato de ontem com um novo cliente, mas, da mesma forma, você só está me contando agora esse fato, essas aparições que vêm acontecendo com você há dois dias.

Flávio caiu em si. Desgastada como estava a relação do casal e diante do comportamento distante dele, realmente não lhe cabia cobrar nada da sua esposa.

— Desculpe, é verdade. Eu não devia ter feito aquela observação.

Ela deu de ombros:

— Tudo bem, querido. Você sabe que andamos tensos. Porém, acho importante você saber os detalhes do meu novo cliente. Não tenho certeza, mas talvez tenha alguma coisa a ver com os fatos que andaram acontecendo com você, não sei.

Desta vez foi ele quem a ouviu no mais absoluto silêncio, quase sem piscar. Ela narrou todos os acontecimentos envolvendo o casarão, desde a primeira visita que ela fez até a reunião com o doutor Otávio.

Quando ela terminou a narrativa, ele estava pasmado, imóvel, de boca aberta. Parecia estar em estado catatônico. Ambos ficaram um longo tempo em silêncio, olhando um para o outro, refletindo sobre aquelas estranhas histórias que tinham acabado de contar e de ouvir.

Depois de passados alguns minutos, ele murmurou, inclinando-se e cobrindo o rosto com as mãos:

— Meu Deus, o que está acontecendo conosco?

A voz trêmula de Sueli denunciava a insegurança dela:

— Não faço a menor ideia. Até há poucos dias eu pensava que se tratava apenas de uma crise conjugal. Agora, alguma coisa me diz que é mais do que isso. Não sei o que é, mas tenho a forte sensação de que há algo muito estranho por trás de tudo. E isso me assusta.

Novo silêncio, até que Flávio propôs:

— E se eu convidar tia Zulmira para vir jantar aqui amanhã? Ela quer mesmo conversar com você, e o jantar seria uma boa oportunidade.

— Não tenho nada contra. Pode convidar.

— Ótimo! Quem sabe ela pode nos ajudar? Vou ligar para ela.

— Mas, antes de você ligar, eu queria lhe fazer um pedido. — Flávio, que já tinha se levantado e caminhava na direção do telefone, parou, voltou-se para ela e ficou esperando que ela continuasse. — Depois de tudo o que conversamos, eu gostaria que você fosse comigo até o casarão. Preciso voltar lá na companhia do doutor Otávio para que ele me transmita suas ideias a respeito da reforma. Preciso também tirar algumas fotografias para calcular o orçamento e facilitar o trabalho da nossa projetista. O que eu quero dizer é que, depois de tomar conhecimento de todas essas histórias tão estranhas, eu me sentiria mais segura se você estivesse junto, se pudesse ir comigo.

— Amanhã não posso, pois não teria como cancelar todas as consultas assim, em cima da hora. Veja com o doutor Otávio se ele pode ir no sábado. Se ele puder, eu os acompanharei.

— Está bem. Amanhã cedo eu farei isso e você convida a tia Zulmira para vir jantar conosco. Enquanto isso, eu proponho deixarmos todos esses assuntos e essas histórias em suspenso e não pensarmos nelas até amanhã.

— Totalmente de acordo.

Pela primeira vez em muito tempo concordaram em algo. Por uma razão ou por outra, naquela noite dormiram abraçados como havia muito tempo não acontecia.

É bem verdade que o sono de ambos foi agitado por estranhos sonhos, mas valeu pelo aconchego e pelo calor dos corpos unidos.

Capítulo 15

onforme combinado, logo cedo, no dia seguinte, Sueli ligou para o escritório do doutor Otávio. Gentil como sempre, a recepcionista informou que ele ainda não havia chegado, mas que ligaria para ela tão logo possível.

Ansiosa como estava para dar início ao projeto, Sueli sentiu-se um pouco frustrada, mas sabia que as pessoas não estão sempre à sua disposição. Tentou se distrair com outras atividades.

Com o assunto do espiritismo em mente, resolveu chamar uma das suas projetistas para conversar. Larissa, a mais antiga delas, entrou sorridente na arejada sala de Sueli.

— Oi, Su, tudo bem?

— Tudo bem, La — toda a equipe tinha o divertido hábito de se chamar pela sílaba inicial dos respectivos nomes. — Na verdade, eu a chamei apenas para bater papo.

A projetista abriu um largo sorriso e deixou-se cair despojada na cadeira em frente à mesa de trabalho de sua chefe.

— Oba, conte comigo! Faz parte do trabalho, chefe. Principalmente do nosso. É uma política perfeita para evitar o estresse — e ambas riram com a brincadeira.

Ao fazer a pergunta, Sueli fez o possível para parecer natural:

— Dia desses fui ao cinema. Assisti a um filme que falava sobre vida após a morte. Um filme tocante, que emocionou a plateia.

Larissa era cinemaníaca. Sabia quase tudo a respeito.

— Só pode ter sido o *Ghost*.

— Esse mesmo.

— Está fazendo muito sucesso. É a história de um casal que se apaixona, ele morre, mas depois os dois continuam se comunicando através de uma médium.

— É. O fato é que eu gostei muito do enredo e fiquei com esse assunto na cabeça. Você acha possível acontecer a história do filme? Acredita nisso?

— Em vida após a morte? Claro que acredito! Que pobreza existencial seria se a gente só tivesse esta vida aqui, não acha?

— Ué, por acaso temos outras vidas?

— Se temos? Nossa! Muitas outras! A gente vai e volta. Quero dizer: a gente, não. O nosso espírito. Ele vai para outra dimensão depois que a gente morre aqui e depois de algum tempo ele reencarna em outro corpo. Isso pode levar meses, anos ou até séculos, depende de cada caso, mas todas as pessoas passam por esse processo. Afinal, todos nós obedecemos a um ciclo de desenvolvimento espiritual permanente. Cada vez que voltamos para cá, para viver uma nova vida, temos a oportunidade de aprender mais um pouquinho e nos tornar pessoas cada vez melhores.

— Caramba, como é que você sabe dessas coisas?

Larissa sorriu, satisfeita por demonstrar um conhecimento que sua chefe não possuía:

— Minha família é espírita há muitos anos, e eu os acompanho algumas vezes às reuniões e sessões que realizam toda semana. Só não vou com mais frequência por causa da faculdade. Mas gosto muito da filosofia deles.

— E mexer com essas coisas não tem perigo?

Larissa riu da pergunta:

— Perigo? Perigo nenhum, chefe. Eles só praticam o bem. E o ambiente onde eles fazem essas reuniões é tão relaxante, tão tranquilizador.

Sueli olhava sua funcionária com a mente fervilhando de curiosidade:

— E é verdade que nessas sessões acontecem curas espirituais de doenças e comunicação com os mortos?

— Sim, em alguns dos milhares de centros espíritas espalhados pelo Brasil há médiuns curadores. Uns curam, outros recebem mensagens de pessoas que já morreram.

— Interessante. E de que maneira chegam essas mensagens?

— Na maioria das vezes elas vêm pela escrita. Os médiuns ouvem e escrevem as mensagens ou então a mão deles é guiada por um espírito e eles escrevem coisas de forma quase sempre inconsciente. É a chamada psicografia. Outras vezes, o médium repete falando as palavras que o falecido quer que os parentes ouçam. São formas diferentes de comunicação entre este mundo e os outros existentes.

— Amiga, me desculpe perguntar, isso é pra valer ou existem truques e charlatanismos?

— Chefe, em qual atividade não há pessoas verdadeiras e éticas convivendo com charlatões e enganadores? Até na nossa profissão, você sabe disso e até conhece alguns, não é verdade?

Sueli teve que admitir:

— Bom, isso é verdade.

Pela pergunta que fez em seguida, Larissa demonstrou ter acreditado na justificativa de Sueli para chamá-la para conversar.

— Pelo visto você gostou mesmo do filme, né?

Só então Sueli percebeu que, ansiosa em obter esclarecimentos sobre o espiritismo, estivera desviando demais o assunto:

— É verdade, gostei muito. Achei a história bastante interessante e muito romântica. Meio fantasiosa, mas muito interessante.

— Pois pode acreditar que essas coisas existem, chefe. De verdade. E não tem perigo algum, viu? Quando quiser papear outra vez, pode me chamar, principalmente se a conversa for sobre filmes — levantou-se e saiu sorrindo.

Nesse descontraído bate-papo, Sueli teve a confirmação, em palavras simples, de muito daquilo que tia Zulmira dissera para Flávio: comunicação com os mortos, vidas passadas, reencarnação e curas espirituais...

"Onde há fumaça há fogo", pensou Sueli, concluindo que devia informar-se mais a respeito desses assuntos. Alguma coisa de verdadeiro e consistente deveria haver nessa história de espiritismo.

Nesse momento, a secretária passou a ligação do doutor Otávio, que acabara de chegar ao escritório.

Ele se mostrou o sujeito bem-humorado de sempre:

— Tudo bem, minha jovem? Ainda está impressionada com as histórias que lhe contei?

Ela sorriu e admitiu:

— Confesso que um pouco.

— Mas isso não vai fazê-la desistir do trabalho, não é?

— De jeito nenhum! Eu liguei para o senhor justamente para falarmos sobre nossa visita ao casarão, lembra-se?

— Claro, estou lembrado.

— Eu queria fazer-lhe uma consulta, doutor Otávio. Surgiu um compromisso inesperado para mim esta tarde. Como havíamos combinado a visita ao casarão, gostaria de saber se há algum inconveniente em deixarmos para ir lá no sábado pela manhã, por volta das dez horas.

— Humm, sábado? Deixe-me ver. Só um instante — o advogado ausentou-se do telefone por um momento e depois retornou. Sua voz era de desolação: — Puxa vida, dona Sueli, para mim não dá. Tenho uma viagem marcada para este fim de semana. Mesmo hoje já seria difícil, pois ainda tenho que preparar o material para a viagem. Eu já ia ligar mesmo para a senhora para agendarmos a visita para a próxima semana.

Sueli ficou profundamente frustrada e até um pouco irritada. Ela estava ansiosa para começar o projeto.

Percebendo o silêncio dela, ele propôs:

— Escute aqui, minha jovem. — Ela detestava ser tratada como "minha jovem", pois se sentia uma adolescente ainda cursando faculdade. — Deixe-me fazer-lhe uma proposta. Você pode ir sozinha ou com sua equipe. Estou disposto a delegar tudo a vocês. Aceitarei sua proposta como você me apresentar. Assim, eu não preciso ir e não ficamos dependendo um do outro. E também não perderemos tempo. Que tal?

Sueli nunca tivera nem soubera de um caso desses, em que o cliente delega *tudo* ao arquiteto, deixa todas as decisões a critério dele, inclusive o orçamento, que geralmente é o ponto nevrálgico das negociações. O senso ético dela fez com que insistisse:

— Desculpe, doutor Otávio, mas sua presença é fundamental. Eu preciso que o senhor me dê as diretrizes principais do projeto, daquilo que o senhor gostaria ou não gostaria que fosse feito, daquilo que quer ou não se desfazer ou modificar. Ou se, pelo contrário, gostaria de construir outras dependências, essas coisas.

O advogado continuava paciente:

— Eu sei, dona Sueli, eu entendo suas necessidades, mas veja, entenda também as minhas. Tenho muitos clientes fora de São Paulo e preciso viajar para reunir-me com eles. Não é sempre que tenho essa disponibilidade e o período agora me é muito favorável. Em outras épocas, os compromissos assumidos me impedem de viajar. Por isso tenho que aproveitar essa folga para reunir-me com eles.

— Entendo, doutor Otávio, mas...

Ele a interrompeu, desta vez usando um tom de voz que pretendia passar a posição de não continuar discutindo essa questão. Sua decisão de delegar tudo era definitiva e irreversível:

— Vá por mim, dona Sueli. Estou delegando tudo à senhora porque confio no seu trabalho e na sua honestidade. Faça tudo como achar melhor e como bem entender. A senhora já sabe do que se trata: um abrigo para crianças e adolescentes. Então, pesquise os abrigos e lares já existentes, absorva ideias e faça o que achar melhor. Prometo que não vou me intrometer.

Sueli teve a súbita intuição de que o advogado simplesmente não gostaria de voltar ao casarão, seja lá por que razão fosse. Talvez para não reavivar lembranças tristes ou... por medo.

Por via das dúvidas, decidiu ser polida e política:

— O senhor tem certeza de que prefere assim?

— Absoluta certeza. Você é a dona do projeto. Logo mais mandarei um mensageiro entregar-lhe a planta do casarão.

— Está bem, doutor Otávio. Quando tiver o primeiro rascunho do projeto, irei até aí mostrar-lhe.

Ele pareceu recuperar o bom humor:

— Excelente, minha cara! Eu sabia que nos entenderíamos.

Agora, Sueli tinha que tocar no ponto delicado, mas fundamental:

— E quanto ao orçamento?

A resposta dele foi novamente surpreendente:

— Minha filha, sei que a realização deste sonho não será barata, mas também confio no seu discernimento, na sua ética, no seu profissionalismo. Gostei muito da senhora e confio inteiramente nos seus critérios. Fique tranquila quanto a isso. Não haveremos de ter problemas com a questão do orçamento, pode estar certa.

Ela suspirou aliviada:

— Muito obrigada, doutor Otávio. Estarei no aguardo do seu mensageiro para receber as plantas.

Pronto. Agora, a batata quente estava inteiramente em suas mãos. Estava claro para ela que o doutor Otávio não queria se envolver e queria distância daquele casarão.

Diante dessa situação, Sueli sabia que agora, mais do que nunca, precisaria do apoio e da ajuda do seu marido. Decidiu não pensar mais no assunto durante o resto do dia. À noite receberiam em casa a visita da tia Zulmira e ela precisava sair mais cedo do escritório para comprar os ingredientes para preparar o jantar. Precisava ser um jantar caprichado e original. Afinal, tratava-se da tia Zulmira, a diferente.

Capítulo 16

Sem excessos nem sofisticações, tia Zulmira estava bem elegante, num modelito muito adequado para a sua idade e para a ocasião.

Chegou pontualmente na hora combinada e cumprimentou o casal com bastante carinho e espontaneidade, entregando a Sueli um belo arranjo floral, como cortesia.

Seguindo os tradicionais ritos sociais praticados nessas ocasiões, sentaram-se na sala de visitas para as inevitáveis conversas de aquecimento, acompanhadas por petiscos e aperitivos.

Também falaram um pouco sobre a família dos três. Quem era filho de quem, quem havia casado, morrido, nascido, viajado — esses assuntos triviais e comuns a todas as famílias. Tia Zulmira mostrava-se um excelente "papo": inteligente, informal, bem-humorada e discreta.

Enquanto saboreavam um delicioso vinho, foi introduzido o assunto que de fato motivara o convite a tia Zulmira. Flávio sentara ao lado dela no sofá e Sueli permanecera na poltrona diante deles.

Flávio começou:

— Bem, tia, nós já conversamos ontem sobre o que nos aflige. Já repassei tudo o que conversamos para Sueli, de forma que ela está a par de tudo. Agora, estamos ansiosos para ouvir o que a senhora tem a dizer para, se possível, nos ajudar.

Antes de responder, Zulmira depositou cuidadosamente a taça de vinho sobre a mesinha de centro:

— Muito bem, meus queridos, mas, se vocês não se importam, antes de iniciar nossa conversa, eu gostaria de conhecer o apartamento, principalmente o quarto do casal.

Sueli ficou desconcertada:

— Nossa! Desculpe nossa indelicadeza, tia, nem lembramos de fazer isso. Mas que boa anfitriã eu sou, hein?

— Não, não se desculpe, minha filha. Não é uma simples curiosidade minha a respeito do apartamento de vocês, nem é para cumprir a tradição. Visitar as dependências da casa já faz parte do nosso trabalho. Quero sentir o ambiente onde vocês vivem.

Flávio e Sueli se entreolharam com cumplicidade, como que dizendo um para o outro: "Ih, tia Zulmira já começou com as esquisitices dela".

Educadamente se levantaram e conduziram Zulmira pelo apartamento. Passaram por todas as dependências, começando pela cozinha, com Sueli fazendo breves descrições e comentários. Ao entrarem no pequeno quarto que Flávio transformara em escritório, Zulmira pareceu sentir algo e ficou perscrutando aquele ambiente como que farejando uma pista, um sinal qualquer. O casal permaneceu parado na porta, por via das dúvidas.

Depois de andar por todo o ambiente, Zulmira voltou-se para eles e disse:

— Há uma forte energia aqui que não pertence a nenhum de vocês dois. É como se fosse uma terceira presença — percebendo a expressão de preocupação nos rostos do casal, apressou-se em tranquilizá-los: — Não tenham receio. Esta energia não parece ameaçadora.

O casal abriu passagem para Zulmira, que se encaminhou ao quarto deles, que ficara por último. Flávio e Sueli iam logo atrás, em silêncio.

Assim que pôs os pés no dormitório, Zulmira foi acometida por um intenso calafrio e sentiu-se fortemente empurrada por mãos invisíveis, que a fizeram cambalear para trás.

— Opa! — exclamou, surpresa.

— Tia Zulmira! — Flávio e Sueli gritaram ao mesmo tempo, correndo para amparar a tia, que se apoiara na porta para não cair.

— O que houve, tia?

Ela fez um gesto de que estava tudo bem e pediu:

— Deem-me só um momentinho, por favor.

Em seguida fechou os olhos, abriu os braços e manteve as mãos estendidas com as palmas para cima. Começou a fazer uma prece em voz baixa. O casal estava imóvel, em silêncio, apenas observando.

Depois de alguns minutos, tendo concluído sua oração, Zulmira voltou a percorrer o quarto do casal, sempre com os braços estendidos, agora com as palmas das mãos para baixo, como se elas fossem um radar. Parecia procurar ou sentir algo. Durante todo esse tempo não parou de rezar.

Após alguns minutos, tendo percorrido todo o dormitório, Zulmira deu-se por satisfeita e voltou-se para o casal. Parecia já refeita de tudo.

— Podemos voltar para a sala, por favor?

Caminharam em silêncio e voltaram a sentar-se na sala.

O casal ficou olhando Zulmira com uma interrogação no olhar. Ela passou um lencinho no rosto, com gestos suaves.

— Fui pega de surpresa quando entrei no quarto de vocês — disse, como que se justificando. Tomou um pouco do vinho que restara na taça. — Mas vamos aos fatos

O MISTÉRIO DO REENCONTRO

161

— olhou diretamente para Sueli e disse: — Está comprovado, minha querida, que seus problemas são de natureza espiritual. Acabei de constatar isso. Não precisam se assustar com o que vou dizer, porque tudo pode ser controlado e resolvido, mas há duas presenças espirituais aqui neste apartamento.

Sueli sentiu um súbito calafrio percorrer-lhe o corpo. Flávio notou e foi sentar-se ao lado dela, passando o braço em torno do seu ombro.

— Um dos espíritos quer ajudar, aquele que senti no seu escritório, Flávio. É um espírito com boas intenções. Por isso, nem precisei fazer prece alguma para ele. Mas o outro, o que senti no quarto de vocês, esse quer atrapalhar bastante a vida conjugal do casal e não gostou nem um pouquinho da minha presença aqui.

— Mas quem são eles e o que querem? — Flávio queria resolver tudo de forma prática e imediata.

— Não são "eles", são "elas". Senti o espírito de duas mulheres. Por enquanto, não há como saber quem são, nem o que querem. É como se uma quisesse prejudicar vocês, e a outra estivesse prevenindo-os e até defendendo-os — passou novamente o lenço no rosto. — Provavelmente, Flávio, o espírito que senti no seu escritório é o mesmo que lhe visitou no seu consultório, a Rosália.

— Puxa, e eu a tratei tão mal...

— Não se preocupe. Ela vai voltar a fazer contato com você, até afastá-los do perigo.

Flávio achou que era o momento de esclarecer um ponto que o vinha intrigando:

— Tia, eu tenho uma dúvida.

— Pois diga-me qual, querido. Se eu puder esclarecê-la.

— Por que é que eu consigo ver o... — hesitou. Não se sentia à vontade falando desses assuntos, mas

não havia outra palavra que pudesse usar neste caso —
...o espírito de Rosália? Parece que não é comum as pessoas verem espíritos e muito menos conversar com eles, não é mesmo?

Zulmira sorriu compreensiva:

— Não, claro que não é comum. Habitualmente, para algumas pessoas, eles costumam aparecer em sonhos. Isso é mais comum. Quando acorda, a pessoa acha apenas que sonhou com "fulano", que já morreu há tanto tempo. Ou então acha esquisito ter sonhado com pessoas que ela nem conhece. Agora, aparecer assim como a Rosália apareceu para você, em estado de vigília, é muito raro.

— É?

— Sim. Depende de muitos fatores. Primeiro, depende da sensibilidade de quem vê. Em linguagem espírita, eu diria: depende da maior ou menor energia do fluido do vidente. Da parte do espírito, depende de uma autorização superior para se fazer ver, a menos que estejamos falando de espíritos rebeldes e desorientados que fazem aparições para assustar ou se divertir. Ou seja, não basta ao espírito querer ser visto, é preciso que haja também uma sintonia com quem vai vê-lo. No seu caso, Flávio, parece que todos esses requisitos foram atendidos. Você e o espírito da Rosália estão ligados, o que significa que há alguma história que aproxima vocês e não sabemos qual é. Mas significa sobretudo que vocês foram merecedores, porque tudo indica que houve uma boa razão para que isso acontecesse, embora ainda não saibamos qual.

Sueli começou a sentir um pouco de medo, por mais que ainda não acreditasse inteiramente em coisas sobrenaturais. Mas tia Zulmira parecia tão autêntica, tão segura do que estava dizendo.

— Ainda há pouco a senhora disse que Rosália estaria querendo ajudar Flávio, protegendo-o de algum perigo. Que perigo é esse, tia?

— Minha querida, eu preciso de uma pista, um indício para saber por onde começar.

Flávio dirigiu-se à esposa:

— Su, conte pra tia Zulmira a história do casarão que você vai reformar.

Tia Zulmira se interessou logo:

— Que história é essa de casarão?

— É uma longa história, tia, vou contar-lhe tudo.

A velha senhora se recostou no sofá e se acomodou melhor para ouvir.

Sueli relatou tudo o que já havia contado para o marido, desde o primeiro contato com o doutor Otávio, a primeira visita ao casarão, até seu diálogo mais recente com o advogado.

Quando terminou, o casal ficou em silêncio aguardando a manifestação de tia Zulmira.

Ela começou falando bem devagar, procurando ser bastante clara e didática para que o casal não ficasse com dúvidas:

— Meus queridos, eu estou há muito tempo lidando com espíritos. Já contei para o Flávio que desde os doze anos de idade eu vejo e converso com os mortos, para desespero dos meus pais e do resto da família. Isso me valeu a fama de esquisita, maluquinha, diferente e outros adjetivos nada agradáveis. Depois li e estudei muito a respeito e abracei o espiritismo com convicção, junto a um grupo de pessoas dedicadas a fazer o bem. Então, tenho alguma experiência no assunto. E justamente devido a essa experiência posso afirmar que a causa e ao mesmo tempo a solução de todos os problemas que vocês estão passando têm origem na história desse casarão.

Sueli se espantou com essa informação:

— Como assim, tia? De que maneira?

— Ainda não saberia dizer por quê, nem de que forma. Para isso, eu preciso ir até lá, conhecer a história da casa e dos seus antigos moradores. Mas, pelo que você me contou, está claro que alguém lá não gostava de crianças, tanto que mandou fechar o abrigo delas. Depois, a mesma pessoa que tomou essa decisão tentou instalar outro negócio no mesmo local e fracassou. Logo, deve ter ficado muito irritado e com enorme desejo de vingança. E agora, Sueli, depois de tantos anos, você é convidada a reformar o casarão para transformá-lo de novo em abrigo para crianças.

Zulmira serviu-se de mais vinho, antes de prosseguir:

— Tudo indica que o espírito de quem instalou o bordel não quer permitir que isso aconteça, pois seria nova derrota. Está vendo essa reforma como uma provocação. E, como consequência dessa atitude desorientada e egoísta, está prejudicando o casamento de vocês, impedindo que venha uma criança ao mundo.

O casal mal respirava, abraçados. Aquilo tudo que tia Zulmira falava fazia sentido, mas era tão absurdo, tão sobrenatural, que eles não sabiam mais em que acreditar ou o que fazer.

— Então, devo desistir de fazer o trabalho de reforma do casarão?

— De jeito nenhum, minha querida. É sua profissão. E jamais devemos permitir que espíritos não evoluídos e sem educação interfiram em nossas vidas, em nossa felicidade. Eles pertencem a outro plano, o espiritual, e não devem intervir destrutivamente nos planos terrenos.

— E como a gente resolve isso, tia?

— Precisamos vibrar luz a esses espíritos, pelo menos a esse espírito atormentado que está importunando vocês. O outro está tentando ajudar. Deve ser a Rosália, a "mãezona" do abrigo dos meninos.

Flávio continuava ansioso:

— Como podemos fazer isso? A senhora vai nos ajudar, não vai?

— Claro que vou, meu sobrinho. Para que servem as tias? Ainda que sejam maluquinhas.

— Imagine, tia! A senhora nada tem de maluquinha. Quem acha isso é porque não a conhece direito. Você está nos trazendo uma esperança imensa. Não saberíamos o que fazer sem sua ajuda.

— Deixe pra lá. Já disse que não me importo de me acharem maluca ou diferente. São rótulos.

— Por onde começamos, tia?

— Vamos combinar o seguinte: acompanharei vocês na visita ao casarão.

Acreditando ou não nessas conversas, a verdade é que Sueli sentiu um enorme alívio ouvindo Zulmira dizer isso. Flávio se lembrou de um detalhe. Hesitou um pouco e mecanicamente coçou o meio da testa antes de falar:

— Tia, queria lhe pedir uma coisa.

Ela fez-lhe uma carícia na face:

— Já sei, meu sobrinho. Você quer que esse assunto fique entre nós. Acertei? Principalmente com relação ao seu pai, aquele velho teimoso de uma figa!

Flávio sorriu e olhou para sua mulher, como que dizendo: "Não disse que ela é incrível?".

— Era isso mesmo que eu ia pedir, tia.

— Pois este será um segredo entre nós três — brincou. — E de alguns espíritos também, claro.

Depois do jantar — durante o qual não se tocou mais nesses assuntos — Flávio insistiu em levar tia Zulmira para casa, no seu carro, mas ela preferiu que ele chamasse um táxi.

Coincidência ou não, o casal dormiu bem melhor naquela noite.

Capítulo 17

Na ensolarada manhã de sábado, estavam os três em frente ao casarão, do outro lado da rua.

Flávio não estava gostando do que via, por causa do aspecto desolador do imóvel, maltratado pelo tempo e pela falta de maiores cuidados.

Zulmira também não estava gostando, mas tinha outras razões. Pegou no braço de Sueli e falou baixinho:

— Minha filha, nosso trabalho vai ser uma pedreira. Já dá pra sentir daqui que o ambiente lá dentro está muito pesado. Vocês não conseguem ver, mas é como se uma névoa cinzenta estivesse cobrindo o casarão, para escondê-lo de mim.

Sueli também se agarrou ao braço de Zulmira:

— Por favor, tia, não saia de perto da gente.

Ela riu:

— Se você sabe rezar pelo menos o Pai-Nosso, não precisa ter medo de nada. Quando entrarmos, vocês dois devem lembrar-se de uma coisa: é muito importante não demonstrar medo. Vamos combinar o seguinte: deixem que eu entre primeiro. Preciso fazer uma avaliação do que há lá dentro e, se necessário, farei algumas preces para amenizar as energias negativas que estiverem lá. Fiquem um pouco na varanda. Depois eu os chamo.

Como sempre, Severino estava agachado, cuidando do jardim ou daquilo que tempos atrás fora um jardim. Ao se aproximarem do portão, ele reconheceu Sueli, levantou-se e foi cumprimentá-la.

— Como vai a senhora? Tudo bem?

— Tudo bem, Severino. Este aqui é Flávio, meu marido, e esta é nossa tia Zulmira. Eles fazem parte da minha equipe e vieram conhecer o casarão para que possam me ajudar no projeto.

Com um sorriso amistoso, o velho vigia estendeu a mão áspera e calosa pelos muitos anos de trabalho manual:

— Ah, muito bem, muito prazer. Sejam bem-vindos. Fiquem à vontade — e abriu o portão de ferro enferrujado e gasto pelo tempo. Dirigiu-se a Sueli: — Desculpe perguntar, dona Sueli, mas a visita não deveria ser outro dia?

Ela respondeu enquanto iam percorrendo o caminho de pedras em direção à varanda:

— Realmente, nós viríamos ontem com o doutor Otávio, mas eu tive um compromisso inesperado. Falei com ele, propondo virmos neste sábado, porém ele tinha uma viagem marcada. Então, para não perder tempo, combinamos que eu viria sem ele, apenas com minha equipe. Preciso tirar algumas fotos.

— Ele já mandou a planta para a senhora?

— Já, ontem à tarde. Está aqui comigo.

Antes de subirem os dois degraus da varanda, Severino deu passagem aos visitantes, indicando a porta de entrada:

— Muito bem, podem entrar. Se precisarem de algo em que eu possa ajudar, é só me chamar.

— Muito obrigada, Severino — Sueli achou conveniente explicar, para não despertar suspeitas no vigia: — Minha tia vai entrar primeiro, já que ela não conhece o casarão. Enquanto isso, eu e meu marido ficaremos aqui na varanda analisando a planta. Depois entramos todos.

— Como a senhora quiser, dona Sueli. Fiquem à vontade. Eu estarei por aqui, ou no jardim, ou no quintal. Como eu disse, se precisarem de algo, é só me chamar.

Adentraram na varanda e sentaram-se nas cadeiras outrora requintadas. Flávio tirou um vaso sobre uma mesinha redonda de centro, de tampo de vidro, e improvisou ali uma mesa de reuniões, estendendo a planta sobre ela.

— Aqui está ótimo — Flávio procurou e encontrou umas pedras no jardim e usou quatro delas para segurar as pontas da planta estendida na mesinha, que teimava em se enrolar.

Zulmira deu as últimas instruções ao casal:

— Fiquem aqui estudando a planta. Vou dar uma espiada no casarão — e entrou, não sem antes fazer suas preces silenciosas.

Zulmira parou no meio da grande sala principal. Ela percebeu de imediato que muitas energias circulavam por ali e se misturavam, dificultando sua leitura e interpretação.

Concentrando-se mais, ela viu os espíritos de algumas crianças alegres, brincando na sala ao lado. Logo elas desapareciam e no seu lugar surgiam mulheres desnudas, em poses provocantes, abraçadas a homens embriagados. O espírito de uma dessas mulheres passou bem pertinho de Zulmira e olhou-a de frente, sorrindo, como se a estivesse vendo. Zulmira achou-a bastante parecida com Sueli, a mulher do seu sobrinho.

Depois que as mulheres passaram, a imagem das crianças voltou a aparecer, mas agora mostrando-as chorando desesperadamente. Eram todos espíritos de algumas pessoas que ali viveram e já não estavam mais neste plano. Por alguma razão, ainda não tinham conseguido ou desejado se afastar dali.

O MISTÉRIO DO REENCONTRO

Os espíritos de duas mulheres se destacavam nessas visões. Uma delas tinha ares de bondade e parecia amada pelos meninos que surgiam ao seu lado. A outra era o oposto da primeira: parecia a personificação do mal. Mostrava-se debochada, devassa e, ao mesmo tempo, perversa. Ora aparecia no colo de homens libertinos; ora surgia com as prostitutas, dando a impressão de agredi-las ou ameaçá-las.

Havia também a figura intimidadora de um homem forte, que devia ter sido muito bruto e cruel, motivo pelo qual todos pareciam temê-lo. Sua imagem estava presente nas duas situações, seja entre os garotos, seja com as mulheres, e dava a impressão de impor medo e até pavor àquelas pessoas. Era como se ele representasse uma grande ameaça. Zulmira não conseguia ver a fisionomia dele, apenas o enorme e forte corpo se agitando, ameaçando bater em alguém ou usando invasivamente as mulheres.

Estava claro para Zulmira que ela estava tendo visões simultâneas, tanto do período em que o casarão servira de abrigo para os meninos, como do período em que funcionara como bordel. As únicas figuras constantes nessas visões eram o homem mau e as duas mulheres mais destacadas, que pareciam gerenciar o local, cada uma em uma época diferente.

Zulmira, lembrando-se da narrativa que Sueli fizera, tinha certeza de que a mulher que aparecia como generosa era Rosália, a mesma cujo espírito visitava Flávio.

E a perversa era Cassandra, a alcoviteira, a alma gêmea do terrível filho do senhor Horácio. Por entre os gritos, gemidos e gargalhadas, Zulmira percebeu vozes que dirigiam palavras ao homem, chamando-o de Igor! Esse era o nome do filho do senhor Horácio e que o doutor Otávio não ousava pronunciar: Igor!

Quando passou pela enorme sala de refeições, Zulmira teve duas visões: em uma, os meninos comiam e conversavam, demonstrando muita satisfação e descontração. Em outra, as mulheres e os homens do prostíbulo se empanturravam de bebidas e aperitivos, muitas sentadas no colo de alguns deles, trocando carícias obscenas.

Lentamente, e sem abrir a guarda, Zulmira subiu as escadas que conduziam ao andar superior, sempre fazendo suas orações. Até então, à exceção daquelas visões, nada sentira que indicasse perigo ou causasse desconforto.

Lá em cima, os personagens das visões eram os mesmos: as crianças correndo de um lado para o outro e se preparando para dormir, ou as mulheres conduzindo os homens para os aposentos. Aquela que Zulmira julgou parecer com Sueli reaparecia em destaque a cada instante, como se de fato quisesse ser vista.

Um desses quartos chamou a atenção de Zulmira pela forte energia negativa que emanava dele. Ficava ao lado do topo da escada.

Cuidadosamente, girou a maçaneta e entrou. O ambiente escuro e cheirando a mofo estava intensamente tomado por energias malévolas e, ao mesmo tempo, de muita dor. Zulmira sabia que ia encontrar algum espírito cruel ou sofredor ali. Ou ambas as coisas.

— Cassandra? — chamou baixinho.

Não teve nenhuma resposta.

Zulmira caminhou até a janela e abriu-a, inundando o quarto com a luz quente do sol.

De imediato, a médium captou o grito irritado do espírito ali escondido:

— Fecha essa droga, velhota!

Zulmira fez uma expressão alegre:

— Eu sabia que você estava aqui, Cassandra.

O espírito continuava irritado:

— De onde você me conhece, velhota?

Zulmira manteve a calma. Precisava aproveitar a oportunidade para tentar tocar o coração daquele espírito perdido. Manteve o tom de voz suave:

— Isso não importa, Cassandra. O que é que você está fazendo aqui? Você sabe que este não é mais o seu lugar. Há muito tempo você deveria estar em outra dimensão.

— Este é o meu lugar, sim, senhora! Este é o lugar em que eu e meu homem criamos nosso negócio. Portanto, é meu!

— O negócio a que você se refere era um bordel, não era, Cassandra? Era um prostíbulo indecente!

— Chame-o como você quiser, velhota, pois era um negócio como outro qualquer!

— Mas não poderia ter sido aberto à custa de fechar um abrigo de meninos desamparados. Isso foi de uma crueldade sem tamanho!

Cassandra respondeu com imenso desprezo na voz:

— Ora, meninos, meninos! Não passam de fedelhos famintos e sujos! Quem quer saber deles?

— Todo mundo que tem compaixão e respeito pelos seres humanos, Cassandra. Menos pessoas cruéis e solitárias como você. Até parece que você nunca teve infância.

— E não tive mesmo! Para que serve a infância? Crianças só atrapalham. Isso era o que sempre me diziam e ouvi durante toda a minha infância: "Crianças só atrapalham, não servem para nada".

— Mas neste caso você é que atrapalhou a vida delas. Você jogou na rua um monte de garotos que não tinham para onde ir.

Ela soltou uma gargalhada perversa:

— E jogaria muito mais, se mais estivessem aqui!

— Bom, isso é passado, você já cometeu muitos desatinos na vida. O que é que continua fazendo nesta casa? Por que não seguiu para se refazer, depois de tanto sofrer?

— Consegui, depois de muitos anos, sair do buraco onde estava no Umbral. Voltei e estou tomando conta deste lugar para o dono. Ele me pediu.

— Ué, tomar conta para quê?

— Para que ninguém venha a usá-lo para fazer besteiras.

Zulmira sabia bem a que ela se referia, porém quis ter certeza:

— Que tipo de besteiras, Cassandra?

A resposta foi exatamente aquela que Zulmira imaginava e vinha confirmar suas desconfianças:

— Isso que sua sobrinha quer fazer aqui, por exemplo. Pensa que não sei? Nós, espíritos, sabemos de muitas coisas que vocês, vivos, não sabem!

— Ah, então é isso! Você já sabe do projeto dela.

— Claro que sei! E ela está muito enganada se pensa que vou permitir! Antes de ela começar, eu acabo com a vida dela.

Zulmira percebeu que precisaria ser muito esperta e ao mesmo tempo sutil para fazer Cassandra mudar de ideia:

— Mas, criatura, você precisa entender que a ideia de reformar o casarão e reabrir o abrigo não é dela. Este casarão nem pertence a ela. Minha sobrinha é apenas uma arquiteta, que foi contratada pelo novo proprietário, um senhor bem-intencionado, para fazer a reforma desta casa que está caindo aos pedaços.

— E você pensa que não sei disso, velhota? Eu sei quem é que está por trás de tudo.

Zulmira queria obter do espírito de Cassandra todas as informações possíveis. Quanto mais dados tivesse a respeito da situação, mais condições teria de negociar com ela uma trégua e conseguir que recebesse ajuda dos socorristas do astral superior.

— Como assim? Quem é que está por trás de tudo?

— Então você não sabe? É um dos fedelhos que morava aqui e se deu bem na vida. E é ele quem quer refazer tudo! Quer instalar um novo abrigo para fedelhos. E para isso contratou sua sobrinha.

— Então, se a ideia é dele, por que essa sua raiva toda contra a minha sobrinha?

— Porque ela vai ser o instrumento dele! Eu pegaria no pé de qualquer outra pessoa que ele contratasse. Um espírito obsessor, conhecido meu, avisou-me que escutara conversas sobre o casarão. Ele me levou até a casa de Sueli e passei a assediá-la porque não queria que ela se interessasse pelo projeto da reforma. Para ajudar, esse casal facilita minha ação porque, apesar de se gostarem, não são espiritualizados, não fazem orações e suas mentes estão sempre atormentadas, cheias de problemas. Uma mente perturbada abre espaço para um ataque espiritual. E já falei: ninguém vai mexer neste casarão e muito menos enchê-lo de fedelhos.

Zulmira teve uma intuição:

— Entendi. E é por isso também que você não deixa a moça engravidar?

A gargalhada de Cassandra foi pavorosa, igual àquelas que só se ouvem em filmes de terror. Zulmira teve a impressão de que até o chão havia estremecido. Se seus sobrinhos fossem médiuns sensitivos como ela, certamente teriam ouvido.

— Você não é fraca não, hein, velhota? Sacou direitinho minha estratégia. Acertou em cheio e vai concordar comigo que está sendo uma bela estratégia. Toda vez que ela vai transar com o marido, eu passo quase toda minha energia para o corpo dela. Assim, é como se ele estivesse transando comigo, um fantasma, como vocês nos chamam. E aqui está meu golpe definitivo, meu segredo: em vida, eu fui estéril e frígida! Daí, estou repassando tudo para sua sobrinha.

Nova gargalhada pavorosa ecoou pelo velho casarão.

— Sou ou não esperta? — completou Cassandra, já sem fôlego de tanto gargalhar. — Ela não engravida e perdeu o prazer. Daqui a pouco o marido vai largá-la, vai trocá-la por outra mais saudável e gostosa. E aí eu quero ver se ela vai ter cabeça para realizar o projeto de reforma desta casa.

Zulmira estava consternada. Não pôde evitar o tom de indignação em sua voz:

— Cassandra, é muita crueldade!

— Crueldade? Crueldade foi o que fizeram para fechar o bordel. Conseguiram afastar todos os clientes daqui de tanto que aprontaram com eles, com os carros deles. E ainda mataram Igor, coitado. Isso é que é crueldade.

— E daí você decidiu tirar a própria vida, aqui neste quarto?

— O que me restava fazer? Eles me tiraram tudo! Eu me encarreguei de tirar de mim a única coisa que me restou: a vida.

Zulmira falou com toda a serenidade possível:

— Cassandra, preste muita atenção no que vou lhe dizer. De nada adiantou tirar a vida. Apenas matou o corpo físico.

— Sofri muito. Não tem ideia do que é matar-se. É horrível!

— Você apenas colheu o que plantou. Agora está com a consciência pesada, acusando-a.

— Pois é.

— A vida nos é dada por Deus, e só Ele tem poder sobre ela.

— Acontece que Deus se esqueceu de mim.

— Ou foi o contrário, Cassandra? Quantas vezes você pensou no Criador? Quantas vezes você fez uma prece para Ele? Aposto que não sabe nem rezar um Pai-Nosso...

— Não me venha com essa lenga-lenga de religião.

— Não é lenga-lenga, Cassandra. É a maneira de você encontrar a paz.

— Paz? Isso existe? Nunca soube o que essa palavra significa, na vida, nem na morte.

— Pois, se você estiver de acordo, estou disposta a ajudá-la a encontrar a paz. Mas precisamos conversar com calma.

— Não confio muito em conversas, mas vamos lá. O que você tem a me dizer?

Zulmira percebeu, satisfeita, que conseguira abrir uma brecha no mecanismo de defesa de Cassandra. Havia, portanto, uma oportunidade de reconduzi-la ao caminho do perdão e do entendimento para que ela pudesse iniciar seu processo de equilíbrio.

— Fico feliz de ver que você está disposta a conversar, mas convenhamos que aqui e agora não são o lugar nem o momento apropriados. Vou convidá-la para participar de uma das reuniões que faço semanalmente com meu grupo no centro espírita. Aí poderemos conversar em paz. Prometa-me que você vai aceitar o convite.

— Não sei. Nunca prometo nada a ninguém. Não sei.

— Está bem, mas pelo menos prometa que vai pensar no assunto. Quero ajudá-la. Quero apenas conversar com você e esclarecer alguns pontos da sua história de vida. E, quando conversarmos direitinho, você vai perceber que meus sobrinhos não têm culpa de nada.

— Conheço essa toada. Todo mundo quer ser inocente.

— Não é bem assim, Cassandra. Em toda história de vida, cada pessoa tem um papel a desempenhar e aí precisa fazer escolhas. Às vezes, a escolha é certa, às vezes, não é a mais indicada. Talvez você tenha sido levada a fazer algumas escolhas inadequadas.

— O que é que você sabe da minha vida?

— Nada. E é justamente por isso que precisamos conversar. Quero conhecê-la melhor para poder ajudá-la.

— Tirando os homens aproveitadores que atrapalharam a minha vida, nunca ninguém se interessou em me conhecer e muito menos em me ajudar.

— Pois eu estou interessada. Você vai aceitar nosso convite?

— Já disse que vou pensar.

— Está bem. Por enquanto, quero lhe pedir um favor.

— Um favor? — riu com evidente ironia. — Você quer me pedir um favor! Mas isso está ficando uma beleza! Durante toda a minha vida só me acostumei a receber e a cumprir ordens! Nunca ninguém me pediu um favor porque não me levavam a sério.

— Pois eu estou levando você a sério e não estou lhe dando ordem nenhuma. Como disse, quero apenas pedir-lhe um favor.

— Desembucha!

— Enquanto você pensa sobre o meu convite e não tivermos a nossa conversa, prometa-me que você não vai mais atrapalhar a vida conjugal dos meus sobrinhos.

— Ah, mas é tão divertido ver a cara de frustração dela e de raiva dele! Você quer tirar minha diversão?

— Não faça isso, Cassandra. Eu sei que você não é má. Foi muito maltratada e desrespeitada. Peço-lhe, deixe meus sobrinhos em paz até conversarmos, combinado?

— Vou pensar, já disse. E quer saber mais? Não estou mais com saco para continuar esta conversa. Esse papo me faz lembrar de coisas das quais não quero recordar. De forma alguma!

Em seguida, o espírito de Cassandra sumiu.

Capítulo 18

Imediatamente, o ambiente no quarto ficou menos carregado. Zulmira fez uma intensa prece de agradecimento a Deus por ter conseguido iniciar, naquele momento, um processo de recondução daquele espírito ao caminho do entendimento e da paz. E ainda resolveria os problemas que afligiam seus sobrinhos.

Propositalmente, para arejar o ambiente, deixou a janela e a porta do quarto abertas, e desceu as escadas para reencontrar os sobrinhos, que já deviam estar preocupados com a sua demora.

Apenas pôs os pés na escada para iniciar a descida e ouviu o terrível estrondo que a porta e a janela do quarto de Cassandra fizeram ao se fechar violentamente. Zulmira dominou o susto e continuou descendo com calma.

Já no térreo, decidiu ir até a cozinha. Algo a atraía para lá. Passou novamente pela grande sala de refeições e entrou. De imediato, ouviu soluços. Concentrou-se, fez nova prece e viu o espírito de Rosália sentado na mesa da cozinha.

— Como vai, Rosália?

O espírito olhou para ela e perguntou, um tanto confuso:

— Como você sabe meu nome?

— Já a vi rapidamente duas vezes, embora sem muita nitidez. Conheço a história deste casarão e, portanto, também conheço a sua história. Aliás, uma história que começou muito bonita, com a realização de um sonho, mas acabou de forma trágica.

Rosália não escondia a tristeza:

— Ainda bem que você sabe de tudo, assim não preciso contar. Foi uma crueldade o que fizeram com esta casa e com os garotos que eu cuidava. Tudo por causa da ganância e da falta de caráter e compaixão de um casal de devassos, o Igor e a Cassandra.

— Eu sei, minha amiga, mas eles pagaram um preço bem alto, não foi? Além disso, o negócio deles, o bordel, não durou muito tempo e encerrou as atividades com um tremendo prejuízo.

— Graças a mim, se você quer saber!

Para Zulmira essa confissão foi mesmo uma surpresa:

— Graças a você, como assim?

— Como você já deve saber, depois que expulsaram meus meninos daqui, não vivi muito tempo. Fiquei desesperada. Fui internada à força em um sanatório. A dor, a impotência e a revolta me mataram. Principalmente depois que tomei conhecimento das coisas horríveis que estavam acontecendo com os meus garotos, que eu considerava verdadeiros filhos. Então morri e fui convidada a ir para um local de refazimento no astral, mas não quis. Ferida em meu orgulho, queria e precisava me vingar. Infernizei a vida de todas as mulheres deste casarão, que havia se transformado num prostíbulo. Assustei os homens pervertidos que o frequentavam. Fiz coisas "misteriosas" acontecerem. Passaram a dizer que o casarão era mal-assombrado, e aí foi a derrota final deles. Para completar, a polícia veio e fechou a casa devido às queixas da vizinhança, que não aguentou o desrespeito e a baderna. Cassandra não resistiu ao fracasso e se matou num dos quartos lá de cima. O infame do Igor, sempre metido a valentão, foi discutir com um dos moradores, ofendeu a honra do cidadão, levou um tiro bem no meio da testa e também morreu.

Nesse ponto, Zulmira não pôde deixar de lembrar e achar curiosa a coincidência: seu sobrinho Flávio tinha o estranho hábito de coçar o centro da testa quando ficava nervoso. Será que isso tinha algo a ver com o tiro que acertou Igor? Se tivesse, poderia significar que...

Achou melhor deixar essa especulação de lado e se concentrar na conversa com o espírito de Rosália:

— E, mesmo depois desse trágico desfecho, você ainda não se deu por satisfeita?

— Quanto à punição deles, sim. Mas, quanto ao que fizeram com meus meninos, ainda não. Isso não tem volta.

— Pois pode ficar tranquila que, de certa maneira, vai ter. Você já deve estar sabendo da reforma deste casarão, não está?

— Claro que estou. O Tavinho, um dos meninos que eu criava, hoje é o doutor Otávio, um advogado de sucesso. Já soube que ele contratou sua sobrinha para reformar o casarão e reabrir o abrigo dos meninos. E estou muito feliz com esta notícia.

— Foi por isso que você visitou duas vezes meu sobrinho, o psicólogo, no consultório dele?

— Foi. Eu queria alertá-lo sobre os riscos que a mulher dele vai enfrentar nesse trabalho. Mas ele não deixou, não quis me ouvir. Acho que ficou com medo de mim.

— Quais são esses riscos?

— O espírito da Cassandra continua por aqui. Ela vai fazer de tudo para impedir que essa reforma seja feita, que se reabra um lar para os garotos. Ela não perdoa o que fizeram com ela e Igor.

— É por isso que você ainda permanece aqui?

— É. Fico aqui para alertar e, se puder, dar proteção a quem quer que venha recuperar o abrigo. Farei de tudo para não deixar Cassandra atrapalhar nem prejudicar quem vier aqui com boas intenções.

Agora Zulmira compreendia muitas coisas, inclusive a razão da presença de dois espíritos no casarão e no apartamento dos seus sobrinhos. Refletiu um pouco antes de propor:

— Rosália, vamos fazer um trato?

— Um trato? Estou ouvindo.

— Daqui a alguns meses, depois que o novo abrigo for inaugurado, você promete que vai para o plano espiritual iniciar seu programa de desenvolvimento?

— O dia que eu assistir à reinauguração do abrigo será o mais feliz da minha jornada. Estarei realizada, com meu dever cumprido. Cuidei do abrigo para atender a um sonho da dona Julieta, a esposa do senhor Horácio. Cumpri meu dever apenas em parte. Mas, se o abrigo for reinaugurado, seguirei aliviada e feliz para um posto de socorro, onde eu deveria estar há muito tempo.

— Fechado! Só lhe peço um pouco de paciência. Se você aceitar, eu e um grupo de amigos espíritas iremos convidá-la para receber tratamento adequado e ser encaminhada para um local de refazimento. Seu espírito, embora com boas intenções, está cansado. Permanecer em nosso mundo não faz bem, pois as energias do planeta são muito densas.

— É. Tive de me virar. Não tive proteção e sofri nas mãos de espíritos desajustados. Todavia, como o futuro deste casarão será um local de alegria, estou disposta a seguir adiante. Quanto ao convite de ir ao centro, irei de bom grado.

Zulmira resolveu aproveitar o momento favorável:

— Tem mais uma coisinha que gostaria de lhe pedir, Rosália: meus sobrinhos ainda não estão familiarizados com os assuntos espirituais. Talvez, depois deste episódio, eles se interessem em saber mais a respeito, mas por enquanto ainda se assustam com certas coisas. Então, eu queria lhe pedir para... — hesitou, pois não sabia que reação ela teria diante do seu pedido.

— Pedir para eu não visitá-los mais?

Zulmira fez sim com a cabeça:

— Você me entende, não é?

— Entendo, minha cara, e vou atender ao seu pedido. Mas antes pretendo me despedir dele e esclarecer umas poucas coisas que não ficaram muito claras para seu sobrinho. Percebi que ele ficou assustado, e eu quero que ele perca o medo e desperte para as verdades do espírito.

— Está bem. Mais uma vez apenas.

— Fechado, como diz você.

Zulmira fez nova prece de agradecimento a seus amigos espirituais e se encaminhou para a varanda, onde seus sobrinhos a aguardavam. A essa altura, pelo tempo decorrido, já deveriam conhecer a planta da casa de cor e salteado.

Dirigiu-se a eles com uma imensa e agradável sensação de dever cumprido. Eles a receberam na varanda com alívio e uma grande interrogação na fisionomia, porque ficaram preocupados com o longo tempo que ela permaneceu sozinha dentro do casarão.

Sueli levantou-se para abraçá-la:

— Tia! Nós já estávamos preocupados com a senhora!

Flávio estava curioso:

— O que a senhora esteve fazendo todo esse tempo lá dentro sozinha?

Ela riu com seu tradicional jeito travesso. De tanto a chamarem de diferente e maluquinha, ela aprendera a reagir com bom humor às manifestações curiosas ou de incredulidade a seu respeito:

— Sozinha? Quem lhe disse que eu estava sozinha? — e soltou uma gostosa gargalhada de quem está realmente feliz.

Flávio se surpreendeu:

— Ué, tinha alguém conversando com a senhora?

Sueli chamou a atenção dele:

— Viu, teimoso? Eu não lhe disse que ouvi tia Zulmira conversando com alguém? E você riu de mim, você não acreditou.

— Como é que eu poderia acreditar se eu sabia, ou pelo menos achava, que ela estava sozinha lá dentro?

Zulmira resolveu pôr um ponto final na discussão:

— Bem, meus sobrinhos, digamos que eu estava conversando com umas conhecidas.

O casal se entreolhou e, de forma cúmplice, achou melhor nada questionar nem fazer novas perguntas. Eram coisas da tia Zulmira. Ela certamente sabia o que fazia e do que estava falando.

Capítulo 19

ntraram no casarão. Sueli começou a fotografar as partes que lhe interessavam para o projeto. Fez muitas fotos e, para tanto, circulou à vontade pelo imóvel: foi à cozinha, ao quintal, ao andar de cima, entrou nos quartos — e desta vez nada sentiu de estranho. Nada do intenso frio que a atacara da outra vez. Também não havia aquele peso nas pernas que, na primeira visita, lhe causara tantas dificuldades para caminhar. A única coisa que permanecia era a curiosa sensação de que já estivera ali antes. Mas isso não a incomodava, justamente por não fazer o menor sentido.

Enfim, por sua fisionomia tranquila, parecia não ter visto, ouvido nem sentido nada de estranho. O único comentário que fez foi:

— É. O imóvel está bem estragadinho mesmo. Vai precisar de uma bela reforma.

Entretanto, o mesmo não aconteceu com Flávio. O psicólogo sentiu-se muito desconfortável assim que pôs os pés dentro do casarão, no salão principal. A muito custo conseguiu percorrer as dependências do andar térreo. Começou a sentir uma forte dor de cabeça, algo parecido com enxaqueca, acompanhada de náuseas e tonturas. E um frio terrível. Um forte e penetrante frio.

Sueli nada percebeu porque estava afastada e distraída fazendo as fotos, mas Zulmira notou:

— Algum problema, Flávio?

— Não sei, tia. De repente me deu um frio danado. E uma dor de cabeça inesperada. Parece enxaqueca.

— É inesperada e muito estranha essa reação — disse Zulmira para si. — Rosália não faria isso, ela está querendo ajudar, e Cassandra me pareceu sincera ao dizer que ficaria quieta por uns tempos. Essa reação do Flávio só pode estar sendo provocada por energias geradas pelo próprio casarão. Mas por quê? O que meu sobrinho tem a ver com a história desta casa?

Intrigada, Zulmira permaneceu perto de Flávio. Ele andava com visível dificuldade. Tentou subir a escada, mas parou no meio dela.

— Meu querido, não force nada. Se você não estiver passando bem, desça e fique aqui embaixo, sentado, esperando sua mulher terminar o trabalho dela.

— Imagine, tia! Até parece que sou um molenga. Não estou tão fraco assim que não possa subir uma escadinha destas — e fez um grande esforço para continuar subindo.

Nesse momento, o ponto no meio de sua testa, aquele que tinha o hábito de coçar quando estava nervoso, começou a latejar fortemente. Ele não deu maior importância ao fato e continuou. Levantava os pés lentamente, pois pesavam como se fossem de chumbo. Demorou uma eternidade até atingir o topo da escada.

Zulmira estava observando a cena de baixo, muito apreensiva. Não queria subir com Flávio para que a sensibilidade dela não atraísse alguma manifestação que o assustasse ainda mais. Também não queria chamar a atenção de Sueli porque ela poderia ficar preocupada com o marido e não concluir seu trabalho. Assim, preferiu ficar de vigília no andar de baixo.

Percebeu que, mesmo arrastando os pés, Flávio foi se locomovendo no andar superior. Ela ouvia o arrastar de seus sapatos sobre o piso de madeira. Em certo momento, ele desapareceu do seu ângulo de visão e ela ficou preocupada.

— Flávio, venha, já é o suficiente. Creio que já podemos ir embora.

Mal acabara de falar, ouviu um barulho, como de um corpo caindo ao chão, e um terrível grito de horror. Tão depressa quanto a idade lhe permitia, subiu os degraus para ver o que ocorrera. Sueli também escutou e correu até a sala. Ao ver Zulmira subindo apressada os degraus, imitou-a.

Flávio estava incrivelmente pálido, caído no chão, contorcendo-se em dores, exatamente em frente à porta, agora aberta, do quarto onde Cassandra pusera fim à vida.

Zulmira fechou rapidamente a porta daquele quarto e agachou-se. Sueli chegou ao mesmo tempo e, nervosa, jogou-se sobre o marido:

— Querido, o que houve, o que você tem?

Zulmira, apesar de também preocupada, mantinha a calma:

— Flávio, respire fundo e mantenha os olhos abertos. O que você está sentindo?

— Não sei, tia! Uma angústia terrível, uma enorme vontade de chorar, de gritar, todo o meu corpo dói.

E coçava o centro da testa com um vigor e uma intensidade que não lhe eram comuns na prática daquele hábito. Aquele ponto agora parecia arder em chamas, como se fosse uma grave queimadura.

Zulmira tentava elaborar mentalmente várias hipóteses para entender aquele "ataque", mas tinha quase certeza de que era Cassandra em ação contra seu sobrinho:

— Vamos sair daqui, depressa. Sueli, ajude-me a carregá-lo para baixo.

Severino ouvira o alvoroço e também subira as escadas.

— O que aconteceu, gente? Posso ajudar?

— Pode, Severino. Ajude-nos a carregar o Flávio e levá-lo lá para baixo — pediu Sueli.

Apoiando-se nos ombros do vigia e nos de sua mulher, Flávio conseguiu levantar-se e descer lenta e cuidadosamente as escadas.

Quando chegaram ao térreo, ele já parecia melhor, a palidez sumira, mas continuava ofegante.

— O que houve, querido? O que aconteceu?

— Aquele quarto... aquele quarto... — e ele não conseguia dizer mais nada.

Quem estava pálido agora era Severino. Zulmira fingiu não perceber. Sueli estava sem entender nada:

— O que tem aquele quarto, querido?

Zulmira achou conveniente desviar o assunto:

— Gente, vamos esquecer o quarto e ajudar o Flávio a melhorar. Severino, por favor, o senhor poderia trazer um pouco de água para meu sobrinho? — e dirigindo-se a Flávio: — Venha, querido, sente-se um pouco. Assim que você melhorar, iremos embora.

Até então Flávio nada dissera. Sentia-se melhor. Inclusive percebeu que o ponto na sua testa não mais ardia.

Sueli não se conformava com a situação. Sentia-se um pouco culpada por ter tido a ideia de levar seu marido ao casarão.

— Querido, você precisa nos contar o que aconteceu.

Sabiamente, Zulmira interferiu:

— Quando sairmos daqui, ele nos contará tudo, querida. Por enquanto, o melhor para ele é não falar nada.

Sueli continuou não entendendo, mas não insistiu. Tia Zulmira já demonstrara outras vezes que sabia o que fazia.

Flávio bebeu sofregamente a água trazida por Severino. Sueli ficou mais algum tempo acariciando os cabelos do marido, enquanto Zulmira retomava suas orações, de maneira bem discreta. Só Severino pareceu perceber e, a seu modo, também fez suas preces.

———

Menos de meia hora depois, os três já estavam no carro de Flávio, de volta para casa. Por precaução, Sueli resolveu dirigir. Como o dia estava bem ensolarado, decidiram passear para espairecer, relaxar e depois almoçar. De comum acordo, decidiram ir ao Parque do Ibirapuera[8].

Como sempre acontece aos sábados e domingos, o lugar estava apinhado de gente, principalmente de alegres e barulhentas crianças com seus pais. Era uma algazarra gostosa de ver e ouvir.

Sob a sombra de algumas árvores, milagrosamente havia disponível uma das mesas de cimento destinadas a piqueniques, churrascos e refeições em geral. Foi um alívio sentar-se ali e ficar por um instante em silêncio, contemplando aquela paisagem verde, bucólica e pacífica do parque, com seu imenso lago e os graciosos cisnes movimentando-se lentamente em grupos, deslizando graciosamente sobre a água.

Depois de relaxarem um pouco em silêncio, Tia Zulmira introduziu o assunto:

— A história do casarão vocês já conhecem. Agora precisam saber o que está ocorrendo ali no momento — e falou da sua conversa com o espírito de Cassandra, e depois com o de Rosália. — Cassandra está com desejo

---

8   O Parque do Ibirapuera é o mais famoso e visitado da capital, uma das mais importantes áreas verdes e de lazer da cidade. Foi inaugurado em 1954 durante as comemorações do Quarto Centenário da Cidade de São Paulo.

de vingança pela perda do seu protetor, o Igor, e também por terem prejudicado o negócio deles.

Flávio estremeceu ao ouvir o nome "Igor". Sentiu um calafrio pelo corpo, um frio desconcertante. Meneou a cabeça e considerou:

— Mas nós não temos culpa de nada! Nem éramos nascidos ainda!

Quanto a isso, Zulmira tinha algumas dúvidas e algumas teorias. Não lhe saíam da cabeça a imagem do espírito parecido com Sueli, nem o desespero com que Flávio coçara a testa quando subira no andar de cima do casarão. Contudo, faltavam-lhe dados, era muito cedo para fazer conjecturas que poderiam deixar seus sobrinhos mais assustados ainda. Por isso, preferiu responder normalmente ao comentário de Sueli:

— É isso que eu vou tentar fazê-la entender. De Rosália, vocês não precisam temer nada. Ela é do bem, é um bom espírito, mas, levado pela vontade intensa de proteger os meninos sob sua guarda, acabou se deixando envolver por um forte desejo de vingança contra o bordel e seus responsáveis. Naquela época, fez algumas travessuras que afastaram os clientes, amedrontaram as mulheres e contribuíram para a falência do negócio. Conversamos e ela aceitou conhecer o centro espírita onde trabalho.

— E quanto a Cassandra?

— Com essa aí a conversa é outra. Ela ainda está cheia de ódio e desejo de vingança. Ela quer impedir que se faça no casarão um novo abrigo para meninos. Ela é um espírito triste e perturbado. Em vida, deve ter passado por muitas humilhações e amarguras. Inclusive, eu acho muito importante que vocês saibam disso logo — e dirigindo-se diretamente a Sueli: — É ela quem está atrapalhando seu plano de engravidar.

O casal ficou surpreso com essa revelação e Sueli quis saber:

— Mas... como isso é possível?

— Os vivos precisam aprender muitas coisas a respeito dos chamados mortos e conhecer todos os recursos de que estes dispõem tanto para ajudar, como para atrapalhar os vivos. Não podemos nos esquecer de que, assim como ocorre aqui, no plano espiritual há espíritos altamente evoluídos e benfeitores, mas também há outros que não aceitam sua nova condição e insistem em ficar na Terra, às vezes com objetivos de vingança, como é o caso de Cassandra.

Flávio estava indignado com o poder de interferência dos espíritos:

— E vocês, espíritas, que são especialistas no assunto, não conseguem fazê-la parar com isso? Ela está sendo cruel e injusta ao mesmo tempo. Está punindo quem não tem culpa na história.

Zulmira tratou de acalmá-lo:

— Fique tranquilo, meu sobrinho. O poder do amor é maior e no fim sempre vence. Nós vamos fazê-la parar. Hoje à noite visitarei o meu grupo no centro espírita, explicarei o caso e definiremos uma estratégia para fazer Cassandra mudar de ideia e aceitar ajuda. Ela está cansada.

Flávio pôs sua mão sobre a da tia:

— Desculpe meu desabafo, tia. É que fico indignado com essa situação. Ainda bem que temos a senhora para nos ajudar.

— O que nos compete na vida é fazer o bem, meu sobrinho. Sem olhar a quem. Um dos pilares do espiritismo é este: assistir de forma desinteressada todos aqueles que nos procuram precisando de ajuda espiritual e nos proteger também. Não se esqueça de que precisamos estar bem conosco para auxiliar os outros.

O MISTÉRIO DO REENCONTRO

Flávio deu a volta na mesa e beijou a face da tia. Ela sorriu e continuou:

— Só uma coisa está me intrigando.

— E o que é, tia? — quis saber Sueli, que se mantinha atenta a tudo que se falava ali na mesa.

— Quando entrei sozinha no casarão, encontrei o espírito de Cassandra e fiz um trato com ela: o de não perturbar mais vocês até termos uma conversa numa sessão no centro. Ela me pareceu sincera ao concordar, ainda que do jeito abrutalhado de ela se expressar — e dirigindo-se a Flávio falou: — Então, não haveria razões para você sentir aquelas influências desconfortáveis que sentiu ao entrar no casarão e, sobretudo, ao passar diante do quarto onde Cassandra pôs fim à própria vida. Não havia razão para isso e eu preciso descobrir o que houve com você.

— Foi mesmo muito desagradável e até dolorido. Não sei o que aconteceu comigo. Só sei que não foi nada bom. Se eu puder ajudar a senhora a descobrir as causas, pode contar comigo. Porque, depois que tomei conhecimento do projeto do doutor Otávio, passei a admirar e a respeitar ainda mais o trabalho da minha mulher e quero ajudá-la de todas as maneiras a levar adiante esse projeto. Quero ver aquele casarão cheio de meninos felizes. Portanto, para conseguir ajudar, preciso ter condições de entrar lá sem sentir aquelas coisas horríveis, pois certamente irei visitá-lo várias vezes durante a reforma.

Sueli ficou emocionada ouvindo as palavras do seu marido e deu-lhe emocionado beijo nos lábios — outro gesto que havia muito tempo não ocorria entre eles.

— Obrigada, meu querido. Além de amá-lo, tenho muito orgulho de você.

Zulmira se levantou:

— Gente, o amor é lindo, mas agora que tal irmos almoçar?

— Ótima ideia, tia.

Flávio teve uma lembrança:

— Se vocês aceitarem uma sugestão, aqui mesmo no parque há um ótimo e belíssimo restaurante, que fica no Museu de Arte Moderna. Já que estamos aqui, poderíamos almoçar lá.

Zulmira topou na hora. Todas aquelas aventuras tinham despertado seu apetite:

— Pois vamos. Veremos se você tem bom gosto!

O almoço transcorreu em um clima de alegria e harmonia. Zulmira, entre uma garfada e outra, olhava discretamente para o casal. Sorriu agradecida.

Capítulo 20

Estranhamente, nenhuma das fotos que Sueli fez no casarão serviu para alguma coisa. Estavam ora tremidas, ora fora de foco ou simplesmente escuras. Ela não tinha tomado o cuidado de verificar as fotos ao tirá-las e agora percebera que elas não serviriam para iniciar os rascunhos do projeto. Portanto, ela precisaria voltar lá e tirar novas fotos.

Sueli se programou para ir na segunda-feira. Flávio não poderia ir com ela, por causa dos clientes agendados. No entanto, ele não gostou da ideia de ela ir sozinha, lembrando-se do terrível mal-estar que sentira sábado, ao visitar o casarão.

— Eu entendo sua preocupação, querido, mas lembre-se de que eu não senti nenhum desconforto — e brincou: — Se ali há fantasmas, a bronca deles é com você. Eu estou fora dessa parada.

— Isso não é brincadeira, Su. Só eu e Deus sabemos o que passei lá. Não gostaria mesmo que você fosse sozinha. Por que não chama a tia Zulmira para ir junto?

— Você não acha que estamos perturbando demais a tia Zulmira?

— Tenho certeza de que ela não se importará. Ela faz questão de nos ajudar. E depois, sabemos que podemos confiar nela, pois já mostrou que entende mesmo desse negócio de espíritos.

— Quanto a isso, você está certo. Ela provou ser muito experiente e competente nesses assuntos.

— Então, ligue para ela. Se você não ligar, eu ligarei. Não quero que você vá sozinha àquele casarão!

Sueli sorriu intimamente satisfeita com a preocupação que ele demonstrava com sua segurança. Pegou o telefone e ligou para tia Zulmira. A voz dela era inconfundível:

— Oi, minha sobrinha!

Sueli respondeu sorrindo:

— Nem vou perguntar como sabia que era eu. O Flávio já me falou deste dom que a senhora tem de adivinhar quem está ligando.

— Pois é! É muito difícil alguém me passar um trote.

Elas riram e Sueli prosseguiu:

— Então, tia, sabe o que aconteceu? Nenhuma foto que fiz do casarão ficou boa ou nítida. Não sei o que aconteceu com a máquina. Costuma ser tão boa, funcionar tão bem.

— Pode ser, mas eu já imaginava isso.

— Ué, deu para notar que sou tão má fotógrafa assim?

A tia sorriu:

— Eu não quis insinuar isso, minha querida. Mesmo que fosse verdade. Mas é que, do jeito que a casa estava carregada de energias densas, pensei que você não fosse conseguir fotografar nada além de vultos, manchas e sombras desfocadas.

Sueli surpreendeu-se:

— Pois é justamente isso que aparece nas fotos.

— Viu só? Quer dizer que você vai precisar voltar lá, não é?

— Exatamente, tia. Preciso voltar lá e refazer tudo. Essas fotos são importantes para que eu possa começar o projeto. O problema é que o Flávio não vai poder ir comigo e não quer que eu volte lá sozinha.

— E ele está certo, pode acreditar. Por enquanto, a barra lá ainda está muito pesada.

— É por isso que estou recorrendo à senhora. Será que daria para a senhora ir comigo?

— Claro que sim. Sou uma velha aposentada, lembra-se? Tempo é o que não me falta, principalmente para ajudar as pessoas que precisam.

— Obrigada, tia. Eu sabia que podia contar com a senhora.

— Bom, podemos ir lá na segunda-feira de manhã, umas dez horas. Que tal?

— Para mim está ótimo. Só tem um detalhe: posso encontrá-la no casarão? Antes preciso passar em outro cliente e depois seguirei direto para lá.

— Está bem. Mas preste atenção: me espere na varanda. Não vá entrar sem mim, ouviu?

— Não se preocupe, tia. Eu não corro perigo. Eu não senti nada de ruim naquela casa.

— Quando se lida com espíritos desorientados, nunca se sabe o que pode acontecer. Logo, é melhor prevenir que remediar, não é mesmo? Então me espere na varanda para entrarmos juntas.

— Está bem, tia. Obrigada! — e desligou.

———

O domingo transcorreu tranquilo. Sueli e Flávio acordaram mais tarde que de costume. Depois foram a um shopping, onde almoçaram e assistiram a um filme romântico. Quando a sessão acabou, ficaram olhando vitrines até o começo da noite.

Depois de um dia tranquilo assim, teriam que ter, como tiveram, um sono reparador, carinhosamente abraçados.

Inclusive, ela não voltara mais a ter aquele sonho angustiante, que acabava sempre em pesadelo.

A situação conturbada que estavam vivendo com o casarão de alguma forma servia para reaproximá-los.

———

Na manhã de segunda-feira, a reunião com o cliente foi mais rápida do que Sueli imaginava. Tratava-se de um comerciante que estava reformando uma de suas inúmeras lojas. Tinha o perfil de um homem dinâmico, ansioso e decidido, daqueles que demonstram saber exatamente o que querem. Escolheu rapidamente um dos projetos apresentados por Sueli, aprovou o orçamento sem discutir custos e apenas insistiu para que o prazo das reformas fosse cumprido, conforme cronograma que estava no contrato, o qual também assinou sem pestanejar.

Por isso, Sueli chegou ao casarão meia hora antes da hora marcada com tia Zulmira.

Severino estava, como sempre, mexendo na terra do jardim. Recebeu-a com a gentileza de sempre, mas com alguma surpresa no olhar, como quem pensava: "A senhora teve coragem de voltar?".

Sueli sentou-se numa das cadeiras de vime da varanda e ficou a folhear uma revista que levara consigo, à espera da tia Zulmira.

Sueli era uma mulher dinâmica, e a ansiedade por iniciar e concluir seus trabalhos era uma de suas marcas registradas. Assim, achou perda de tempo ficar ali na varanda, lendo, enquanto podia ganhar tempo fazendo as fotos de que necessitava.

Entendia os receios do seu marido e da própria tia Zulmira, mas, na visita anterior, não sentira nem percebera nada de errado na casa. Logo, não havia por que temer qualquer desconforto ou perigo.

Tirou a máquina fotográfica do estojo e entrou no casarão. Desta vez, Sueli teve o cuidado de, a cada foto, verificar se estava nítida, bem focada, aproveitável. Rapidamente, fotografou todas as partes do térreo que interessavam ao seu projeto. Deixaria o quintal e o jardim por último.

Subiu as escadas e, chegando ao andar de cima, continuou a fotografar banheiros, quartos, corredores e sacadas. Até que chegou ao quarto que fora de Cassandra. Girou a maçaneta, empurrou a porta e entrou. A janela estava aberta, dando ampla visão para o quintal, lá embaixo. Ela entrou, aproximou-se da sacada e pôde ver como estava maltratado, com o chão recoberto de folhas secas e todas as árvores ressecadas, os galhos pareciam braços esquálidos apontando para o céu.

Sueli afastou-se da janela e andou pelo quarto. De repente, a porta atrás de si fechou-se com força, fazendo enorme estrondo. Imediatamente o quarto começou a ficar frio, muito frio, apesar de a janela estar aberta e alguns raios de sol entrarem por ela. Ela se assustou e achou melhor sair dali. Mas, para sua surpresa, a porta do quarto emperrara e não se abria, por mais que girasse a maçaneta. Procurou manter a calma, dentro do possível.

— Tudo bem, Sueli. A casa é velha, as fechaduras são antigas e é natural que emperrem uma vez ou outra. Quando quiser sair, é só chamar o Severino — disse para se tranquilizar.

Ela se pôs a fotografar o interior do aposento sob os mais variados ângulos. Não iria se assustar assim tão facilmente.

O problema é que o frio estava aumentando, apesar do imenso calor que fazia lá fora. Sueli teve a impressão de ver sombras se movimentando no quarto, mas preferiu pensar que era fruto da sua imaginação. Todas aquelas histórias macabras sobre o casarão facilitavam o trabalho da sua fantasia.

De repente, sem saber como, sentiu-se empurrada em direção à janela. Não havia mais ninguém no quarto além dela e, no entanto, a impressão que tinha era a de que alguém a empurrava.

Sueli não sabia, mas aquilo era obra de Cassandra. Ela não conseguia ver o espírito desorientado da mulher, com expressão de maldade e de triunfo maligno. Cassandra estava usando toda sua energia fluídica para empurrar Sueli na direção da janela e, se possível, fazê-la cair lá embaixo, no quintal.

A arquiteta não entendia o que estava acontecendo, mas começou a sentir medo de verdade quando se viu fortemente pressionada contra o parapeito da sacada, principalmente a parte superior do seu corpo. Era como se alguém quisesse jogá-la para baixo. Mas quem? Não havia ninguém ali.

O esforço que fazia para resistir à pressão e à brutalidade com que era empurrada começou a fazê-la perder o fôlego e a ter dificuldade de respirar. Metade do seu corpo já estava perigosamente inclinado para o lado de fora da janela. Não tinha alternativa: era preciso pedir ajuda. E rápido.

— Severino, socorro! Me ajude!

O vigia cuidava das plantas do jardim e parecia não escutar os gritos de Sueli vindos da janela dos fundos.

— Severino! Por favor, socorro!

Sueli percebeu que suas forças começavam a lhe faltar. Pensou desesperadamente no marido e nas recomendações dele. Pensou também na tia Zulmira. "Ah, tia, por que a senhora não chega logo?"

Quando Sueli estava praticamente caindo, milagrosamente, como que atendendo ao chamado da sobrinha, tia Zulmira irrompeu quarto adentro com estardalhaço:

— Cassandra! Eu nome de Jesus, ordeno que pare com isso! — e começou a rezar um Pai-Nosso em voz alta e firme.

Tudo se acalmou bruscamente.

Sueli sentiu que a pressão sobre seu corpo tinha desaparecido e pôde voltar à posição normal. Tossiu algumas vezes porque ficara com a garganta seca pelo medo e de tanto gritar. Tão logo se recuperou, atirou-se chorando nos braços da tia Zulmira.

— Oh, tia, me perdoe, eu lhe desobedeci. Não a esperei como combinamos. Eu me precipitei. Perdoe-me!

— O que é isso, minha sobrinha? Não tem nada do que se desculpar. Você é uma profissional magnífica, responsável, e quis ganhar tempo em favor do seu cliente. Eu entendo. Agora procure se acalmar. Já passou. Vamos beber um pouco de água lá embaixo.

Ao saírem, Zulmira voltou-se para dentro do quarto e fez uma breve oração em voz baixa e agradeceu aos espíritos amigos que a ajudaram. Depois encontrou Sueli já no começo da escada.

Nesse instante, como da outra vez que ali estivera, e como se fosse uma resposta desaforada à prece feita por Zulmira, a porta do quarto fechou-se sozinha, com violência. Sueli assustou-se mais uma vez e quis descer correndo as escadas. Zulmira tranquilizou-a:

— Não se preocupe, meu bem. Isso é coisa de espírito birrento e malcriado, mas ele já não pode nos fazer mal algum.

Desceram as escadas com calma, Zulmira amparando a sobrinha, e se dirigiram à cozinha. Beberam água e descansaram um pouco.

— O que foi aquilo, tia? Eu tive medo de verdade!

A velha senhora acariciou-lhe os cabelos:

— É assim que agem alguns espíritos desorientados que não aceitam a realidade em que se encontram. Eles ficam perambulando e de vez em quando resolvem perturbar a vida dos vivos que querem trabalhar. Deste casarão inteiro, aquele quarto é o mais carregado de energia negativa, pois foi lá que Cassandra deu fim à própria vida. Quando você entrou lá, ela se valeu de toda aquela energia acumulada para empurrá-la na direção da janela. Como você não tem conhecimento do mundo espiritual, não aprendeu a se proteger desses ataques, está vulnerável.

— Credo! Eu não sabia disso, senão nem teria entrado lá. O que podemos fazer para que eu possa trabalhar em paz?

— Ontem à noite mesmo telefonei para o dirigente do nosso grupo de auxílio espiritual e na próxima quarta-feira vamos fazer uma primeira reunião para tentar conversar com o espírito de Cassandra e dar-lhe as orientações e a ajuda de que precisa para seguir seu caminho e parar de importunar os vivos. Fique tranquila, tudo se resolverá.

Sueli, ainda sob o impacto dos terríveis momentos que acabara de vivenciar, voltou a abraçar a tia, chorando emocionada:

— Ainda bem que temos a senhora para nos ajudar, tia.

— Eu e muita gente, minha querida. Os trabalhos de ajuda espiritual são realizados sempre por um grupo de médiuns experientes e abnegados, que sabem o valor do amor, o valor de fazer o bem.

Sem mais contratempos, Sueli fez as fotos que ainda faltavam — do quintal e do jardim. Na saída, encontraram Severino, sempre escavando a terra.

Um tanto contrariada, Sueli aproximou-se dele:

— Severino, você não me ouviu chamá-lo ainda há pouco?

Ele fez uma expressão que mostrava seu total desconhecimento do assunto:

— A senhora me chamou, dona Sueli? Quando?

— Alguns minutos atrás. Na verdade, eu não chamei, eu gritei.

Severino parecia sinceramente consternado:

— Não ouvi não, senhora. Desculpe. O casarão é muito grande. Aconteceu alguma coisa? Posso ajudar em algo?

Sueli acreditou nele.

— Não, Severino, deixe pra lá. Está tudo bem.

Tia Zulmira quis tirar algumas dúvidas a respeito do vigia:

— Você sempre dorme aqui no casarão, Severino?

— Sim, senhora. Passo o dia inteiro aqui. Como não tenho família, aqui é minha casa, meu lar.

— Entendo. E... você consegue dormir bem?

— A senhora está perguntando isso por causa das histórias do casarão?

— Sim.

— Muitos anos atrás, quando vim para cá, eu era um garoto. Fiz muitos trabalhos para a dona Cassandra e para o senhor Igor, filho do senhor Horácio e da dona Julieta. Acho que eles gostavam muito de mim, porque eu os respeitava muito. Não concordava muito com o que eles faziam, mas não me metia nem dava palpite. Eu era só o jardineiro. E acho que era assim que eles queriam que eu me comportasse. Tanto que fui o único que não foi mandado embora naquela época.

— Esses trabalhos que você fazia para eles, Severino, eram de que natureza?

Ele parecia desconcertado:

— Eu nem sempre sabia, dona. Eles me mandavam buscar coisas, pegar encomendas, pagar contas, comprar uns negócios meio... meio...

— Ilegais?

— É, parece que sim. Mas a senhora sabe como é. A gente precisa do emprego. Eu não tinha condições de arranjar outro trabalho. Por isso, procurava sempre andar na linha, não contrariar meus patrões. Eu nunca perguntava nada, apenas fazia o que me pediam. E nunca abria a boca para reclamar, para pedir nada, nem para contar nada do que eu via, ouvia e sabia.

— Entendo. Você foi muito útil para eles.

— Acho que sim. Os moradores do bairro não gostavam deles. Diziam que eles faziam coisas más. Para falar a verdade, eu não me preocupava com o que eles faziam. Eu passava o dia trancado no meu quarto e só saía quando um dos dois me chamava e me pedia para fazer alguma coisa. Então, eu não sabia de nada, não via nada do que acontecia aqui.

— Mas você ouvia a algazarra do bordel?

— Isso eu ouvia. Os amigos do casal eram muito barulhentos. Eles bebiam muito, além da conta, e falavam muito alto.

— Amigos do casal?

— É... acho que eram todos amigos do casal...

— Bom, na verdade está explicado por que você dorme bem na casa. Eles não se preocupam em importuná-lo porque foi útil para eles. Mas sabe que com outras pessoas acontecem coisas estranhas no casarão, não sabe?

— O pessoal que entra aí comenta que ouve ruídos estranhos, que vê sombras. Eu não sei. Não digo que sim nem que não. Eu falo por mim. Eu nunca vi nem ouvi nada de estranho.

— Que bom para você, Severino! Pois continue cuidando direitinho do casarão, como vem fazendo, que ele também continuará cuidando bem de você.

— Muito obrigado, dona.

Estava claro para Zulmira e Sueli que Severino fora um inocente útil, usado pela dupla de infames. Não era má pessoa, tinha boa índole; contudo, fora muito ingênuo e omisso com as depravações que ocorriam ali.

De qualquer modo, era forçoso reconhecer que, mesmo que ele soubesse do que se passava ali, não poderia fazer muita coisa para mudar o ambiente.

Sueli olhou para o relógio e viu que estava na hora de irem.

Zulmira lembrou de falar mais alguma coisa para o vigia:

— Bom, Severino, nós nos veremos mais vezes. Você sabe que minha sobrinha vai reformar o casarão, não sabe?

— É, eu sei. O doutor Otávio me disse.

— Você vai ver, vai ficar uma casa muito bonita, novinha em folha.

Foi comovente ouvi-lo perguntar:

— Será que vão me deixar ficar nela depois de tão bonita?

Sueli não tinha certeza, porém não queria provocar tristeza no velho vigia:

— Tenho quase certeza de que sim, Severino. Você poderá ser uma pessoa útil também ao doutor Otávio.

Os olhos dele brilharam de esperança:

— A senhora acha? Estou tão acostumado... Depois que o bordel foi lacrado, passei um tempo perambulando pelas ruas e voltei. Como ninguém me importunava, fui ficando, cuidando da casa, dentro do possível, fazendo bicos na vizinhança para ter uns trocados.

O MISTÉRIO DO REENCONTRO

Sueli sensibilizou-se com a história dele.

— Acredito que você vai continuar aqui, sem precisar fazer bicos pela redondeza. E o melhor é que não precisará fazer nada ilegal, nem proibido. Vai ser tudo certinho, dentro da lei, como manda o figurino.

— Eu ficarei muito feliz se isso acontecer.

Zulmira resolveu aproveitar o momento:

— Vai acontecer, Severino. Para isso precisamos da sua ajuda.

— Pode dizer, dona.

— Sempre que minha sobrinha vier aqui, sozinha, comigo ou com o marido, contamos com você para colaborar com ela.

— Pode contar comigo. Tem a minha palavra, dona.

As duas mulheres se afastaram sorridentes. E Sueli não perdeu a oportunidade de fazer um comentário jocoso:

— Com o Flávio ou com a senhora, tia Zulmira, eu virei muitas vezes aqui. Mas, sozinha, nunca mais!

E, apesar de tudo o que havia acontecido naquela manhã, elas conseguiram rir gostosamente.

Capítulo 21

No fim da manhã de segunda-feira, quando sua secretária saiu para almoçar, Flávio tinha quase certeza de que receberia de novo a visita do espírito de Rosália.

Apesar disso, ele estava um pouco tenso. Sueli acabara de lhe telefonar narrando o que acontecera durante a visita ao casarão naquela manhã. Se tia Zulmira não tivesse aparecido a tempo, as coisas poderiam ter se complicado para sua mulher.

Ele não perdeu a oportunidade para repreendê-la por não ter seguido as suas orientações de aguardar tia Zulmira. E, claro, ela não teve alternativa senão concordar e pedir muitas desculpas.

— Eu sei, querido, me perdoe. Você está com toda a razão. Eu estou muito arrependida de não ter seguido seu conselho. Mas pode estar certo de que já fui devidamente repreendida pela tia.

— Ela fez muito bem. Agora, veja se não esquece a lição.

Conversaram mais um pouco e desligaram.

Flávio não precisou esperar muito pela visitante. Ele foi ao toalete lavar as mãos e, quando retornou à sala, ela estava sentada na poltrona destinada aos clientes.

Desta vez ele não se assustou e ela percebeu:

— Vejo que já se acostumou com as minhas aparições. Desta vez você nem se assustou.

— Agora que sei que você é do bem e só quer ajudar, não há razão para sustos.

— Ainda bem. Gostei muito da sua tia. Gente fina.

— Foi ela que me falou a seu respeito. Contou-me todo seu esforço para manter funcionando o abrigo das crianças.

— Pena que não consegui.

— Nem poderia, com tantos inimigos poderosos lutando contra você. Acho que você fez o que pôde.

— Bom, mas essas coisas pertencem ao passado, e me entristece a lembrança delas. Falemos de assuntos alegres. Você não consegue imaginar como fiquei feliz quando soube que o abrigo das crianças será reativado, depois que o casarão for reformado.

— Se Deus permitir. Estou contente porque é minha mulher quem se encarregará do projeto.

— Está de parabéns pela mulher que tem. Ela tem boa índole, bom coração. Quero que saiba que eu estou do lado de vocês e tenho feito de tudo para protegê-los. Quando sua mulher foi ao casarão pela primeira vez, usei de todas as minhas energias para impedir que ela subisse as escadas. Mas ela é uma mulher muito voluntariosa e eu não consegui. Por isso, ainda que ela não tenha percebido, correu alguns riscos.

— Ah, então foi você? Sueli me contou que teve dificuldade para caminhar pela casa e principalmente para subir as escadas.

— Pois é, fui eu, sim. Quis evitar que ela corresse riscos, mas minha energia não foi suficiente. Ela não deveria ter entrado sozinha. Ali no sobrado há duas forças contrárias: a minha e a de Cassandra. Há uma clara divisão de territórios: eu cuido do térreo e ela se apossou do andar superior, onde morreu. Cassandra sumiu e reapareceu há alguns anos. E como eu sei que é perturbada, eu quis evitar que sua esposa corresse algum perigo lá em cima.

— E por que você não me protegeu também quando fui visitar o casarão? Fui pego de surpresa e passei maus bocados lá, principalmente no andar superior.

— Bem, o que aconteceu com você foge da minha alçada. Eu presenciei tudo, mas não pude intervir. Não me permitiram.

— Quem não permitiu?

— Como lhe disse, não é da minha alçada. Trata-se de energias mais fortes que a minha. Fiquei preocupada quando você subiu as escadas, mesmo fazendo grande esforço, e logo pressenti que algo ruim ia acontecer com você, como de fato aconteceu. Nem eu sei que ligação você tem com o casarão, nem as forças que envolvem sua presença lá. Você deve se proteger também.

— Então alguém precisa me explicar o que aconteceu comigo naquele dia. Para ajudar minha mulher na reforma, eu terei que voltar lá outras vezes e, se houver perigo, se eu tiver que passar pelas mesmas terríveis sensações, vai ser o fim do mundo.

— Quanto a isso, peço-lhe que converse com Zulmira. Eu não estou autorizada a entrar em detalhes, desculpe-me. Você é uma pessoa muito especial. Aliás, por ser tão especial é que consegue me ver e conversar comigo. Não são todas as pessoas que têm essa sensibilidade e esse merecimento. Então, em torno de você há energias que não consigo penetrar nem alterar. Tenho a leve impressão de conhecê-lo, mas não sei ao certo de onde. O seu mentor não me permite perscrutar-lhe o espírito e descobrir qual é a sua ligação com esses espíritos. Sinto muito, é tudo que sei e tudo que posso lhe dizer.

— Está bem, Rosália, não vou insistir. Falarei com a tia Zulmira. De qualquer maneira, preciso agradecer-lhe por ter tentado proteger minha mulher quando ela foi ao casarão pela primeira vez. Mas quero que você saiba que ela foi por necessidade profissional. Ela precisava conhecer o imóvel por inteiro para iniciar o projeto da reforma.

— Agora eu sei disso, mas naquele momento não sabia, por isso tentei impedi-la. De qualquer forma, é bom ela tomar muito cuidado sempre que for lá. Cassandra é muito vingativa e seu espírito está cheio de ódio. É bom que, pelo menos por enquanto, ela vá acompanhada.

Flávio percebeu que Rosália ainda não sabia o que acontecera no casarão com Sueli na parte da manhã, quando ela entrou no quarto de Cassandra. Ele decidiu colocá-la a par:

— Hoje mesmo de manhã, minha mulher teve uma demonstração disso. Ela precisou voltar ao casarão para fazer novas fotos e, ao entrar num dos quartos, foi atacada por Cassandra, que queria jogá-la janela abaixo.

— Não falei? Até que a situação seja resolvida, é preciso que sua mulher esteja sempre acompanhada pela sua tia. Ela sabe como dialogar conosco. Ela nos vê e nos ouve, é uma médium muito disciplinada, séria.

— E por que eu, não sendo médium, consigo ver e ouvir você?

— Quem disse que não é? Não está me vendo?

— Sim.

— Já disse. Você é especial e vai estudar e educar sua mediunidade como qualquer pessoa. Por agora, posso dizer que, no seu caso, está sendo feita uma concessão especial porque há um motivo benéfico e justo para tal. Precisamos ajudar Cassandra também e ajudar sua mulher a tocar em frente a reabertura do abrigo das crianças. Mas, agora que já nos entendemos e vocês estão devidamente alertados, não há mais necessidade das minhas aparições a você. Esta é minha última visita.

Depois que perdera o medo daquela aparição, Flávio já estava quase se habituando a ela. Ele ficou até um pouco triste em saber que não a veria mais:

— Tem que ser assim?

— Sim. Preciso seguir os anseios da minha alma. Na verdade, nem deveria estar por aqui. Meu lugar é em uma colônia de tratamento, para onde já deveria ter ido há muito tempo. Mas eu não poderia ir antes de me assegurar de que o bordel da Cassandra não seria reaberto e o abrigo dos meninos voltaria a existir. Agora que tudo já está praticamente encaminhado, posso seguir meu caminho.

Flávio mostrou-se sinceramente consternado:

— Eu... eu quero pedir-lhe desculpas por...

Ela o interrompeu:

— Não se desculpe, meu caro. Não há razão para isso. A situação era peculiar, qualquer pessoa não familiarizada com a espiritualidade acharia estranha a minha presença e também se assustaria, como você. Está tudo bem. Eu é que deveria desculpar-me por ter invadido seu lindo consultório, vindo perturbá-lo.

— Já passou tudo, Rosália. Agradeço-lhe muito pelo que fez a nosso favor. E pode estar certa de que o abrigo infantil será reaberto. Agora, até eu me sinto responsável e envolvido nisso, e farei todo o possível para ajudar minha mulher e a equipe dela. Mais do que um trabalho, passou a ser uma questão de honra.

— Fico feliz de ouvi-lo falar assim, amigo. Peço a vocês que, quando tiverem um tempinho, procurem estudar e conhecer melhor o mundo dos espíritos — e completou sorrindo: — Pelo menos aprendam a rezar o Pai-Nosso.

Flávio envergonhou-se:

— Prometo que faremos isso. Nesses últimos dias eu conheci o poder da oração, a ajuda que podemos receber dos bons espíritos. Estou plenamente convencido de que eu e Sueli precisamos conhecer e estudar com seriedade o assunto.

— Façam isso. Vocês são boas pessoas. É uma pena que você não tenha conhecido meu patrão, o senhor Horácio, o primeiro dono do casarão — ela falou e sentiu leve tontura.

O rosto de Flávio modificou-se por instantes. Ela piscou os olhos e Flávio disse, sincero:

— Também lamento. Pelo que ouvi falar dele, foi uma criatura muito generosa.

— Foi, sim — respondeu emotiva. E, mudando o tom de voz, despediu-se: — Bem, meu caro amigo, foi muito agradável conhecê-lo. Cuide-se.

E, como num passe de mágica, desapareceu.

Muitos pensamentos encheram a mente de Flávio depois que Rosália se foi. Ainda havia muitos pontos a esclarecer, muitas precauções a tomar.

Uma coisa era certa: agora, ele pessoalmente fazia questão de acompanhar sua mulher no trabalho de reforma do casarão. Um sentimento muito forte, inexplicável até, se apossara dele, e Flávio passou a sentir que essa ajuda, mais do que um simples apoio à esposa, era agora uma obrigação. De certa forma, ele também se sentia responsável pela reabertura do abrigo das crianças. Não sabia por que, mas era o que sentia, de maneira intensa, como se fosse um dever moral.

Pensando nisso, procurou relaxar um pouco para atender os clientes da tarde.

Capítulo 22

Na noite de quarta-feira, Zulmira chegou cedo ao centro espírita onde atuava, localizado no bairro da Barra Funda. A rua onde se localizava a casa que servia de encontro para o grupo não tinha acesso muito fácil. Era preciso estacionar o carro a uma distância considerável e completar o percurso de algumas dezenas de metros a pé.

O pessoal se reunia num espaçoso sobrado antigo, que fora cedido por um dos membros, um descendente de italianos. Ele herdara vários imóveis de seus antepassados. Era professor aposentado e vivia com razoável conforto com a renda do aluguel dos outros imóveis.

No sobrado, havia uma ampla sala logo na entrada, que fora preenchida com dezenas de cadeiras, onde os frequentadores aguardavam pelo atendimento e ouviam palestras. Via-se depois um corredor ladeado por três portas que davam acesso a quartos, que eram usados para tratamentos de passes. No fim do corredor, ficava uma sala com uma grande mesa oval. Era ali que aconteciam as sessões de trabalhos espirituais, durante as quais ocorriam psicografias e outras manifestações de desencarnados.

Depois dessa sala ficava a cozinha e, na sequência, atravessando-se um quintal bem cuidado, chegava-se às dependências dos fundos. Ali, havia um banheiro e uma sala de tamanho médio, que servia de escritório para as atividades administrativas do centro. Às vezes também era usada para reuniões mais privativas de seus dirigentes.

Foi nessa sala que Zulmira se reuniu com os coordenadores dos trabalhos. De forma resumida, relatou a história de Cassandra e externou seu desejo de manter contato com ela. Todos se interessaram muito pelo caso relatado e ficou combinado que, naquela mesma noite, seria feito o convite geral para manifestação dos espíritos, como sempre ocorria, mas também um convite específico dirigido a Cassandra.

Depois de alguns minutos já estavam a postos. Para aquela sessão, havia doze membros na mesa. Após a prece introdutória, o condutor dos trabalhos apresentou uma esclarecedora palestra de abertura. Em seguida, foi feito o convite para a manifestação de algum espírito que desejasse se comunicar.

— Se algum espírito desejar se comunicar conosco, que o faça agora. Nós o ouviremos e o orientaremos no que for necessário.

De forma sequencial, dois espíritos se manifestaram e foram atendidos em suas necessidades de comunicação e orientação. Depois de um intervalo para verificar se havia outros, foi feito o convite específico para Cassandra:

— Se Cassandra estiver conosco, que se manifeste. Nossa irmã Zulmira deseja conversar com você.

Como nada ocorreu, depois de alguns minutos de espera o condutor da sessão repetiu o convite, voz afável:

— Pedimos gentilmente que, se o espírito de Cassandra estiver conosco, por favor se manifeste. Nossa irmã Zulmira deseja conversar com você e, se necessário, dar-lhe as devidas orientações.

A manifestação veio através de uma médium sentada bem à frente de Zulmira. Antes, ela se movimentou bastante na cadeira, balbuciou algumas palavras ininteligíveis e depois perguntou numa voz diferente e bastante audível:

— Preciso saber se vocês são de confiança.

Zulmira pensou: "Ah, a desconfiada Cassandra". E depois perguntou:

— É você, Cassandra?

— Sim. Eu mesma! Antes de qualquer conversa, preciso saber se vocês são de confiança.

O condutor da sessão se encarregou de responder:

— Cassandra, realizamos este trabalho há mais de vinte anos, com muito carinho e respeito. Já ajudamos e orientamos centenas de espíritos e o posto de socorro a que estamos ligados no astral superior é de total confiança.

Cassandra mostrou que era dura na queda:

— Palavras não me dizem nada! Levei muita paulada na vida por acreditar em palavras.

O dirigente não perdeu a calma:

— Nós conhecemos a sua história, Cassandra, e sabemos que você fez algumas escolhas infelizes na sua vida.

Ela respondeu de forma malcriada:

— Vocês não conhecem nada a meu respeito. Não sabem um décimo do que passei nessa vida.

Zulmira decidiu que era hora de intervir naquele diálogo:

— Cassandra, os colegas presentes nesta mesa sabem tudo a seu respeito porque eu contei para eles a conversa que tivemos no casarão.

— Viu? Eu não disse que não se pode confiar nas pessoas? Você contou para todo mundo aquilo que nós conversamos!

— Você há de entender que eu precisava contar. Senão, como eles poderiam colaborar? O importante é que estamos aqui para ajudá-la pelo simples desejo de vê-la feliz.

Cassandra, através da médium, deu um muxoxo:

— Nunca ninguém me ajudou de graça.

— Pois nós estamos aqui para ajudá-la de graça. Sem pedir nada em troca, só a sua boa vontade em nos ouvir.

Com a pergunta seguinte, Cassandra pareceu ter decidido dar um voto de confiança à mesa:

— O que é que vocês querem de mim?

Foi Zulmira quem respondeu, com voz suave, porém firme:

— Queremos que você deixe de importunar meus sobrinhos, a Sueli e o Flávio. Eles são criaturas ótimas, não fazem mal a ninguém e não têm nem tiveram nada a ver com os seus problemas. Eu já lhe expliquei isso e você prometeu que ia pensar a respeito.

Ela retrucou com voz ressentida:

— Ela quer reconstruir o abrigo dos fedelhos.

— Cassandra, preste atenção: Sueli é uma arquiteta, você entende isso? Ela foi contratada para fazer o trabalho de reforma do casarão. Esse é o ganha-pão dela. Se ela não aceitasse o convite para fazer esse trabalho, outro arquiteto aceitaria e a reforma seria feita do mesmo jeito.

— São todos uns interesseiros, só querem ganhar dinheiro.

— É assim que funciona o nosso mundo. Você presta um serviço e recebe uma remuneração por ele. Quando você trabalhava aqui na Terra, não ganhava seu dinheiro também?

Cassandra respondeu num tom de voz que misturava revolta e mágoa:

— Eu nunca ganhei nada na vida. Só fui explorada!

Zulmira achou que já podia entrar direto no assunto:

— E por isso se tornou uma mulher assim?

— Assim, como?

— Fria, egoísta e triste.

Cassandra protestou com veemência:

— Eu não sou nada disso! Não nasci dessa maneira! Me fizeram ser assim, a vida me fez ficar assim.

Zulmira mostrou-se compreensiva:

— Eu sei que você não é assim, Cassandra. Sou capaz de apostar que você traz essa amargura e esse ódio de outras vidas.

Ela riu com melancólica ironia:

— Isso eu nunca vou saber.

— Engano seu, Cassandra. Se quiser, poderá saber, sim, o que se passou com você desde sua encarnação anterior na Terra. Acho até que seria melhor mesmo você ficar sabendo em que circunstâncias você foi gerada, nasceu, cresceu e viveu. Quem sabe, tomando conhecimento da história da sua vida desde o começo, você possa tirar as lições de que precisa para adotar outras atitudes mais positivas? Será útil para você saber e, assim, superar de vez o que lhe aconteceu no plano terreno. Um dia você vai voltar a ele. Não temos como fugir do ciclo reencarnatório, por ora.

— Você está falando sério quando diz que eu posso mesmo conhecer toda a história da minha vida, desde o momento em que nasci?

— Claro que estou.

— E o que eu preciso fazer para que isso aconteça?

— Aqui há espíritos amigos dedicados que vão ajudá-la a relembrar os fatos vividos.

— Você tem certeza?

— Tenho. Para que isso se inicie, você precisa aceitar a ajuda, e começaremos uma sucessão de preces especiais para que você, tão logo seja encaminhada ao posto de socorro, encontre equilíbrio e paz. Depois, refeita, você volta e nos conta como foi a experiência.

Cassandra falou numa voz ameaçadora:

— Escutem aqui todos vocês. Eu vou fazer o que ela está sugerindo, porque já estou mesmo cansada dessa vida de perseguições e fugas. Mas é bom que seja verdade o que ela está me dizendo, porque senão eu voltarei com mais revolta e ódio, e vocês não vão gostar nem um pouco!

Zulmira manteve a calma:

— Cassandra, confie em mim, neste grupo e nesta casa. Agora, acompanhe nossa prece e siga com esses espíritos amigos, ao seu lado. Nós ficaremos orando por você.

Todos oraram com devoção e entrega, porque torciam pelo final feliz daquele espírito tão sofrido e desorientado.

No fim da prece, todos perceberam que Cassandra aceitara a ajuda. A médium que servira de intermediária estava tranquila, mas não escondia seu cansaço, provocado pela incorporação.

Zulmira estava muito satisfeita com aquele resultado. Pelo menos essa parte fora coroada de êxito. Agora era preciso esperar para saber a reação de Cassandra depois que ela conhecesse a história da sua vida.

Capítulo 23

Tempos depois, ainda que arredia em permanecer no posto de socorro, Cassandra, mesmo que não admitisse, gostava de ficar admirando as belas paisagens, os jardins floridos, as construções de linhas espaciais e modernas. Todos os lugares ali — casas, templos, salas, jardins — eram muito amplos e espaçosos, arejados e bem iluminados.

Depois de muito descansar e refletir, decidiu reviver o passado. Atendida, fora encaminhada para uma sala. Entrou e sentou-se diante de um homem, cuja cadeira era maior e mais alta que a dela. Isso a incomodava, pois demonstrava que ele era alguma autoridade, e ela detestava quem quer que representasse qualquer forma de autoridade. Em vida, nunca permitira que ninguém mandasse nela, à exceção de Igor.

O homem à sua frente, que lembrava muito o guia que a acolhera muitos anos depois de desencarnar, tinha cabelos, bigode e cavanhaque grisalhos. Seu olhar era sereno e sua voz macia. Falou num tom que podia ser entendido como brincadeira ou bronca:

— Aprontando outra vez, Cassandra?

Ela não gostou desse início de conversa:

— Quem é você?

— Eu me chamo Tobias e doravante vamos conversar bastante.

— Não o conheço, Tobias, e não sei o que você quer dizer com essa história de que ando aprontando.

— Você sabe muito bem. Depois de passar anos perturbada no Umbral, pediu ajuda, foi resgatada, mas se recusou a passar pelo programa de desenvolvimento espiritual. Em vez disso, insistiu em ficar no plano terreno para fazer travessuras.

Ela assumiu sua rebeldia:

— Não são travessuras. É uma vingança! Você deve saber muito bem o que eles fizeram comigo.

Tobias tinha um jeito suave de falar, mas, ao mesmo tempo, demonstrava muita firmeza:

— Eu sei o que fizeram contra você, mas também sei o que você fez contra os outros.

— Não mude de assunto. Se você sabe de tudo que aconteceu, também deve saber que fiz o que fiz porque me levaram a isso.

Tobias fez um gesto de descaso com as mãos:

— Isso é conversa fiada, Cassandra. Você bem sabe que tinha outras opções de conduta.

— Ah, é? Então me diga: que opções eu tinha?

— Por exemplo, em vez de se matar, você poderia ter seguido resignada, com novas atitudes.

— Isso sim é que é conversa fiada! Que justiça existe lá embaixo? Lá é cada um por si, é um "salve-se quem puder". Ainda bem que eu encontrei um homem que me ajudou, me tirou da lama e me deu uma vida confortável.

Tobias soltou uma boa risada:

— Não me faça rir, Cassandra. Você está se referindo ao Igor? Isso só pode ser piada! Ele a tirou da lama e a pôs num lugar pior ainda.

— Não importa. Ele me deu segurança. Foi o único em quem confiei. E veja o que fizeram com ele.

— Você sabe que existe a lei de ação e reação, não sabe? Ele pagou o alto preço de uma ação totalmente equivocada.

Não era esse tipo de conversa que Cassandra esperava e queria ter. Por isso, demonstrou claramente sua impaciência:

— Afinal, o que é que você quer de mim?

— Quero de novo convidá-la para finalmente dar sentido à sua existência. Por uns tempos, esqueça a Terra. Aqui você terá muitas oportunidades de repensar suas atitudes e de crescer. Quando voltar lá, será uma pessoa bem melhor.

Ela deu de ombros:

— Para que me serve voltar lá como uma pessoa melhor?

— Para ser mais feliz e fazer o bem às pessoas que se aproximarem de você — Tobias fez uma pausa e mudou o tom de voz: — Certamente você sabe o que aconteceu com Igor, não sabe?

— Não sei.

— Ele obteve permissão para reencarnar mais depressa do que o habitual, porque demonstrou um grande e sincero arrependimento pelo que havia feito. Participou do treinamento com incrível vontade de refazer sua vida no plano terreno, desta vez com atitudes e ações positivas. Na verdade, ele aprendeu muitas coisas com as lições da vida passada e voltou para a Terra disposto a fazer escolhas melhores, mais acertadas. Em resumo: ele se dedicou tanto ao desenvolvimento espiritual que não está mais aqui. E voltou ao plano terreno em grande estilo. Soube escolher muito bem os novos caminhos, tornou-se um grande psicólogo especializado no tratamento de crianças e adolescentes e está ajudando muitos deles a serem emocionalmente mais saudáveis e felizes. Inclusive casou com uma moça que é a reencarnação de uma das mulheres que trabalhava no seu bordel, justamente aquela que Igor mais usava e mais maltratava. Como você pode imaginar, de certa forma ele está reparando e compensando todo o mal que causou às crianças do abrigo que ele destruiu e a essa mulher do bordel que tanto sofreu nas mãos dele.

Cassandra estava profundamente surpresa, mas não demonstrou. Preferiu revelar uma ponta de despeito, talvez até de inveja:

— Bom para ele, se ele achou que era melhor assim.

— A reencarnação foi um bálsamo para Igor. Ele está indo muito bem.

Ela deu de ombros.

— Comigo a conversa é outra. Se você pensa que eu vou deixar aquele pessoal reabrir o abrigo dos fedelhos, assim, sem mais nem menos, está muito enganado. Mostra que você não me conhece mesmo.

— Cassandra, explique-me uma coisa: o que é que você tem contra alguém dar um lar, um abrigo a crianças e adolescentes desamparados? O que há de errado nisso?

Desta vez Cassandra não se conteve e finalmente expressou, do fundo do seu coração, a grande mágoa que se revelava em suas atitudes:

— Simplesmente porque eu nunca tive um lar! — exclamou, chorosa. — Se eu não tive direito a isso, por que os outros haveriam de ter? — e não mais conseguiu segurar o pranto, há tanto represado.

A voz de Tobias soou meiga:

— Minha querida Cassandra, eu imagino como você deve ter sofrido na sua infância. Muitas pessoas foram más com você. Muitos tiraram proveito de você. Mas, acredite, aqui não podemos culpar ninguém. Nosso papel não é o de acusar nem de condenar, mas de orientar e conduzir os espíritos e as pessoas para o caminho do bem. Portanto, não estou julgando nem acusando você de nada. Você fez o que fez na Terra porque fez o melhor que pôde.

Cassandra acalmou-se diante daquelas palavras e respondeu, ainda chorando:

— Eu bem que gostaria de saber o porquê de passar por experiências tão ruins. Talvez assim eu compreendesse melhor esse meu jeito de ser e conseguisse mudar minhas atitudes.

— Você gostaria de conhecer melhor sua história?

— Claro! Talvez assim eu entenda por que sou como sou.

Tobias levantou-se e estendeu-lhe a mão.

— Então venha comigo.

Ela hesitou:

— Mas será que isso não vai demorar muito? — Cassandra sentiu-se curiosa.

Tobias riu gostosamente e prosseguiu:

— O que você vai ver, se considerarmos a cronologia da Terra, duraria o tempo de três ou quatro longas-metragens. Aqui no astral o tempo não segue como o conhece. Você assistirá a uma longa história, com muitos personagens e passando por outra época. Será como se tivesse a duração de um comercial. Aqui não há fitas nem projetores. Tudo passará pela sua memória, como num sonho, que usa um processo muito semelhante a este que você vai conhecer. Aliás, os sonhos são criados aqui e administrados por nós. É exatamente por isso que nenhum cientista da Terra, por mais brilhante que seja, jamais conseguiu descobrir e explicar o mecanismo dos sonhos.

Andaram por um longo corredor até chegarem a uma porta bastante larga. Ele abriu-a e entraram.

O ambiente era de penumbra, mas deu para Cassandra perceber que havia duas poltronas e um sofá bem confortáveis. A música que enchia o ambiente era agradável e promovia o relaxamento.

— Deite-se no sofá.

Cassandra assentiu e Tobias sentou-se à sua frente. Ele passou a mão suavemente na testa dela enquanto dizia:

— Feche os olhos, Cassandra, e procure relaxar. Não tenha receios. Você aqui está em completa segurança. Deixe-se envolver pela música suave. Você vai enxergar tudo com a mente, Cassandra. Não precisará abrir os olhos e vai viajar no tempo. As imagens estão dentro de você.

Envolvida pela paz do ambiente, Cassandra disse:

— Podemos começar.

De olhos fechados, ela o ouviu murmurar uma prece conhecida. Não sabia inteira, mas algumas frases lhe eram familiares.

Quando fechou os olhos, Cassandra não sabia se estava acordada ou sonhando. Só percebia a música.

A julgar pelas roupas dos personagens que apareciam na tela de sua mente, pelos móveis e pelo tipo de construção das casas, tudo indicava que a história se passava quase cem anos atrás.

Capítulo 24

no de 1895.

O Brasil acabara de eleger Prudente de Morais, paulista da cidade de Itu, seu primeiro presidente civil. O momento era de expectativa política, pois esse fato interrompeu o período republicano inicial que ficara conhecido como República da Espada, porque tivera como presidentes os marechais Deodoro da Fonseca e Floriano Peixoto.

Em sua casa, nos arredores do bairro da Luz, perto da estação ferroviária, Ludovico espumava de raiva, gritando histericamente com Mônica, sua mulher, ameaçando agredi-la:

— Você não presta mesmo! Eu já lhe disse mais de mil vezes que não quero esse filho! Trate de dar um jeito nisso, antes que eu tome minhas providências.

— Mas, Ludovico, nós não temos filhos. Todas as pessoas, nossos parentes, nossos amigos, todos nos cobram isso. Já é tempo de agirmos como todos os demais casais!

— Eu pouco estou ligando para os demais casais, muito menos para as opiniões dos amigos e dos parentes. Quem decide a minha vida sou eu! E eu já decidi sobre esse assunto e já tinha lhe avisado mais de uma vez que não quero filhos.

— Eu queria tanto...

— Ah, você queria? Pois vai continuar querendo! Vou lhe falar pela última vez: eu não quero este e nenhum outro filho. E não se fala mais nisso nesta casa!

Mônica já estava no terceiro mês de gravidez. Fizera o possível, mas não havia mais como esconder seu estado. Teve que contar ao marido, mesmo sabendo que ele não queria aquele filho. Ela achava que a informação do fato consumado iria sensibilizá-lo e ele mudaria de ideia.

A reação dele foi pior do que ela imaginava. Mal acabara de contar, foi violentamente esbofeteada pelo companheiro, que urrava de raiva:

— Cadela! Eu já tinha lhe avisado que não queria filhos! Você engravidou de propósito! Agora trate de dar um jeito de tirar isso daí, sua vagabunda!

Depois desse dia, a despeito da violenta reação do marido, ela ainda tentou conversar com ele. Tinha esperança de fazê-lo mudar de ideia. Mas estava inteiramente enganada. A cada tentativa de conversa, ocorriam insultos, com espancamentos e surras, deixando-a com o rosto e o corpo cheios de hematomas.

Mônica sabia que não podia contar com a ajuda de ninguém, nem de seus pais. Ninguém se importava com a vida dos outros, ou talvez ninguém quisesse se envolver nos problemas alheios para não assumir responsabilidades. E ela já sabia que a opinião geral era de que a mulher tem sempre que ser obediente às ordens e aos desejos do marido. A opinião da mulher nunca era levada em conta, conforme a cultura vigente da época.

Foi numa noite de terrível tempestade, em que seu marido chegou encharcado pela água da chuva e totalmente embriagado, que ela teve a ideia: se quisesse ter seu filho, teria que fugir daquele homem! Agora que ele sabia da sua gravidez, iria espancá-la no ventre até provocar o aborto.

"Chega desta vida!", pensou Mônica.

Desde que se casara com Ludovico, sua vida sempre fora uma sucessão de ofensas, maus-tratos e agressões. Na fase da conquista, ele soube envolvê-la com uma sedução irresistível e dava-lhe mostras de que o casamento seria uma eterna lua de mel. Entretanto, tudo fora pura simulação. Somente depois que se casaram, ele revelou esse perfil sádico e perverso. Era viciado em jogos, bebidas e mulheres.

Daí em diante, não tivera um só momento de paz e felicidade. Por isso a decisão de fugir e tentar recomeçar a vida em outras condições, principalmente agora que teria um filho para criar — e ela queria fazê-lo com muita paz e amor.

Preparando-se para a fuga, Mônica percebeu que não poderia carregar consigo muita coisa. Não aguentaria ir muito longe se levasse muito peso. Apanhou no quarto uma pequena maleta de couro onde certamente caberiam algumas peças de roupa, sapatos e outras coisas pequenas de que poderia necessitar durante a viagem.

Com tudo já preparado, ficou esperando a tempestade passar ou, pelo menos, diminuir. Teria tempo para isso, pois no estado de embriaguez em que seu marido se encontrava, sabia, por experiências anteriores, que ele só despertaria quase na hora do almoço do dia seguinte.

Enquanto isso, ficou pensando para onde iria àquela hora da noite. Lembrou-se de uma prima muito querida que morava numa cidade fundada havia pouco tempo, chamada Cachoeira Paulista, situada perto de Guaratinguetá, a menos de duzentos quilômetros da capital. Havia um trem da Central do Brasil que ia até lá.

Passaria o resto da noite na estação, cochilaria um pouco num dos bancos usados para espera e seguiria viagem no primeiro trem que saísse para lá. Ludovico nunca descobriria seu paradeiro, pois ele não se dava bem com sua família — portanto, não iria fazer perguntas a seus pais — nem conhecia essa sua prima.

———

Na mente de Cassandra apareceu Mônica quase adormecida, recostada num dos bancos de madeira da estação, acariciando com carinho sua barriga já com uma pequena proeminência denunciando seu estado. Estava evidente que ela já amava o filho que ia nascer.

———

Mônica conseguiu dormir um pouco no trem, enquanto ele cortava a distância que separava a capital da cidade de Cachoeira Paulista.

Já amanhecia quando o trem chegou à cidade. Com o endereço escrito num papel, Mônica teve que se informar várias vezes com transeuntes para descobrir onde ficava a rua em que sua prima morava.

Quando finalmente localizou a casa, sua prima ainda estava dormindo, mas foi com sincera alegria que a recebeu, abraçando-a carinhosamente.

Enquanto saboreavam um típico café da manhã do interior, com bastante leite puro, muitas frutas, queijo e iguarias de milho, Mônica contava sua história. Para seu alívio, a prima lhe deu inteira razão:

— Você fez muito bem em fugir e principalmente em vir para cá. Aqui ele nunca vai encontrá-la. E você logo achará um emprego para poder criar seu filho com tranquilidade. A cidade é nova, é muito boa para se viver, pois está cheia de oportunidades de trabalho.

E, de fato, esforçada como era, Mônica em pouco tempo conseguiu um emprego. Ela trabalhou como auxiliar de um armazém até o dia em que precisou se afastar para dar à luz seu filho.

Nasceu uma linda menina, que foi chamada de Cassandra. Em seus primeiros anos de vida, a garotinha recebeu todo amor e dedicação da mãe.

Quando sua filha completou cinco anos de idade, Mônica já morava em sua própria casa, alugada de um amigo da prima que a acolhera com tanto carinho quando chegou à cidade.

Fazia muito tempo que Mônica não se sentia tão tranquila e feliz. Trabalhava muito, era verdade, mas ganhava o suficiente para dar a si e a sua filha um padrão de vida simples, em que nada faltava, principalmente amor. Inclusive, tinha condições de pagar a uma moça para cuidar de Cassandra enquanto ela estivesse ausente.

Infelizmente, nesse mesmo ano, a tristeza e a dor voltariam a atacar Mônica. Numa noite fria, alguém bateu à sua porta.

Acostumada a receber visitas de amigos do bairro para conversas descontraídas, ela abriu a porta sem receios. Para sua surpresa, susto e medo, deu de cara com o sorriso perverso e sarcástico de Ludovico, seu infame marido, que conseguira encontrá-la — certamente à custa de informantes remunerados. Ele entrou na casa empurrando-a grosseiramente e fazendo-a cair.

A pequena Cassandra, que se preparava para dormir, assustou-se com aquela cena brutal e pôs-se a chorar. Quando Mônica correu para defendê-la, foi novamente empurrada e, dessa vez, também chutada ao cair no chão.

Os olhinhos da criança não entendiam o que estava se passando ali, mas sabia que aquele homem era mau e sua mãe estava sofrendo. Isso era o bastante para fazê-la chorar e gritar desesperadamente.

— Pensou que escaparia de mim, não foi, sua vagabunda? Ninguém escapa de mim. Ninguém me larga e fica impune. E eu não lhe avisei que não queria um filho? E ainda mais uma menina, para ser vadia como a mãe!

E assim, esbravejando e insultando Mônica, que já estava sangrando em várias partes do corpo, o infame levantou a pequena Cassandra pelo pescoço, fazendo seu rostinho ficar quase roxo pela falta de ar.

Vendo aquela cena com sua filhinha, o coração de mãe falou alto e deu a Mônica uma coragem que nunca tivera na vida: avançou raivosamente contra Ludovico e começou a agredi-lo, gritando:

— Cachorro! Largue a minha filhinha, seu miserável!

De forma estúpida, ele jogou a criança no chão. Mônica debruçou-se sobre a pequena Cassandra. Mãe e filha se abraçaram, desesperadas, gritando e chorando. Ludovico puxou violentamente a menina por um braço e jogou-a contra a parede:

— Saia daí, sua fedelha, minha conversa é com sua mãe!

Depois voltou-se para Mônica e levantou-a pelo pescoço, erguendo-a do chão. Era um brutamontes alto e forte, o que lhe permitia essas ações covardes.

Suspensa no ar pela garganta, Mônica sentiu faltar-lhe ar para respirar e começou a ficar sem fôlego. Ludovico gargalhava sadicamente ao mesmo tempo em que lhe dirigia palavras indecorosas. A pequena Cassandra, agarrada às pernas daquele monstro, sem saber que se tratava de seu pai, chorava e pedia-lhe aos prantos para largar sua mãe.

Sufocada pela mão forte de Ludovico em seu pescoço, em poucos instantes Mônica parou de mexer o corpo. Soltou um último grito engasgado e desesperado, e deixou pender os braços. Ela já não pertencia a este mundo, para aflição de sua filhinha que continuava chorando e gritando desesperadamente.

Ludovico largou o corpo inerte de Mônica no chão como quem se livra de um saco de batatas. Pegou a criança estupidamente por um braço e saiu com ela porta afora.

Naquela mesma noite, a pequena Cassandra foi levada de volta à capital e entregue a uma alcoviteira, dona de um bordel, amante de Ludovico.

Foi ali, naquele ambiente promíscuo e devasso, servindo de empregada para homens e mulheres, que Cassandra passou sua infância e parte de sua adolescência. Muitas vezes foi violentada pelos pervertidos frequentadores do prostíbulo, outras vezes foi agredida e humilhada pelas prostitutas.

Mal viu o tempo passar. Certa noite, quando estava com quinze anos, acordou com uma terrível gritaria e barulho de coisas quebrando, como numa pancadaria generalizada, depois ouviu vários tiros. Entreabriu com cuidado a porta do seu quarto e percebeu que todos ali, homens e mulheres, estavam agora em silêncio, assustados com alguma coisa que havia acontecido.

Cassandra ainda conseguiu ver um homem sair da casa correndo com uma arma de fogo na mão. O corpo de Ludovico jazia inerte sobre uma das mesas, com muito sangue cobrindo-lhe o rosto e o peito, na altura do coração.

O MISTÉRIO DO REENCONTRO

Houve um princípio de tumulto, com algumas pessoas querendo ir atrás daquele indivíduo que estava armado e outras tentando impedi-las, gritando que era perigoso perseguir o assassino.

Prevendo que coisas ruins aconteceriam ali depois daquele fato, e desejosa de se livrar daquele ambiente havia muito tempo, Cassandra aproveitou a confusão para fugir pela porta dos fundos, apenas com a roupa do corpo, um vestido esfarrapado que pusera apressadamente no lugar da camisola. Uma nova etapa da vida de Cassandra começaria a partir dali, mas não melhor que a anterior.

Quando se encontrava na rua, após fugir do bordel, foi reconhecida por um frequentador do prostíbulo, que se prontificou a acolhê-la, pagando o aluguel de um pequeno quarto para ela em troca de favores sexuais. Ou seja, fugira de pessoas infames para cair nas garras de outra semelhante.

Apesar de tudo, Cassandra viveu com esse homem alguns anos, até que ele decidiu começar a "emprestá-la" a amigos em troca de dinheiro. Como Cassandra, apesar da vida sofrida, era jovem e bonita, o cafetão ganhou muito dinheiro à custa dela.

Durante todo esse lamentável período, ela engravidou quatro vezes. E em todas elas ou foi forçada a tirar o bebê, ou sofreu aborto provocado pelas agressões de seus amantes, que não queriam comprometer suas vidas de casados com a paternidade fora de casa.

Envolvida na promiscuidade, depois de passar por vários homens e ter se entregado a diversos tipos de vícios, Cassandra adquiriu infecções e doenças venéreas e ainda submeteu-se a algumas cirurgias malfeitas, incapacitando-a para ter filhos.

Já se aproximando dos trinta anos de idade, conheceu Igor, filho único do senhor Horácio, um abastado empresário, dono de vários imóveis, casado com uma bondosa senhora chamada Julieta.

A luxúria e a ambição aproximaram Igor e Cassandra. Para Igor, era cômodo manter uma relação estável com Cassandra, pois ele detestava crianças, e o fato de ela ser infértil vinha a calhar. Para Cassandra, aquela união representava estabilidade e conforto material.

No entanto, passados poucos meses desde que estavam juntos, Igor mostrou seu verdadeiro caráter: cruel, violento, egoísta, devasso. Um perfil muito parecido com o de Ludovico, pai de Cassandra e assassino de sua mãe.

Com menos de um ano de vida em comum, ele já a estava agredindo e humilhando. Apesar de todo sofrimento, Cassandra conseguia suportar aquela vida triste e desregrada. Mas, dentro de pouco tempo, a situação mudaria radicalmente.

———

Tobias tocou-lhe a testa. Cassandra abriu os olhos lentamente e não conseguiu dizer uma só palavra. Muitos sentimentos fermentavam dentro dela: um tanto de autopiedade pelo muito que sofrera, outro tanto de ódio contra Ludovico e Igor, e muito, muito amor por sua mãe, Mônica. Todo esse turbilhão eclodiu numa intensa crise de choro. Seu guia, Tobias, consolou-a:

— Cassandra, eu sei que não é fácil rever as terríveis cenas pelas quais passou nesta última encarnação. Mas é importante para realizar uma reavaliação daquilo que fez com esse dom precioso dado por Deus, que é a vida. Muitas vezes, como no seu caso, é doloroso.

Como ela ainda estava inconsolável, Tobias continuou falando serenamente:

— O importante, Cassandra, é que você tire lições do que acabou de ver para que, quando puder retornar à Terra, faça escolhas mais acertadas.

Cassandra levantou os olhos molhados.

— Pelo que vi até agora, não tenho dúvidas de que assistirei a mais barbaridades. Mas não devo deixar de relembrá-las. Afinal, é a história da minha vida. Eu faço parte disso tudo, goste ou não.

— Está bem. Sei que vai lhe causar desconforto, mas será para seu proveito. Grande parte das pessoas só descobre a bondade que tem dentro de si depois que toma consciência dos atos praticados. Vamos em frente.

Cassandra se acomodou melhor no sofá e preparou-se. Sabia que a pior parte estava por vir. Segurou nas mãos de Tobias e fechou os olhos.

Capítulo 25

orria o ano de 1926. O cenário político do Brasil continuava conturbado. Washington Luís acabara de assumir a Presidência da República, sucedendo a Arthur Bernardes, cuja gestão fora marcada por uma forte instabilidade política que resultara em várias conspirações e rebeliões civis e militares.

O clima geral no país era de intranquilidade, registrando-se constantes conflitos armados, principalmente no interior.

Washington Luís, que, apesar de nascido no Rio de Janeiro, sempre foi politicamente atuante em São Paulo, assumia o cargo em meio a graves problemas de ordem econômica e política.

Havia alguns anos, as oligarquias republicana e dos cafeicultores estavam em choque. Elas divergiam radicalmente quanto às diretrizes do governo.

Apesar de tudo, em São Paulo havia um acentuado crescimento do setor fabril, a ponto de surgir uma verdadeira burguesia industrial, com enorme influência e força econômica.

Quem dispunha de algum recurso financeiro tinha uma excelente oportunidade para investir na indústria ou na cafeicultura.

Igor, graças a seu pai, fazia parte dessa burguesia, mas suas vocações e seus interesses nada tinham a ver com fábricas ou plantações de café. Para os que criticavam seu estilo de vida irresponsável, ele retrucava: "Do jeito que está a política, não adianta iniciar nenhum negócio sério neste país"[9]. Com essa justificativa, ele procurava disfarçar e esconder as ideias que havia tempos vinha alimentando em segredo.

Certo dia, Igor entrou no escritório de seu pai abruptamente, sem bater na porta e sem se fazer anunciar.

Como fazia todos os dias àquela hora, o senhor Horácio estava despachando o expediente de trabalho e ditava uma carta comercial para Rosália, seu braço direito na administração dos negócios imobiliários. Ele olhou para o filho com evidente contrariedade, pois a súbita interrupção cortara sua linha de raciocínio com relação àquilo que ditava para sua assistente.

— Pai, por favor, preciso lhe falar agora!

— Mas que modos são estes, meu filho? Não vê que estou ocupado? Não podia esperar um pouco em vez de nos interromper?

— Acontece que o que quero lhe falar é muito urgente, pai.

— Para você as coisas são sempre urgentes, filho. Você precisa lembrar que as outras pessoas também têm suas urgências e prioridades.

Igor era mesmo desaforado. Não gostou dessas advertências do pai, ainda que fossem justas:

— Sem sermão, por favor! Já não estou com muita paciência e o senhor ainda me vem com sermão moralista? — e assim falando, sentou-se e pôs os pés sobre a mesa de trabalho do pai.

---

9 Embora falsa e mentirosa, a argumentação do personagem tem um fundamento real. A situação política e social do país era extremamente confusa e instável. O mandato do presidente Washington Luís foi interrompido pelo movimento revolucionário de 1930; formou-se uma junta militar e transferiram o poder a Getúlio Vargas.

Rosália retirou-se indignada, porém tomou uma decisão inesperada e não comum a seus hábitos: resolveu ficar ouvindo a conversa atrás da porta. Não se sentia bem fazendo aquilo, mas tinha quase certeza de que Igor iria enganar, mais uma vez, o senhor Horácio.

Diante da atitude mal-educada do filho, Horácio balançou a cabeça negativamente:

— Às vezes tenho a impressão de que um dos seus maiores prazeres é irritar seu velho pai...

O filho respondeu com provocadora ironia:

— O senhor se irrita muito facilmente, pai. É preciso aprender a levar a vida menos a sério.

— Se eu tivesse levado a vida menos a sério, como você faz, você não teria o conforto, as regalias e os privilégios que tem hoje. Muito menos o dinheiro, que você gasta excessivamente e sem o menor critério. E tudo isso sem precisar trabalhar.

— Lá vem o senhor de novo com sermão.

— Mas que sermão, meu filho? Você já vai fazer trinta anos e nunca trabalhou na vida! É um absurdo. Mal completou o ensino elementar. É isso que você chama de levar a vida menos a sério? Pois, para mim, não passa de imaturidade e irresponsabilidade.

Igor não levava mesmo o pai a sério:

— Ora, pai, veja o lado bom das coisas. Pelo menos o senhor tem um filho com muita saúde!

— Graças a Deus! Pelo menos isso. O problema é que essa saúde está se esvaindo em noitadas com mulheres, jogos, bebidas e sabe-se lá mais com quê.

Agora, o sorriso de Igor era explicitamente cínico:

— Pois nem queira saber.

— E você ainda ironiza? Quantas vezes terei que mandar buscá-lo por estar quase em coma alcoólico pelos bordéis ou desacordado nas ruas? Quantos advogados vou ter que continuar pagando para tirá-lo da cadeia e das confusões? Ah, que falta faz uma mãe.

— O que é que minha falecida mãe tem a ver com isso?

— Julieta certamente me ajudaria a tentar lhe impor limites.

— Conversa fiada, pai. Se ela estivesse viva, seria apenas mais uma pessoa a me dar sermão.

A falta de respeito de Igor para com a memória da mãe era tanta que Horácio não tinha mais forças nem disposição para ralhar com o filho. Seu semblante e suas palavras demonstravam enorme desânimo. Já estava cansado de tentar fazer o filho tomar juízo:

— Meu filho, que você me aborreça e me decepcione, tudo bem, mas pelo menos respeite a memória de sua mãe, que foi uma santa mulher.

— Bem, pai, essa conversa está ficando muito chata. Vamos falar de negócios. Eu vim aqui para lhe dar uma boa notícia e o senhor me recebe dando bronca!

Por mais que tentasse acreditar no filho, o ceticismo e a desconfiança estavam estampados no rosto do velho pai:

— Que boa notícia é essa?

Igor falava como se tivesse descoberto a pólvora:

— Arranjei um trabalho, uma maneira fácil e lucrativa de ganhar dinheiro.

Horácio balançou negativamente a cabeça:

— Você me desculpe, meu filho, mas não posso levar a sério suas palavras. Primeiro, porque você não tem experiência em negócio algum. E, segundo, porque não existe trabalho fácil e lucrativo. Pelo menos dentro da Lei.

— Ah, não? Tem certeza? Pois eu vou lhe provar que existe.

— Estou ouvindo.

— Sabe o casarão repleto de fedelhos?

— Você está falando do abrigo das crianças?

— Se é assim que o senhor o chama, é lá mesmo.

— Nós o chamamos assim porque de fato é um lar para crianças e adolescentes abandonados. É um verdadeiro abrigo para eles, um verdadeiro lar, e já funciona há mais de um ano.

— Pois então está na hora de acabar com aquilo.

Horácio levou um susto, sem acreditar no que ouvira:

— O quê? Acabar com o abrigo dos meninos? Você está louco? Perdeu o juízo? Aquilo nasceu de um sonho de sua mãe, um pedido feito em seu leito de morte.

— Pois então, pai. Ela sonhou, mas já morreu. Então o sonho não serve mais para nada.

Horácio estava vermelho de indignação:

— Como não serve para nada, criatura? Está dando casa, comida, educação e trabalho para vinte meninos que viviam na rua! Garotos que não tinham saúde, educação nem futuro. E a Rosália está administrando muito bem, atendendo ao apelo da sua mãe, transformando seu sonho em realidade. Aquela casa serve para muita coisa, sim, moço. Serve para ajudar pequenos seres humanos a viver com dignidade, preparando-os para serem futuros cidadãos e profissionais.

Mesmo diante da revolta do pai, Igor não parou de ironizar:

— Quem ouve o senhor falando assim pensa que é candidato a algum cargo político.

Horácio continuava irritado:

— Não sou nem jamais serei candidato a nada. Meu cargo político é continuar sendo um cidadão generoso, ético e honesto.

Agora era Igor quem mostrava ter perdido a paciência, e retrucou de forma desaforada:

— Esse assunto é ultrapassado, pertence ao passado. A verdade é que eu preciso daquele casarão para instalar meu negócio. O senhor tem me cobrado tanto trabalhar e ganhar dinheiro! Todo dia é essa ladainha! Pois agora surgiu a oportunidade de satisfazer sua vontade. Mas, se o senhor não quiser me ajudar, continuarei levando a vida do mesmo jeito. Para mim está muito bom do jeito que está. O senhor é quem decide.

Mesmo indignado, Horácio pensou um pouco. Concluiu que não custava ouvir o que o filho tinha a dizer. Certamente não seria nada que tivesse proveito, mas enfim... Baixou o tom de voz:

— O que você tem em mente?

Vendo o pai aparentemente acalmar-se, Igor sentiu-se forte, percebendo que ganhara um ponto na discussão:

— Primeiro, preciso daquele casarão vazio. Só depois disso é que instalarei meu negócio juntamente com uma sócia, a Cassandra.

— Quem é essa mulher? Eu a conheço? É de confiança?

— O senhor não a conhece nem precisa conhecê-la, meu pai. E é de muita confiança, sim. Será minha sócia num negócio no qual ela já tem muita experiência.

— E que negócio será esse?

— Por enquanto não posso revelar. É segredo profissional. E além disso quero lhe fazer uma surpresa.

Horácio levantou-se e deu umas voltas pela sala enquanto refletia sobre a proposta do filho. Não confiava na capacidade dele de levar adiante o que quer que fosse, mas também não gostaria de ser acusado de não ajudar o filho em sua primeira tentativa de levar a vida a sério. O problema é que ele estava num grande conflito:

— Não posso acabar com o abrigo das crianças.

Rosália continuava acompanhando toda a conversa mantendo o ouvido colado à porta. E, mesmo sem saber que tipo de negócio Igor tinha em mente, chorava de indignação por sua intenção de fechar o abrigo dos meninos.

Percebendo o conflito do pai, Igor tentava ser persuasivo:

— Meu pai, o senhor não precisa acabar com o abrigo dos garotos. Eu me encarregarei pessoalmente de transferi-los para outro lugar. O senhor tem duas casas no centro da cidade. Transferiremos o abrigo para uma delas e então eu montarei meu negócio no casarão.

— E por que você não faz o inverso? Veja dentre os imóveis o que lhe serve, instale lá o seu negócio e deixe o casarão em paz.

— Pai, não complique as coisas. Preciso de muito espaço, e o tamanho do casarão me é conveniente, é bastante adequado para o que quero fazer. A localização dele também é favorável ao meu negócio. Tudo o que preciso fazer são umas poucas reformas no casarão para que ele fique em condições de uso para mim.

Horácio não estava seguro de sua decisão em atender o pedido do filho:

— Preciso que me dê sua palavra de que os meninos não ficarão desamparados. Eu já não tenho mais condições físicas nem idade para acompanhar todas essas mudanças. Então, preciso confiar em que você fará tudo conforme estamos conversando.

— Tem a minha palavra. Vai ser minha primeira e grande oportunidade de provar ao senhor que sou capaz de criar e tocar um negócio.

Rosália chorava copiosamente encostada à porta. Sabia que Igor estava enganando o pai, mas não podia fazer nada. Não tinha autorização para interromper a conversa dos patrões e não queria fazer acusações contra o filho do senhor Horácio.

— Agora, para evitar problemas com a Rosália e com qualquer outra pessoa que queira se intrometer, eu preciso que o senhor fale com seus advogados para passar a escritura daquele casarão para o meu nome. Afinal de contas, sou mesmo seu único herdeiro, não é? Essa providência facilitaria e agilizaria bastante as coisas.

Horácio ainda estava um pouco relutante:

— Vou pensar nisso tudo, depois tomarei as providências que julgar necessárias.

— Veja lá, pai. Estou contando com a ajuda do senhor. Não vá negar auxílio ao seu único filho, por favor — disse numa súplica fingida.

Igor saiu sorrindo cinicamente. Tão logo se distanciou, Rosália, que se afastara da porta, mas se mantivera nas proximidades, entrou apreensiva no escritório do patrão. Horácio percebeu a preocupação dela:

— O que aconteceu, Rosália? Esteve chorando? Seus olhos estão inchados e vermelhos. Sente-se aí.

— Senhor Horácio, me perdoe, eu não tinha o direito...

— Perdoá-la de quê, Rosália? O que aconteceu? Acalme-se e converse direito comigo.

— Cometi uma grande e imperdoável falta de educação. Mas não pude deixar de acompanhar atrás da porta toda a conversa do senhor com o seu filho. Quando percebi que falavam do abrigo das crianças, não resisti e quis saber do que se tratava.

— Bem, eu a conheço há muito tempo e sei que essa atitude não é do seu feitio, mas entendo a sua preocupação.

— Senhor Horácio, eu não tenho o direito de falar essas coisas, me perdoe dizer isso, mas eu não confio nas boas intenções do seu filho.

Horácio franziu a testa:

— O que você quer dizer, Rosália?

— Ele vai acabar com o abrigo dos meninos!

Horácio respondeu com a intenção de tranquilizar a mulher que se mostrava desesperada; no entanto, ele próprio não tinha muita convicção do que disse:

— Ele não vai acabar com o abrigo, Rosália. Ele vai apenas transferir os meninos para outro lugar.

— Pois é justamente nisso que não confio, senhor Horácio! Uma vez despejadas as crianças, ele não ligará mais para elas.

— Rosália, para evitar isso é que eu conto com você, com sua ajuda. Fique alerta. Eu também estarei atento a todos os passos dele. O que eu não posso é recusar ao meu irresponsável filho a oportunidade de, pela primeira vez na vida, tentar instalar um negócio próprio. Você sabe que o Igor nunca trabalhou, só me trouxe problemas e preocupações a vida toda. Eu não sou eterno, Rosália, preciso dar a ele uma estrutura profissional que lhe permita administrar meus negócios depois que eu me for.

— Sei, contudo...

— Também tenho as minhas desconfianças dele, mas, como pai, fico num terrível dilema. Se eu não ajudá-lo, ele continuará com essa vida corrupta e devassa que tem levado e ainda me acusará de ser o culpado por negar-lhe ajuda. Você me entende? Apesar de tudo, apesar de reconhecer que ele é uma pessoa imatura e irresponsável, eu sou o pai dele perante a lei dos homens e de Deus, e tenho o dever de ajudá-lo.

— Será que ele não poderia instalar o negócio em outro local? O senhor tem mais duas casas, além do casarão.

— Você deve ter ouvido que argumentei isso, mas ele alega que, para o negócio que quer instalar, que ainda não me disse qual será, a localização do casarão é favorável, bem como as dimensões dele. Fiquei sem condições de negar.

Mesmo indignada, Rosália percebeu que não tinha mais como insistir:

— Então, que Deus nos ajude e seu filho honre o que combinou com o senhor. Mas não sossegarei enquanto não vir os meninos bem acomodados em outro local.

— Dará tudo certo, minha amiga. Tudo acabará de um jeito que vai satisfazer a todos: meu filho terá finalmente um negócio próprio, e as crianças ganharão um novo lar.

— Que Deus o ouça, senhor Horácio! Vamos contar com a ajuda da sua finada esposa que está no Céu rezando e torcendo para que tudo dê certo.

— Dará, minha amiga, dará certo.

Propositalmente ele repetiu as palavras de otimismo, mas, na verdade, ele próprio não punha muita fé no que estava afirmando. Afinal, conhecendo a índole do filho, Horácio preferia iludir-se acreditando que Igor estivesse mesmo com boas intenções.

Capítulo 26

Naquela noite, quando o senhor Horácio já havia se recolhido para dormir, o que costumava fazer bem cedo, Igor chamou Rosália em seu escritório, montado num dos maiores aposentos da luxuosa mansão onde morava com o pai.

Rosália sentia um mau pressentimento enquanto se encaminhava para o local. Quando chegou, Igor estava sentado atrás da sua enorme mesa de trabalho, com toda a pompa de quem se sente um rei. A sala que lhe servia de escritório era muito suntuosa, com móveis caros e sofisticados.

— Sente-se — disse Igor assim que Rosália entrou, sem nem mesmo cumprimentá-la.

Atemorizada e submissa, ela se sentou. Ele começou a falar com uma voz metálica e fria, um olhar duro e insensível. Era a autoridade ditatorial personificada:

— Dona Rosália, preste bem atenção no que vou lhe dizer.

— Sim, senhor.

— Meu pai acaba de doar para mim o casarão onde funciona o abrigo dos fedelhos que você teve a brilhante ideia de fazer.

Estava evidente sua ironia ao dizer "brilhante ideia".

— Desculpe, senhor Igor, mas a ideia...

Ele a interrompeu, com cara de enfado:

— Eu sei, eu sei. Foi um sonho da minha mãe. Acontece que ela já morreu — e mais irônico ainda continuou: — Ou você não sabe disso?

— Sim, senhor.

— Como eu dizia, o casarão agora me pertence. Os advogados irão cuidar amanhã mesmo da papelada.

— Sim, senhor — os olhos de Rosália começaram a lacrimejar. Ela fazia o possível para se controlar e não sair correndo dali.

— Agora preste bem atenção. Preciso daquele casarão vazio. Eu disse "vazio", inteiramente vazio, dentro de uma semana.

— Mas, senhor Igor, como?

— Rosália, este não é assunto para discussão. Eu estou lhe dando uma ordem. Quero aquele casarão inteiramente desocupado dentro de uma semana, a contar de amanhã.

— Senhor Igor, o que farei com os garotos? São muitos.

— Isso não me interessa! Pouco me importa o que você fará com os fedelhos. O problema é seu. Eu prometi a meu pai que vou conseguir outro lugar para eles, mas vai levar algum tempo, você sabe como são essas coisas. Ainda terei que procurar o melhor lugar para instalar o novo abrigo. Mas por enquanto não terei tempo para isso, pois preciso inaugurar meu negócio o quanto antes. Vou dedicar todo o meu tempo ao meu negócio. Assim, espero que a senhora cumpra o que estou ordenando e não me decepcione.

Rosália estava trêmula de raiva e indignação, mas não podia demonstrar. No fundo, assim como os demais empregados, ela tinha medo das reações do filho do senhor Horácio quando contrariado:

— Sim, senhor.

— Até porque, depois deste prazo, chegarão lá os novos móveis e os trabalhadores para fazerem algumas reformas, pinturas e adaptações no casarão. Portanto, a essa altura, o casarão já deverá estar inteiramente desocupado.

— Sim, senhor. Posso me retirar?

— Ainda não, tem mais uma coisa.

— Sim, senhor.

— A senhora sabe que meu pai é um homem velho, um senhor de idade avançada. Além disso, tem a saúde bastante frágil e muitos negócios para cuidar. Apesar de tudo, ele faz questão de pessoalmente tomar conta das suas coisas. Isso é problema dele. Mas eu não quero ser acusado de piorar sua saúde. Não quero ser culpado se algo acontecer a ele.

Rosália ainda não tinha percebido aonde Igor queria chegar com aquela conversa:

— O que é isso, senhor Igor? Deus nos livre de o senhor Horácio ter algum problema de saúde mais sério!

— Justamente por isso vou prevenir a senhora: ele não poderá saber de nada do que estará acontecendo com o casarão, nem com os meus negócios. Este é um assunto entre mim, a senhora e minha sócia, Cassandra, que depois lhe apresentarei. A senhora me entendeu bem?

— Sim, senhor.

— Mas vou repetir para não ocorrer falhas: meu pai não poderá ter conhecimento desta nossa conversa nem poderá saber de nada a respeito do andamento das coisas relativas ao casarão e aos meus negócios. Estamos entendidos?

— Sim, senhor.

— A senhora ainda tem alguma dúvida ou alguma pergunta a fazer?

— Não, senhor.

O MISTÉRIO DO REENCONTRO

— Então, peço-lhe que avise aos fedelhos que esta é a última semana em que dormirão lá. Ou a senhora prefere que eu mesmo faça isso?

— Vai usar uma das casas no centro da cidade?

— Ambas estão com inquilino. O processo vai demorar um pouco. Mas tudo vai se ajeitar — mentiu.

— Eu mesma falarei com eles. Senhor Igor, pelo amor de Deus, dê-me algum tempo para conseguir outro lugar para eles ficarem até o senhor conseguir que o inquilino deixe o imóvel. Em uma semana será difícil conseguir um lugar.

Igor já mostrava sinais de impaciência e levantou a voz:

— Uma semana! Nem um dia a mais! A senhora pode ir.

Rosália saiu correndo e trancou-se no quarto que usava quando precisava pernoitar na mansão do senhor Horácio. Na verdade, se dependesse de sua vontade, dormiria sempre no abrigo, com os garotos. Mas, devido à idade e à saúde precária do senhor Horácio, tinha que dormir algumas noites na mansão. Por isso mesmo fora contratado Severino, que se mostrava responsável, disciplinado e com muita disposição para trabalhar, embora ainda bem garoto.

Rosália entrou rapidamente no quarto e desabou na cama chorando copiosamente. Para ela, era como se o mundo estivesse caindo sobre sua cabeça.

Enquanto chorava, veio à sua mente o pensamento de que já devia estar acostumada com esses acontecimentos. Toda sua vida fora uma sucessão de decepções e frustrações.

Para começar, não conhecera seus pais. Filha de mãe solteira, seu pai sumiu logo que soube que engravidara a filha da vizinha. Vendo-se abandonada pelo homem que julgava amá-la e rejeitada pelos pais que não admitiam aquela desonra na família, a mãe de Rosália a deixou, tão logo nascera, na porta da casa de uma família supostamente abastada e desapareceu no mundo.

A família que a acolheu era formada por nobres falidos. De riqueza, só tinham a imagem, que, à custa de simulações, faziam questão de preservar por puro orgulho. Por isso, seus membros não gostaram nem um pouco daquele "presente" que só contribuiria para aumentar as despesas.

De qualquer forma, para alimentar a imagem de generosos, criaram Rosália até ela atingir a adolescência. Mas a partir dos oito ou nove anos passaram a tratá-la como empregada doméstica, não como pessoa da família. Pediam-lhe que realizasse tarefas que estavam muito além da sua capacidade, tendo em vista sua pouca idade.

Aos quinze anos, para escapar de um membro da família que a assediava constantemente e, diante de suas recusas, passou a ameaçá-la para que cedesse às suas vontades libidinosas, Rosália resolveu fugiu para outra cidade. Lá, conseguiu refúgio no albergue que abrigava pessoas que não tinham onde dormir.

O ambiente era promíscuo e aterrador: homens e mulheres embriagados apareciam com frequência, perturbando a paz e a harmonia que deveria existir no ambiente.

Perto de completar dezoito anos, Rosália foi obrigada pelo administrador do albergue a mendigar para obter dinheiro para se sustentar, mas na verdade ele ficava com tudo que ela conseguia ganhar. Foi um período de muita humilhação e constrangimento.

Numa noite chuvosa, abatida, ela se sentou num batente e recostou-se a uma porta para descansar um pouco e abrigar-se do aguaceiro. Seu cansaço era tamanho

O MISTÉRIO DO REENCONTRO

que acabou adormecendo, apesar do frio que sentia provocado pelas roupas molhadas.

Rosália não percebeu que se recostara na entrada de uma residência. Depois de algum tempo, ela foi delicadamente despertada por uma voz feminina e uma mão que, com suavidade, movimentava seu ombro, sacudindo-o de leve para que despertasse:

— Ei, moça, acorde!

Aos poucos, Rosália foi abrindo os olhos e viu um casal à sua frente, inclinado sobre ela, chamando-a baixinho.

— Moça, pode nos deixar passar? — perguntou a voz com delicadeza.

Só então Rosália percebeu que adormecera recostada à porta de entrada de uma residência e aquele casal devia morar ali. Assustada e constrangida, ela se levantou rapidamente, desculpando-se:

— Por favor, me desculpem, adormeci sem querer. Não percebi que era uma residência.

Ela viu que se tratava de um casal já maduro, parecendo pessoas boas e educadas. O homem falou com suavidade:

— Não precisa se desculpar, moça. Está tudo bem. Você devia estar tão cansada que nem notou que aqui era uma residência. Nós apenas queremos entrar.

Ela deu passagem para eles, indo para a calçada. A chuva já tinha passado, mas ela continuava sentindo frio, pois sua roupa ainda estava úmida.

O homem já havia aberto a porta, mas, antes de entrar, o casal parou e voltou-se para Rosália. Ele perguntou:

— Onde você mora? Nós podemos levá-la para casa. Já é muito tarde para uma mocinha andar sozinha na rua, ainda mais numa noite chuvosa dessas. Onde você mora? — repetiu.

Ela achou que devia falar a verdade, até para justificar estar dormindo na rua:

— Eu... eu não tenho casa...

A mulher pareceu chocada:

— Como não tem casa, minha filha? — e foi também para a calçada, acompanhada pelo marido. — O que você quer dizer com "eu não tenho casa"?

— Eu... durmo num albergue para mendigos.

— Então você é pedinte, nessa idade? — quis saber o homem.

Rosália retrucou com veemência:

— Não, senhor! Não sou pedinte! Sou forçada a fazer isso para garantir minha vaga no albergue.

O homem mostrou-se indignado:

— Mas como? Isso está errado! Nenhum pedinte precisa pagar para pernoitar num albergue!

A mulher pôs a mão delicadamente no ombro de Rosália e perguntou:

— Onde estão seus pais? Eles sabem da sua situação?

— Não tenho pais, fui abandonada por eles ainda bebê. Para mim, eles já morreram.

A mulher e o homem se entreolharam e pareceu trocarem alguma mensagem em silêncio. A mulher pegou suavemente no braço de Rosália:

— Venha, minha filha, vamos sair deste frio. Ele não faz bem à saúde. Estou vendo que sua roupa está toda molhada. Venha tomar um banho quente e depois uma sopa. Assim você vai se aquecer.

Ela olhou desconfiada para o casal. O que eles ganhariam com aquela atitude? Seria bondade mesmo ou mais uma armadilha de aproveitadores? A vida lhe ensinara essa prevenção paranoica, essa tendência a desconfiar de todas as pessoas. Mas, concluindo que não tinha nada a perder, deixou-se conduzir pela senhora e subiu as escadas do terraço. O homem as acompanhou.

Foi assim que Rosália conheceu o senhor Horácio e sua admirável esposa, dona Julieta.

Capítulo 27

Como a mulher prometera, Rosália tomou um delicioso banho quente de banheira e depois degustou uma sopa fumegante. Vestiu uma roupa limpa que ela lhe emprestou e ficou olhando para o casal, pensando: "Meu Deus, isso está acontecendo de verdade? Ainda existem pessoas assim? Ou daqui a pouco vou me decepcionar com eles, como aconteceu em tantas ocasiões com outras pessoas que também pareciam boas, mas eram aproveitadoras?".

Os três passaram boa parte da noite conversando, ali mesmo na mesa onde fora servido o jantar. Movida por uma coragem que ela não sabia de onde tirara, Rosália relatou todo o seu drama, toda a história da sua vida.

No final, tanto o senhor Horácio quanto dona Julieta estavam discretamente enxugando as lágrimas. Comovidos, eles disseram a ela que poderia pernoitar ali aquela noite, sem precisar pagar nada.

O tempo se encarregou de mostrar a Rosália que naquela noite acontecera um milagre em sua vida. O senhor Horácio e dona Julieta eram pessoas boníssimas, piedosas e de grande coração.

No dia seguinte, voltaram a conversar e eles disseram-lhe que haviam pensado muito na situação dela e haviam decidido que, se ela concordasse, poderia ficar ali com eles pelo tempo que quisesse, pois viviam naquela enorme casa apenas na companhia de um filho, Igor, ainda muito pequeno. Ela poderia ajudar dona Julieta na manutenção e limpeza da casa, bem como nos cuidados com a criança. Em troca, lhe pagariam um salário.

Ela aceitou morar com eles, com a condição de nada receber em troca pelos seus serviços, mas Horácio insistiu e recomendou que ela fosse guardando o dinheiro para necessidades futuras. Em poucos meses Rosália passou a ser praticamente um membro da família.

Com o passar dos anos, o senhor Horácio evoluiu muito nos negócios, tanto que puderam se mudar para uma mansão, onde ele montou seu escritório num dos vários quartos. E, pela primeira vez na vida, Rosália teve um aposento só seu para dormir.

Quando, anos depois, a saúde de dona Julieta mostrou sinais de fraqueza, ela externou seu sonho de criar um lar, um abrigo para crianças e jovens abandonados, pois o episódio que resultara no encontro com Rosália tinha-a sensibilizado muito. Agora que seu marido estava em ótimas condições financeiras, poderia fazer a sua parte para proteger esses pequenos seres humanos abandonados, como Rosália.

Dona Julieta convenceu seu marido a comprar um casarão e ali instalar um abrigo para meninos. Por ser uma pessoa altamente confiável para eles, Rosália foi escolhida para administrar o abrigo, o que a deixou muito feliz.

O único ponto de contrariedade do casal e da própria Rosália era Igor, o filho deles. Tornara-se um adolescente e depois um rapaz muito rebelde, malcriado, irresponsável e mulherengo. Muitas vezes Rosália viu o velho Horácio tentar convencer o filho a estudar e a trabalhar, mas as respostas eram sempre cínicas ou irônicas. Nem o agravamento da saúde da mãe fez Igor tornar-se mais atencioso com ela, parecendo não se importar com seu estado.

Quando dona Julieta morreu, Rosália chorou como se tivesse perdido sua própria mãe. Ela estava presente quando a velha senhora dirigiu suas últimas palavras ao marido:

— Querido, não deixe de fazer o abrigo para as crianças desamparadas. E lembre-se de que eu sempre te amei e sempre te amarei, mesmo depois que eu me for para os braços de Deus.

Foi com essas palavras que dona Julieta seguiu para o mundo espiritual, onde devia ter sido recebida com muito carinho, segundo Rosália acreditava.

E agora ali estava ela, chorando, testemunhando a covardia e a falta de caráter do filho do senhor Horácio e de dona Julieta, duas pessoas cuja bondade tinha sido a marca registrada de suas vidas.

Por mais que sentisse a ausência de dona Julieta, Rosália agradecia a Deus pela bondosa senhora não estar viva para presenciar aquela infâmia, o que a faria sofrer muito. Rosália tinha certeza de que seu filho não iria cumprir com nada do que prometera ao pai.

O que mais lhe doía no coração, além do fechamento do abrigo, era o fato de que ela própria deveria fazer a comunicação aos meninos. Por mais difícil que fosse, ela preferiu assim, porque teria sido um desastre se o aviso fosse dado por Igor, com toda a estupidez que ele seria capaz de usar. Com certeza, ele faria questão de humilhar ainda mais os garotos, além de expulsá-los com requintes de sadismo.

Sabia que precisava se refazer para dar a triste notícia aos garotos quando eles se preparassem para dormir.

——

Como Rosália já previa, foi uma choradeira geral quando ela comunicou aos garotos o fechamento do abrigo. Ela fez de tudo para usar palavras suaves e tentar justificar a decisão. Deixou bem claro que se tratava de uma decisão de Igor, que passara a ser o novo dono do casarão, e não do senhor Horácio, que só concordara porque não tinha condições de, ele próprio, encontrar outra solução. Mas não adiantou. Os meninos choravam não apenas pela perda do lar, mas pela perda do carinho, do amor, do aconchego, da proteção e dos amigos.

Rosália começou a passar mal vendo a decepção, o medo e o sofrimento estampados nas feições dos meninos. De repente ouviram alguém dizer:

— Eu gostaria de falar umas coisas para todos vocês.

Rosália procurou ver de onde vinha a vozinha que se destacava no meio dos lamentos. Era Otávio, um inteligente e sensível garoto que, por isso mesmo, atuava como uma espécie de líder deles. Enquanto os outros permaneciam sentados, conforme Rosália pedira antes de lhes dar a informação, ele se levantou e apontou com o braço para cima, o dedo indicador pedindo a palavra. Insistiu, enquanto se fazia silêncio na sala:

— Posso falar?

Ela ficou surpresa com o ar sério no semblante do garoto. Até parecia um pequeno adulto:

— Oh, Tavinho — era assim que Otávio era chamado por Rosália e pelos demais colegas —, claro que pode falar, meu filho.

— Eu estou muito triste com esta notícia e sei que todos aqui também estão. Esta casa era o nosso abrigo das tempestades, do frio e dos perigos da rua. Mas alguém com mais força que nós tomou essa decisão. Sabemos que a decisão não foi da senhora, dona Rosália, que é a nossa mãe de verdade — nesse momento o próprio Tavinho se emocionou, contagiando os demais. Parou um pouco para se refazer e continuou: — Também sabemos que não foi do senhor Horácio, pois ele sempre quis que este abrigo existisse para atender um sonho da sua falecida esposa, dona Julieta. Sabemos que a decisão foi do seu filho, o senhor Igor. Não entendemos os motivos dele para fazer isso conosco, mas só nos cabe respeitar essa decisão, por mais que ela nos faça sofrer.

Rosália estava abismada com a maneira como aquele menino se expressava. Levava jeito de gente grande. Ela não o imaginava tão inteligente. Parecia até inspirado por forças divinas de inspiração.

Tavinho continuou:

— O que eu gostaria de dizer é o seguinte: todos nós agradecemos muito o amor e a proteção que tivemos aqui durante este tempo. E confiamos que Deus nos fará encontrar um caminho que nos dê amparo. Que ninguém aqui se entregue à tristeza. Vamos arrumar as nossas coisas e enfrentar o mundo a partir de agora. Dona Rosália, preocupe-se apenas com os menores. Nós, os maiores, saberemos nos defender, seremos uma preocupação a menos. Cuide dos pequenininhos. Um dia, quem sabe, a gente pode voltar a se encontrar.

Rosália não se conteve e correu para abraçar Tavinho. Os outros garotos também se amontoaram num abraço coletivo de consternação, além de muita solidariedade e amizade.

Na semana seguinte já não havia mais nada dos meninos no casarão. Tavinho foi o último a sair, como se fosse um pequeno comandante de um navio que está prestes a naufragar. Deu mais um carinhoso abraço em Rosália, choraram juntos mais uma vez, mas era visível que o menino queria se fazer de forte. Afastou-se da mulher, enxugou o rosto com a palma das mãos e disse baixinho para ela:

— Adeus, mãe Rosália. Deus lhe pague e proteja. A senhora merece o melhor, pelo bondoso coração que tem — e saiu sem olhar para trás.

No jardim, abraçou Severino e logo se afastou. De onde estava, Severino olhou para Rosália, claramente comovido, mas nada disse. Sabia que aquilo que estava acontecendo era uma ordem do filho do senhor Horácio e ele não costumava discutir ordens, principalmente as do temido senhor Igor.

Rosália trancou todas as portas e janelas do casarão e só então deu vazão ao seu profundo e doloroso desespero. Seus gritos e lamentos podiam ser ouvidos por quem passasse na rua naquele momento.

Capítulo 28

Na semana seguinte, com a chegada de muitos trabalhadores — pedreiros, pintores, carpinteiros, eletricistas — e a movimentação de pessoas desconhecidas no casarão, os moradores do bairro logo desconfiaram que algo de estranho estava acontecendo no abrigo, com o qual eles já estavam acostumados a conviver. Os meninos eram educados, disciplinados e bem-comportados. Nunca haviam causado problemas para a comunidade. Mas agora os vizinhos passavam pelo local e olhavam desconfiados para aquela movimentação. Alguns se aproximavam de Severino. Aos que lhe faziam perguntas a respeito, o vigia nada respondia. Limitava-se a dizer:

— Só meu patrão Igor pode dar informações.

Com essa resposta, as pessoas ficavam mais curiosas ainda, porque sabiam que aquele abrigo era iniciativa do senhor Horácio. O que seu filho Igor teria a ver com a história? Que empreendimento tão misterioso seria instalado ali a ponto de ser mantido em tão grande segredo? E para onde tinham ido as crianças?

As dúvidas dos moradores eram muitas, mas a resposta de Severino era uma só:

— Meu patrão Igor vai providenciar um novo abrigo para os meninos — era o máximo de informação que o vigia fornecia aos curiosos.

Rosália não era encontrada por lá. Tinha voltado à mansão e passava os dias trancada em seu quarto. Algumas vezes saiu de lá para atender ao senhor Horácio, que procurou consolá-la. Vendo-a tão preocupada e abatida, ele nem lhe deu novas tarefas administrativas para fazer.

— Vamos ter fé em Deus, minha filha, de que tudo vai acabar bem. Igor já deve estar providenciando um novo lugar para abrigar as crianças. Pelo menos foi isso que combinamos.

Devido à fama do senhor Horácio de ser uma pessoa bondosa, e também devido à amizade que Rosália tinha com outras entidades, ela conseguiu lugares que aceitaram ficar com algumas das crianças menores. Mas todos deixaram bem claro que aquela guarida seria mantida por poucos dias, porque não teriam condições de colocar mais crianças em suas dependências.

Os garotos mais velhos sumiram no mundo. Cada um procurou se defender como sabia ou como podia. Rosália perdeu o contato com eles, mas ficou rezando para que também encontrassem guarida junto a corações piedosos.

Com o passar dos dias e das semanas, as más notícias foram chegando ao conhecimento de Rosália, para aumentar ainda mais seu desespero: alguns dos meninos maiores foram pegos roubando frutas em armazéns e haviam sido recolhidos em reformatórios. Outros foram vistos alcoolizados em bares, ao lado de adultos.

Angustiada com essas terríveis notícias, muitas vezes Rosália procurou falar com o senhor Igor para saber como estavam as providências para o funcionamento do novo abrigo e para colocá-lo a par do que já estava ocorrendo com alguns dos garotos. Apesar de seus esforços e de sua insistência, ela não conseguia encontrá-lo em casa e, nas poucas vezes em que o viu lá, ele se recusou a recebê-la.

Numa dessas ocasiões, com a paciência já esgotada diante do descaso dele, ela o esperou em frente à porta do escritório até que ele saísse. Por horas e horas a fio, Rosália ficou pacientemente sentada no degrau de uma escada próximo à porta, esperando seu patrão Igor aparecer.

Quando finalmente ele abriu a porta para sair, ela correu em sua direção, falando apressadamente porque ele não parara para ouvi-la:

— Senhor Igor, me perdoe incomodá-lo, mas eu gostaria de saber quando as crianças poderão ter um novo abrigo. Estão acontecendo coisas horríveis com algumas delas e eu receio que a situação possa piorar.

Ele parou de caminhar, encarou-a com desprezo e ódio no olhar:

— A senhora está sendo muito impertinente, dona Rosália! Eu não tenho que lhe dar satisfações sobre esse assunto! Esqueça essa história de novo abrigo. Pouco me importa saber o que está acontecendo com aqueles moleques que tiveram casa e comida de graça por tanto tempo. Agora chega, eles que se virem. E, quanto à senhora, espero que não me importune mais.

— O senhor prometeu.

— O que eu prometi ou deixei de prometer é problema meu e de meu pai. Eu estou resolvendo esse assunto com ele. Menti dizendo que as crianças estão em um galpão porque o inquilino ainda não entregou o imóvel. E a senhora não tem nada a ver com isso nem está autorizada a falar com ele a respeito deste problema. Esqueça. Trate de cuidar da sua vida e do seu trabalho aqui nesta casa enquanto ainda tem emprego. Caso contrário, se insistir, as coisas podem piorar para a senhora. E muito!

Rosália se ajoelhou diante do homem:

— Senhor Igor, pelo amor de Deus!

A resposta dele foi um berro:

— Chega, minha senhora! Está sendo impertinente e ridícula! Se insistir, vou mandar expulsá-la desta casa!

E saiu batendo os pés, deixando Rosália aos prantos no chão. Ela se levantou e, cambaleando, foi para seu quarto. O mundo girava à sua volta. Não conseguia mais pensar direito.

Como ela imaginara, Igor, aquele homem malvado, mentira para todos — para ela e para o próprio pai. Ela não sabia mais o que fazer para ajudar as crianças, não tinha a quem recorrer, já que não podia falar com o senhor Horácio. Tinha medo das consequências que poderiam advir para ela própria se comentasse algo com ele.

Inconformada com a indiferença de Igor a respeito do futuro dos meninos, decidiu ir até o casarão onde fora tão feliz com eles. Sabia que ia sofrer ao rever aquele lugar, mas precisava saber se realmente havia algo de verdadeiro no que Igor dissera, se de fato ele estava reformando o imóvel para instalar outro negócio lá.

Terrível decisão! Nunca deveria ter ido até lá. O novo negócio já tinha sido inaugurado.

Da rua, Rosália não conseguia ver o andar térreo do casarão porque altos muros tinham sido levantados à sua volta. Grossos e largos portões de madeira e ferro foram colocados na entrada, tudo de maneira a impedir que, da rua, se pudesse ver o interior do local.

Uma área externa fora reservada para servir de estacionamento e uma placa avisava: "Para uso exclusivo dos clientes". Devia caber uns vinte carros e àquela hora do dia já quase não havia vagas.

Tudo indicava que, de fato, um negócio já fora instalado ali e estava em pleno funcionamento. Mas que tipo de negócio? Por que todo aquele segredo? Tocou a campainha e Severino atendeu através de uma portinhola aberta no centro do grosso portão. Quando ele reconheceu Rosália, pareceu ficar desconcertado em vez de alegre com a presença dela.

— Dona Rosália, a senhora aqui?

Ela procurou mostrar-se descontraída e até alegre:

— Como vai, Severino? Tudo bem com você? Posso entrar?

Ele ficou mais desconcertado ainda e mal sabia o que responder:

— Eu... eu vou bem... É que...

Ela falou fingindo que estava ralhando com ele:

— Severino, você não vai me dizer que estou proibida de entrar nesta casa! Eu não acredito numa coisa dessas! Ou será que você não está mais me reconhecendo?

— Não, dona Rosália, não é isso. A senhora não está proibida de entrar aqui, mas é que...

— Mas é que o quê, Severino? Eu só quero ver qual é o novo negócio que está funcionando agora aqui no casarão. Apenas isso. É uma visita rápida. Então, posso ou não entrar?

O pobre homem estava pálido:

— Dona Rosália... A senhora tem certeza de que quer mesmo entrar?

— Severino, já estou começando a ficar brava com você! Isso são modos de receber uma visitante que já morou e trabalhou aqui tanto tempo? E ainda mais eu? Você já esqueceu que nós trabalhamos juntos quando aqui era um abrigo?

— Bem, se a senhora insiste...

O MISTÉRIO DO REENCONTRO

Ele fechou a portinhola. Rosália percebeu que ele abria diversas trancas e finalmente a pesada porta de entrada se afastou, dando-lhe passagem. De tão pesada, foi se abrindo aos poucos.

Ansiosa, Rosália entrou tão logo o espaço permitiu. Deu alguns passos e parou espantada, de boca aberta. Olhou para Severino como em busca de uma explicação, mas ele olhava para o chão, com vergonha de encará-la. Ela voltou a olhar assombrada para o novo ambiente dentro do casarão.

Muitas mulheres seminuas ou em roupas provocantes se espalhavam pela varanda e pelos jardins. Algumas caminhavam sozinhas ou em duplas, outras estavam acompanhadas de homens visivelmente embriagados. Trocavam beijos e abraços de forma obscena e explícita, sem a menor preocupação de disfarçar ou ocultar as ações libidinosas. Uma música sensual vinha de dentro da casa, juntamente com gargalhadas e risos. Um garçom passava de um lado para o outro com uma bandeja cheia de garrafas e copos com bebidas alcoólicas.

A gerente do estabelecimento apareceu na porta da grande sala, onde ficou parada em atitude desafiadora, com uma das mãos na cintura e a outra segurando com pedantismo uma piteira. Embora jovem, usava maquiagem exagerada. Vestia uma blusa vermelha com um enorme decote e uma saia preta justíssima, com uma longa abertura num dos lados mostrando sua coxa morena e grossa. Olhou para Rosália com ironia e falou com uma voz propositalmente afetada:

— Eu acho que você errou de endereço, meu bem! — e completou após uma baforada: — Ou será que não?

Rosália estava boquiaberta, desarvorada, não sabia o que dizer ou fazer. Olhava simultaneamente para

Severino, que continuava de cabeça baixa, e para aquele ambiente promíscuo e depravado. Com esforço, conseguiu exclamar:

— Mas, Severino... Isso aqui... isso aqui é um bordel, Severino. O abrigo das crianças foi transformado num bordel imundo, Severino? Meu Deus! Como puderam fazer isso?

Por sorte Severino mantivera o portão aberto. Aos prantos, Rosália deu meia-volta e saiu em disparada, mas ainda ouviu a gargalhada de Cassandra, que só diminuiu quando o vigia tornou a fechar o portão.

Rosália correu desesperada para falar com o senhor Horácio. Ele precisava saber o que o filho fizera com o antigo lar dos meninos!

No estado de estupor em que se encontrava, Rosália não mais raciocinava. A revolta, o nojo e o desespero que se apossaram dela encobriram seu autocontrole e seu bom senso — caso contrário, não teria ido falar com o patrão daquela forma, emocionalmente descontrolada. Correu para a mansão e entrou esbaforida e chorando no escritório do senhor Horácio.

Ele se assustou com a entrada abrupta dela e se levantou da poltrona atrás de sua mesa de trabalho:

— Mas o que é isso? O que aconteceu, minha filha?

— Senhor Horácio, aconteceu uma coisa horrível! O senhor precisa saber!

Ele se apressou em encher um copo com água e tentar fazê-la beber.

— O que foi, minha filha? Acalme-se, sente-se. Tome um pouco de água! Diga-me o que aconteceu!

Ela bebeu a água de um só gole, mas não parou de chorar. O senhor Horácio lhe passou um lenço, que ela usou para enxugar as lágrimas e assoar o nariz.

O MISTÉRIO DO REENCONTRO

— Desculpe ter entrado assim, senhor Horácio, mas o que eu vi é horrível. É horrível o que fizeram! O senhor precisa saber!

— Então se acalme e me conte, minha filha.

— Senhor Horácio, fomos enganados, o senhor foi enganado!

— Fomos enganados? Eu fui enganado? Como assim? Por quem, minha filha? Em que é que fomos enganados?

— Perdoe-me lhe dizer, senhor Horácio. Fomos enganados por seu filho!

— Meu filho? Pelo Igor?

— Sim, senhor Horácio, o senhor Igor nos enganou, enganou a mim e ao senhor.

Horácio já estava dando mostras de impaciência:

— O que ele fez de errado?

— Ele não transferiu os meninos do abrigo para nenhum outro lugar, senhor Horácio!

— Como não? Ele me prometeu que as crianças estão seguras em um galpão e o inquilino vai entregar uma das casas no centro da cidade logo. Prometeu, inclusive, levar-me para ver as crianças.

Rosália estava desolada.

— Engana-se, seu Horácio. Há mais de um mês os meninos estão na rua! Passando fome, se corrompendo, se prostituindo.

— Deve estar havendo algum engano. O Igor me prometeu. Você tem certeza disso que está afirmando, minha filha?

— Tenho, senhor Horácio, mas o mais horrível de tudo é que o seu filho...

— Fale, minha filha!

Ela reuniu toda a sua coragem e todas as suas forças para dizer a verdade, entre lágrimas de vergonha e indignação:

— O senhor Igor transformou o abrigo dos meninos num... num bordel!

Horácio ficou paralisado de horror:

— O quê?

Ela falou de um só fôlego:

— Isso mesmo, senhor Horácio! Eu vim de lá agora! Nosso querido abrigo virou um imundo bordel. Entrei lá! Está cheio de prostitutas, de homens bêbados, uma devassidão total.

Horácio estava pálido. Seu coração disparou:

— Eu... Eu não posso acreditar numa coisa dessas! Não posso acreditar que meu filho tenha feito isso comigo.

Rosália não parava de chorar e de se lamentar:

— Ah, meu Deus, que coisa horrível! Como seu filho pôde fazer isso com o senhor, com os meninos?

Horácio estava ofegante de tanta revolta:

— Um bordel? No lugar do abrigo? Foi nisso que meu próprio filho transformou o sonho da minha querida esposa, da mãe dele? Num bordel? Num prostíbulo! Meu próprio filho fez isso?

E soltou um grito de angústia e dor:

— Não! Não pode ser!

Levou as mãos crispadas ao peito. Seu rosto ficou incrivelmente vermelho. Ele cambaleou. Ainda tentou se apoiar na mesa, mas caiu pesadamente — primeiro sobre ela, depois resvalou para o chão.

Rosália correu em sua direção, gritando desesperadamente:

— Senhor Horácio, fale comigo!

Percebeu que o corpo dele já estava inerte. O infarto fora fulminante.

— Socorro! Acudam!

Correu para a porta, escancarou-a e continuou gritando:

— Socorro, alguém me ajude! O senhor Horácio não está passando bem! Acudam! — e caiu desmaiada.

Os outros empregados vieram correndo, mas nada mais podia ser feito pela vida do senhor Horácio. Ele estava morto.

Capítulo 29

Igor foi chamado às pressas. Quando chegou, todos perceberam que se encontrava alcoolizado, com a camisa e o rosto cheios de marcas de batom. Mesmo assim, Rosália lhe contou como tudo ocorrera.

Ele não mostrou nenhuma tristeza, nenhuma reação especial diante da morte súbita do pai, mas ficou extremamente irritado com a suposta culpa de Rosália:

— Viu no que deu sua boca grande? Não lhe disse para não comentar nada com ele sobre o assunto? Viu no que deu? Você é a culpada! Você matou meu pai!

Acusada, Rosália reagiu corajosamente:

— Como o senhor pode dizer uma coisa dessas? O senhor sabe que eu amava o senhor Horácio como se fosse meu pai! Jamais faria algo que o prejudicasse! Mas ele se indignou com o que o senhor fez com o sonho da esposa dele, sua mãe. Na verdade, se alguém tem culpa por esta tragédia, este alguém é o senhor.

— Cale essa boca, insolente! Você não tem nenhum direito de se referir à minha família. Você é a única culpada. Você falou mentiras para meu pai, e o coração dele não suportou.

— Não foram mentiras. Foi a mais pura verdade. O senhor transformou o abrigo dos meninos num prostíbulo!

Espumando de raiva, Igor voltou-se para os demais empregados que observavam mudos e chocados aquela discussão diante do corpo inerte do senhor Horácio e lhes ordenou:

— Levem essa mulher embora daqui, já! Imediatamente! Tranquem-na em seu quarto. Vou procurar uns amigos e já resolvo sua situação, Rosália.

Os empregados estavam paralisados, em choque, diante de tudo aquilo que presenciavam. Igor continuava berrando:

— Vamos, o que estão esperando, seus palermas?

Eles não tiveram alternativa senão cumprir constrangidos as ordens do temido patrão e, em grupo, avançaram sobre a pobre mulher.

Em questão de horas, Rosália foi internada num sanatório, sem maiores protocolos.

Infelizmente Igor possuía amizades adquiridas na vida corrupta que lhe deviam muitos favores ligados à libertinagem. Mesmo algumas autoridades temiam a língua de Igor, diante dos segredos de alcova que ele guardava. Dessa forma, não foi difícil internar Rosália como louca — versão que passou a ser espalhada na comunidade a mando do cruel indivíduo.

Rosália viu-se aprisionada numa pequena cela com apenas uma maca, uma pia e um vaso sanitário, além da pesada porta que a mantinha reclusa. Havia apenas uma pequena janela protegida por grossas barras de ferro. Era um isolamento total, como se ela fosse uma doente mental perigosa.

E foi dessa forma que, a partir daí, viu seus dias passarem, sem muita noção do que estava ocorrendo com ela.

A mulher encarregada de levar-lhe comida e medicamentos, bem como de acompanhá-la na higiene, por compaixão — mas sem nenhum bom senso — mantinha-a informada sobre o que acontecia do lado de fora dos muros do sanatório. Antes não o fizesse! Duas ou três semanas depois de Rosália ter sido internada, recebeu a informação de que dois garotos que haviam pertencido ao abrigo tinham morrido em brigas de rua.

Foi o começo do fim da pobre mulher. Sua mente se deteriorou de vez e ela praticamente enlouqueceu. Já não era sempre que reconhecia as pessoas e com frequência falava coisas desconexas.

Depois de seis meses, Rosália desencarnou.

———

Durante um bom tempo, o prostíbulo instalado por Igor e administrado por Cassandra prosperou a olhos vistos. A cada dia aumentava o número de carros estacionados em frente ao casarão. Isso significava que eram muitos os clientes, sem contar os que iam a pé para passarem despercebidos.

No entanto, ao mesmo tempo crescia uma enorme revolta na comunidade. Já chegara aos moradores as notícias sobre as mortes do senhor Horácio, de Rosália e de dois garotos que a casa abrigara. Também sabiam do triste destino que restara aos demais meninos.

Aos poucos, um movimento de "rebelião" foi tomando forma entre aqueles cidadãos de bem que não mais toleravam a movimentação imoral e promíscua no casarão, com mulheres seminuas entrando e saindo, e a algazarra que varava as noites, transformando aquilo num local de verdadeira baderna, orgia e corrupção. Isso tudo, no coração de uma rua exclusivamente residencial. Esse movimento de revolta foi crescendo gradualmente.

Mal começou o ano seguinte, os moradores do bairro, em regime de mutirão, organizaram-se e levantaram fundos para a contratação de bons advogados. O objetivo era fechar aquela espelunca. Enquanto os advogados agiam, utilizando instrumentos e recursos da lei, os próprios moradores decidiram deflagrar uma espécie de "guerrilha". À noite, enquanto os clientes do casarão estavam ocupados com as mulheres, alguns rapazes se esgueiravam por entre os carros estacionados e aprontavam as mais diversas travessuras: esvaziavam ou furavam os pneus, arranhavam a pintura, amassavam a lataria, quebravam os vidros retrovisores ou dos para-brisas, e assim por diante. Os estragos eram grandes.

Severino nada percebia porque ficava do lado de dentro dos muros. Se eventualmente saía, há quem afirme que ele notava alguns movimentos, mas, por alguma razão, não esboçava qualquer reação ou represália.

Essas ações começaram a aborrecer e afastar os clientes. Como resultado desse boicote, naquele semestre o prejuízo do bordel foi incalculável. Isso deixou Igor e Cassandra cheios de ódio pela comunidade. Contrataram truculentos indivíduos para atuarem como seguranças armados, com a incumbência de vigiarem os carros — e essa medida naturalmente passou a dificultar a continuação da ação dos vizinhos.

Então começaram a surgir boatos de que o casarão se tornara mal-assombrado. Ninguém saberia dizer ao certo como essa história começou, mas o que se comentava era que, durante a madrugada, quando a maior parte dos clientes já tinha ido embora, coisas estranhas passavam a acontecer: cadeiras e mesas se moviam sozinhas, panelas e quadros caíam no chão, talheres saíam voando, lâmpadas explodiam, copos deslizavam das mesas e se espatifavam no chão etc.

O golpe fatal, no entanto, foi quando as mulheres perderam o interesse em satisfazer os clientes. Viviam amedrontadas.

Algumas pessoas diziam que era por medo das assombrações, outras diziam que o espírito de Rosália voltara para atrapalhar as relações amorosas. Qualquer que fosse a verdadeira causa, foi assim que a fama de o casarão ser um lugar mal-assombrado começou a se espalhar.

Se era realmente o espírito de Rosália, ninguém tinha certeza nem sabia explicar como ela faria aquilo, o fato é que as mulheres, assustadas, não queriam mais trabalhar ali.

Obviamente, os homens foram aos poucos se afastando e deixando de frequentar o bordel, a ponto de fazê-lo fechar o ano num desastroso e irremediável prejuízo financeiro.

Igor e Cassandra fizeram de tudo para impedir o fracasso da empreitada. Substituíram as mulheres, concederam descontos, mostraram-se mais simpáticos, mas nenhuma das providências surtiu efeito. Com aquelas histórias de assombração, o clima no bordel perdera todo o charme e toda a sensualidade.

O golpe final para Igor e Cassandra veio logo no começo do ano seguinte. Depois de complexas e intrincadas batalhas judiciais, a Justiça determinou a lacração definitiva do prostíbulo.

Nesse dia, com os oficiais de Justiça já pondo em prática a lacração do casarão, selando suas portas e janelas, Igor, desesperado e com ódio dos moradores, passou a insultá-los ferozmente, culpando-os pelo fracasso do seu negócio.

Um dos moradores insultados teve a coragem de enfrentá-lo na discussão, ocasionalmente tendo ao seu lado sua linda filha adolescente. A certa altura do bate-boca, para ofender o morador, Igor gritou com evidentes insinuações obscenas:

— Pois, se essa sua linda filha estiver precisando de um dinheirinho, eu tenho um bom emprego para ela aqui no meu bordel.

Sentindo-se ferido em sua honra e na honra de sua família, como resposta o morador sacou um revólver da cintura, que até então estava oculto por um casaco, e acertou um tiro na testa de Igor.

De olhos esbugalhados pela surpresa, Igor já chegou morto ao chão.

Foi tudo tão rápido que nem os moradores presentes, nem os oficiais de Justiça que estavam lacrando o casarão tiveram tempo de impedir esse desfecho. Para todos, aquilo não iria além do já costumeiro bate-boca.

Provavelmente nem Igor chegou a perceber o que acontecera com ele. Quem se aproximasse do corpo, veria que, do orifício no meio de sua testa, o sangue jorrava aos borbotões.

Em pânico, Cassandra correu para amparar o corpo inerte do patrão, apenas o tempo suficiente para constatar que o espírito dele já não pertencia mais a este mundo.

Desesperada, tendo perdido seu protetor e vendo que seu castelo de areia caíra por completo e seu destino seria a prisão ou a miséria, conseguiu entrar no casarão antes de ser lacrado, subiu correndo as escadas, trancou-se em seu quarto e, tirando uma pequena arma da gaveta da penteadeira, disparou contra si, acabando ali mesmo com sua vida.

———

Dias depois, os altos muros que cercavam o casarão foram derrubados por ordem da Justiça e em seu lugar alguém providenciou uma tosca mureta em volta do imóvel.

Onde era o estacionamento, o mato e outras ervas daninhas passaram a crescer de forma desordenada. A pintura de cores berrantes foi removida e em seu lugar foi colocado um tom rosa, como que para amenizar a feia imagem de antes.

Encerrava-se assim, desta maneira triste e trágica, mais um ciclo da vida do casarão.

———

Tobias tocou-lhe delicadamente os ombros. Chamou baixinho:

— Cassandra?

Ela soltou um grande suspiro, ajeitou-se na poltrona e ficou olhando para o chão. Sua voz estava rouca quando respondeu baixinho:

— É difícil rememorar experiências dolorosas. Na primeira parte das lembranças, fiquei sentindo pena de mim pelo tanto que sofri. Depois desta segunda parte, estou com raiva, muita raiva de mim. E também muita vergonha. De quanta crueldade, de quanta depravação eu fui capaz!

— Como eu disse, Cassandra, você fez escolhas infelizes. Sabemos que foi muito influenciada pelo que passou na infância e na adolescência, e depois com Igor. Mas não podemos esquecer que você, assim como todas as pessoas, poderia usar seu livre-arbítrio para tomar outras decisões e fazer outras escolhas.

— Agora vejo isso com nitidez. Eu jamais poderia ter feito o que fiz com a Rosália, nem ter permitido que Igor tratasse os pais daquela forma. E muito menos deveria ter sido cúmplice na decisão de fechar o abrigo das crianças para abrir um bordel em seu lugar. Fui omissa, irresponsável e de uma crueldade sem tamanho.

— É positivo que você reconheça isso. É o primeiro passo para adotar um novo pensamento e novas atitudes.

— Eu gostaria muito de pedir perdão a Rosália. Coitada, tão cheia de boas intenções, de amor pelas crianças e, no entanto, sofreu tanto, e ainda teve um fim horrível.

— Rosália é um espírito muito doce, muito amoroso. Nós aqui temos uma profunda admiração por ela.

— Mas será que ela me perdoaria?

— Eu não tenho a menor dúvida disso. A capacidade de perdoar é divina. Como disse, ela tem a alma muito generosa, e a bondade só existe onde existe o perdão. Tenho certeza de que ela a receberá com carinho. E quer saber mais? Acho até que vocês se tornarão grandes amigas.

Tobias percebeu que o semblante de Cassandra adquiriu novo brilho ao ouvir isso. Afinal, ela, que só tivera pessoas maldosas e interesseiras à sua volta, poderia ter em Rosália uma amiga de verdade, sincera e leal.

— Ah, seria uma maravilha! Como eu faço para revê-la? — Cassandra estava ansiosa e empolgada diante dessa oportunidade de recomeçar de maneira mais adequada e harmoniosa, sem as atribulações e os perigos pelos quais passara.

— Não se preocupe. Vou providenciar o encontro de vocês duas para hoje mesmo. Espero conseguir.

— Rosália estava presa no casarão. Às vezes eu a via no térreo. Ela bem que tentou se aproximar. Mas minha raiva não permitia que chegasse perto de mim.

— Contudo, depois de tantas revelações, o reencontro será diferente. Você já mudou. Com muito boa vontade, deixou-se levar ao passado, abriu a consciência e agora está apta a tomar novas e melhores atitudes. Tenho certeza de que tudo vai correr bem.

— Tomara! E agora, podemos ir?

— Podemos. Mas antes eu gostaria de lhe ensinar algumas preces, você concorda?

Cassandra respondeu um pouco encabulada:

— Bem... Eu acho que já é tempo de aprender, não é?

Ambos riram descontraidamente.

Capítulo 30

Quando Cassandra e Igor desencarnaram, seguiram caminhos diferentes. Ela, por ter tirado a própria vida, foi atraída diretametne para um local, no astral inferior, repleto de suicidas. Depois de constatar que a morte do corpo físico não é o fim da existência, entrou em um período de amarguras e devaneios, juntando-se a uma horda de espíritos infelizes e atormentados pela própria consciência. Recebeu ajuda, negou-a e voltou ao casarão.

Igor ficou muitos anos perambulando pelo Umbral. Conforme o tempo passava, refletia sobre os atos praticados e sua consciência o acusava. Depois de anos atormentado pela própria culpa e cansado de tanto sofrimento, deixou a prepotência de lado e pediu sinceramente para ser levado daquele lugar triste. Recebeu ajuda e se viu atendido por espíritos experientes na tarefa de receber desencarnados.

— O que estou fazendo aqui? Quem são vocês?

Ele se referia ao casal que o ladeava. Ele era Jesuíno, e ela, Clara.

Jesuíno era moreno, cabelos curtos, rosto liso, aparentando uns trinta anos. Ela, fazendo jus ao nome que tinha, era muito branca, loura, de pele alva e lisa como porcelana. Falavam baixo e de forma suave, mas bastante compreensível.

O local era uma sala branca e iluminada, como a dos hospitais, com uma janela à direita e três cadeiras à esquerda.

Igor estava deitado sobre uma maca, ao lado da qual havia uma mesinha com um copo de água, sobre uma bandeja.

— Vocês me ouviram? O que estou fazendo aqui?

— Você acaba de chegar a uma dimensão bem diferente daquela em que ficou vagando por anos, perdido e atormentado.

Igor não se satisfez com a resposta:

— Que história é essa de outra dimensão? Isto aqui é um hospital?

Jesuíno mostrava-se bem-humorado:

— Bem, é como se fosse.

— E vocês são médicos?

— Digamos que também é como se fôssemos.

— Já vi que estão querendo se divertir à minha custa. Vou embora daqui.

— Não estamos zombando de você, nem você vai a lugar algum, meu caro. Portanto, procure se acalmar.

Igor usou uma velha frase que, na sua experiência de vida, quase sempre surtia efeito:

— Você sabe com quem está falando?

O que deixava Igor ainda mais irritado era o permanente bom humor das respostas daquele sujeito:

— Nós sabemos, mas aqui não importam nomes nem cargos. Aqui somos todos iguais.

— Aqui onde? Vou perguntar novamente: que história é essa de "outra dimensão"?

Clara se aproximou de Igor e falou pela primeira vez:

— Procure pensar um pouco: você não se lembra da discussão na porta do casarão?

Igor fechou os olhos e forçou a memória. Algumas imagens surgiram em sua mente:

— Bom, lembro que estava batendo boca com um vizinho e... — parou de repente, assustado.

Clara insistiu:

— E?

Ele ficou pálido. Estava evidentemente assustado:

— Caramba! Ele puxou uma arma!

De maneira bem-humorada, Clara voltou a insistir:

— E?

Finalmente ele se lembrou do que acontecera e sentiu um começo de pânico invadir-lhe a mente:

— Ele me deu um tiro! O homem atirou em mim!

Jesuíno foi direto e objetivo:

— Isso mesmo. E aí você morreu.

Igor levou um susto maior ainda. Quase gritou:

— O quê? Que brincadeira é essa? Eu morri?

Quase ao mesmo tempo, os dois mentores espirituais balançaram a cabeça afirmativamente. Igor estava incrédulo:

— Morri? De verdade? Então... aquele lugar horrível onde estive.. não era pesadelo?

Quem respondeu foi Jesuíno:

— Morreu. De verdade. Atormentado, logo depois de seu desencarne, foi atraído naturalmente para o Umbral e ficou lá por muito tempo. Passe a mão na sua testa, por favor.

Lentamente, sem tirar os olhos de Jesuíno, Igor levantou sua mão direita e levou-a à própria testa. Assustou--se com o que sentiu:

— Ei, que furo é este?

— É o local por onde a bala entrou.

— E... e cadê o sangue?

Agora foi Clara quem explicou:

— Nós o apagamos para você ficar mais limpinho.

— Vocês são muito brincalhões, mas não me convencem.

Clara pediu:

— Então, por favor, passe de novo a mão na sua testa.

Confuso, ele tornou a levantar a mão. Ficou pálido quando percebeu que o furo em sua testa — que ele tocara havia poucos segundos — desaparecera! Não estava mais lá. Sua testa estava lisa como antes.

— Ei, como isso é possível?

Clara falou pausadamente, procurando ser bem didática:

— Não é brincadeira, Igor. Neste lugar, não há sangue nem ferimentos. Você morreu há anos e agora está recebendo ajuda espiritual porque seu espírito cansou de sofrer.

Igor refletiu por instantes e lembrou-se de cenas vividas no Umbral.

— Eu pedi ajuda...

— Pediu e aqui estamos. Para ajudá-lo. Eu sou Clara e ele — apontou — é Jesuíno. A partir de agora você vai ser treinado para rever e melhorar suas atitudes e sua maneira de encarar a vida, antes de voltar ao planeta.

— Vocês me garantem que isto não é um sonho?

— Garantimos. Não é um sonho.

Finalmente, Igor começou a perceber que não se tratava de brincadeira. Ele realmente morrera e ficara um longo período atormentado, remoendo suas culpas. Agora só lhe restava saber como as coisas seriam para ele dali para a frente. Tendo tido essa compreensão, passou a levar o assunto a sério:

— Então... eu morri... Está bem. Mas você disse que eu vou voltar a viver na Terra?

— Vai, daqui a algum tempo. Depois que aprender muitas coisas sobre como viver em comunidade, em sociedade, adotando atitudes mais positivas e adequadas.

Igor ficou um longo tempo olhando o cenário que conseguia avistar pela janela do quarto. Parecia refletir.

Os espíritos mantinham respeitoso silêncio, entendendo o momento delicado que Igor atravessava.

Finalmente ele murmurou:

— Então é tudo verdade...

— O que é tudo verdade? — quis saber Clara.

— Eu nunca acreditei em vida após a morte. Sempre ouvia falar. Minha mãe falava nisso, ela era espírita. Eu sempre achei que era balela, coisa do espiritismo.

— Pois agora você sabe que é verdade.

Igor parecia confuso e com medo:

— Mas então, se é tudo verdade, quer dizer que as coisas que eu fiz na Terra, todas aquelas coisas horríveis — de repente, levou às mãos à cabeça como se estivesse sentindo uma grande dor: — Ai, o que é isso que estou sentindo... O que há com a minha cabeça? Parece que ela vai explodir! Me ajudem!

Uma sucessão de imagens dramáticas invadiu a mente de Igor aos borbotões. Ele viu a figura de Cassandra aos prantos, Rosália desesperada ajoelhada a seus pés, o corpo inerte de seu pai, os meninos do abrigo chorando, muito sangue, muitos gritos e gemidos. Parecia que estava sendo projetada dentro de sua cabeça uma coleção de imagens desesperadoras, todas mostrando sofrimentos, crueldade e dor. Seu coração batia acelerado, seu fôlego tornara-se curto, dificultando sua respiração. Não sabia se era possível, mas chegou a pensar que ia morrer de novo.

— Pelo amor de Deus, façam isso parar! Eu não estou aguentando ver essas cenas. Ajudem-me, por favor!

Jesuíno e Clara puseram as mãos sobre a testa dele, fizeram juntos uma sentida prece e aos poucos Igor foi se acalmando. Depois de chorar copiosamente, disse:

— Não deixem acontecer de novo! Por favor!

A voz suave de Clara era tranquilizadora:

— Acalme-se, não vai acontecer de novo.

— Mas o que foi isso?

— Foi sua consciência. Foram flashes rápidos e espontâneos do que você fez em última vida terrena. Ou seja, o que lhe provocou essa dor enorme são imagens do sofrimento que você causou a outras pessoas.

Igor arregalou os olhos, incrédulo:

— Então eu fui um monstro. Um sujeito perverso, cruel.

— Você não foi um monstro, Igor. Você foi uma pessoa cujo espírito pouco ou nada aprendeu em vidas passadas e retornou à Terra ainda com uma essência primitiva. Praticou muitas ações inadequadas e desorientadas. Fez muita gente sofrer, inclusive seus pais.

— Por que eu fui assim? Meus pais eram criaturas ótimas, bondosas e educadas.

— Você trouxe experiências de outras vidas e precisava passar pelo que passou para ter a oportunidade de aprender a distinguir entre o certo e o errado. Às vezes, o aprendizado é doloroso, outras vezes pode acontecer por meio do amor. Nesse processo, as pessoas fazem escolhas na vida, porque têm livre-arbítrio para isso. Tudo indica que você não fez as melhores escolhas, mas conosco, aqui no astral, poderá aprender o caminho delas e, quando voltar à Terra, poderá optar por ser uma pessoa melhor do que foi e disposta a ter atitudes positivas e a praticar o bem. Só vai depender de você, das escolhas que fizer.

Igor parecia sincero em seu desespero e em suas súplicas:

— Eu quero fazer isso já! Por favor, eu preciso. Eu vou me odiar para o resto da eternidade se não tiver a oportunidade de remediar todo o mal que fiz. Sofri muito depois que desencarnei e as cenas que vi há pouco na minha cabeça são de uma crueldade sem nome! — e desatou a chorar de novo, convulsivamente.

— Tenha calma, Igor. É admirável seu desejo de refazer sua vida e dar-lhe novos rumos, agora positivos. Mas é preciso ter calma porque há um longo caminho de aprendizagem pela frente.

— Farei o que for preciso. Aguardarei o tempo que for necessário, mas eu preciso fazer alguma coisa para ser uma pessoa melhor. Foi horrível aquilo que vi e senti em minha mente. Quero pedir perdão a todas as pessoas a quem magoei.

— Como eu disse, Igor, é preciso ter calma. Ficamos felizes que tão rapidamente você tenha percebido o quanto agiu de forma irregular. Você terá a oportunidade de reconstruir tudo, de maneira a ajudar muitas pessoas. Mas antes precisa passar por um longo treinamento espiritual.

— Eu já disse: estou disposto a fazer o que for preciso.

Jesuíno e Clara se entreolharam e ela falou:

— Antes, nós vamos conceder a você um privilégio, para motivá-lo ainda mais a dedicar-se ao desenvolvimento de novas atitudes. Deixaremos você conversar com uma pessoa que tem muito a lhe aconselhar. Você poderá aprender muito com ela. Temos a certeza de que irá gostar da conversa.

— Que pessoa é essa? Ela não vai me dar nenhum sermão, vai?

— Aqui não damos sermão em ninguém, Igor. Aqui apenas ensinamos o amor.

— Ainda bem.

— Preste atenção: ao sair desta sala, siga pelo corredor à esquerda. No fim dele, começa uma relva com um caminho de pedras. Siga por esse caminho de pedras até chegar a um quiosque.

O casal ajudou-o a sentar-se na maca e a levantar-se. Havia um par de sandálias à sua disposição. Ele estava com um pijama azul-claro.

Igor saiu da sala, deixando o casal para trás. Caminhou pelo silencioso corredor à sua esquerda até o fim. Não sabia que lugar era aquele, mas era lindo. Arejado, imenso, verdejante, iluminado, com árvores espalhadas por vários cantos, muitas montanhas ao fundo, casas e prédios modernos e de linhas dinâmicas, futuristas. Tudo ali inspirava paz e harmonia.

Ao mesmo tempo em que, extasiado, admirava aquele celestial cenário, Igor percorria o caminho de pedras por entre a grama viçosa e bem cuidada.

Depois de algum tempo caminhando, avistou o quiosque. De longe, percebeu uma silhueta recostada num dos seus pilares. Quem quer que fosse, contemplava em silêncio o horizonte recoberto de montanhas.

Já estava a poucos metros da pessoa, mas ainda não conseguia reconhecê-la. Quando estava bem próximo dela, resolveu chamar sua atenção, pois ele ali estava para encontrar-se com ela:

— Olá!

A pessoa se voltou lentamente, levantou-se, deu a volta no pilar onde estivera recostada e saiu do quiosque. Agora Igor podia vê-la de corpo inteiro. E, emocionado, reconheceu-a de imediato:

— Mãe!

Chorando como uma criança, correu em sua direção e jogou-se emocionado em seus braços. Ele não saberia dizer quanto tempo ficou soluçando como uma criança nos braços aconchegantes de sua mãe. E repetia sem parar:

— Me perdoe, me perdoe, me perdoe...

Julieta passou as mãos suave e carinhosamente sobre seus cabelos. Sua voz era a mesma de sempre, meiga e doce:

— Tudo bem, meu filho, agora está tudo bem.

— Mãe, eu fui um monstro. Eu magoei papai. Fiz muitas pessoas sofrerem.

— Acalme-se, meu filho. Você me perdeu muito cedo e eu não pude ensinar-lhe muitas coisas. Não tive tempo suficiente. Portanto, não se culpe tanto. Tudo já passou.

— Mas eu também desonrei a senhora, mãe! Eu desfiz seu sonho do abrigo.

— Tudo bem, meu filho. Foi apenas uma fase para que você e outras pessoas pudessem aprender algumas lições de crescimento. Não se preocupe, meu sonho será reconstruído por outras pessoas. Ele será uma realidade do jeito que sonhei. E pode ter certeza de que você ajudará nessa tarefa.

— Verdade, mãe? Terei outra oportunidade? Eu faria de tudo para desfazer o mal que fiz. Juro.

— Sim, depois de passar algum tempo aqui conosco, vai ter essa oportunidade. Mas agora, eu, você e seu pai temos muito a conversar. Porque, depois, precisamos liberá-lo para começar o quanto antes o seu treinamento.

— Meu pai? Será que ele ainda vai querer me ver depois de toda decepção e dor que causei a ele e à senhora?

— Aqui no plano espiritual só se cultiva amor, meu filho. Você logo aprenderá isso. Aliás, depois de conversarmos com seu pai, você deverá procurar outra pessoa a quem você também muito fez sofrer e a quem, por isso, deve muitos pedidos de desculpas.

— Rosália, que tomava conta do abrigo dos meninos e ajudava meu pai a administrar os negócios dele. Coitada, como fui cruel com ela, como me arrependo disso.

O MISTÉRIO DO REENCONTRO

— Em vez de só se arrepender, meu filho, dê amor. É assim que as coisas funcionam aqui. Agora me acompanhe. Seu pai está ansioso à nossa espera — e completou em tom jocoso: — Por favor, seja cavalheiro e me dê o braço. Preciso da ajuda de um jovem bonito e forte.

Igor não sabia se tinha o direito de sorrir diante da brincadeira da mãe. Ainda estava se autopunindo. Mas, de qualquer forma, deu o braço à Julieta e seguiram por outro caminho de pedras, também cercado por uma bela grama verde e viçosa.

———

O tempo no mundo astral segue outros padrões cronológicos, completamente diferentes dos da Terra. Assim, Igor nem se deu conta da sua passagem, dedicado que estava ao desenvolvimento do seu espírito.

Jesuíno e Clara acompanharam seu rápido crescimento e progresso. Durante todo o tempo, ele mostrou uma surpreendente e férrea vontade de estudar e aprender novos conceitos, novas atitudes. Foi um dos alunos mais aplicados da sua classe e de maior aproveitamento naquele curto espaço de tempo.

———

Depois de decorrido algum tempo, decidiu-se que havia bons motivos para permitir o retorno de Igor à Terra, sob novas condições. Ele havia promovido em sua essência uma notável e completa transformação.

Quando a época de liberar seu espírito para retornar ao plano terreno se aproximou, Jesuíno e Clara tinham algumas dúvidas sobre a família para a qual o enviariam.

Depois de muito pesquisar e avaliar as alternativas e necessidades, eles estavam muito propensos a indicá-lo a um casal recém-formado em medicina e, da mesma forma, casados há pouco mais de um ano. Havia o detalhe de que o jovem médico era ateu, mas essa condição até poderia ser interessante para os planos que tinham em mente.

Jesuíno e Clara não admitiam, mas deve ter contribuí-do muito para essa escolha o fato de a irmã do jovem médico ser uma médium que, com seu trabalho num grupo de ajuda, colaboraria muito no trabalho de reorientação e ajuda a espíritos perturbados, rebeldes ou simplesmente perdidos.

Ela se chamava Zulmira e era uma pessoa incrível, que reagia com muito bom humor às provocações do seu irmão, o qual não gostava dos assuntos espirituais. Aliás, foi ela quem sugeriu ao casal dar ao filho recém-nascido o nome de Flávio, seu amado sobrinho.

Capítulo 31

Há muito tempo Flávio não ia trabalhar com tanta motivação. Acordara cedo, bem-disposto, e foi alegre ao consultório, mesmo sabendo que teria pela frente um trânsito intenso. Estava tão feliz que até se pegou cantando no chuveiro, coisa que não fazia havia meses!

Após o banho, enquanto se vestia no quarto, olhou para a cama e ficou contemplando o corpo parcialmente descoberto de Sueli, que sempre levantava um pouco mais tarde que o marido.

Vendo-a daquele jeito, seminua, sentiu um desejo que havia muito tempo não o fazia pulsar tanto. Teve vontade de fazer amor com ela naquele mesmo instante. Mas percebeu que estava atrasado e essas coisas não podem ser feitas de forma apressada.

Mesmo considerando que nestes últimos dias, por conta de todas as confusões provocadas pelo projeto de reforma do casarão, o casal estava mais próximo, mais unido, ainda assim persistia certa distância a ser encurtada até chegarem novamente à cama com outras intenções que não fosse apenas dormir.

Meio frustrado, deu um suspiro profundo e foi tomar seu café, sempre eficientemente preparado pela empregada.

Apesar do previsível trânsito congestionado àquela hora da manhã, Flávio mantinha a calma e até assobiava. Os outros motoristas, habitualmente tão nervosos e apressados, olhavam intrigados para ele, uns com curiosidade, outros com evidente animosidade. Estes certamente deviam estar se perguntando: "Como esse sujeito consegue manter o bom humor com um trânsito infernal desses?".

Foi então que ele percebeu que abandonara aquele hábito de coçar a testa quando ficava nervoso, inclusive e principalmente no trânsito! Em dias anteriores, já o teria feito várias vezes! Interessante... Agora também percebia que não se lembrava de ter feito o gesto nos últimos dias. Inclusive, tentou fazê-lo e achou algo absolutamente sem sentido. Não conseguia entender qual a graça e o prazer que, durante tanto tempo, levaram-no a coçar a testa. Que coisa mais boba!

Flávio chegou feliz ao consultório e cumprimentou a secretária com surpreendente alegria. Ela sabia que ele era uma pessoa sempre bem-educada e cortês, mas, diante daquela euforia toda, ela não pôde conter um olhar de surpresa.

Durante aquela manhã, em todos os atendimentos, seus pequenos clientes se divertiram muito com ele, pelo ótimo humor demonstrado durante as sessões.

———

Já no escritório, Sueli se esforçava para se concentrar em seu projeto. Fizera vários rascunhos, mas não gostara de nenhum. Tinha consciência de que estava dispersa e sabia exatamente a causa.

A verdade é que não conseguia tirar seu marido da cabeça. Naquela manhã, ela fingia dormir quando ele saiu do banho enrolado apenas na toalha. Viu-o se trocando e isso despertara nela, de forma quase incontrolável, um intenso desejo de abraçá-lo e beijá-lo. Com os olhos se-micerrados, ela percebeu que ele também a olhava com o mesmo desejo dos dias de lua de mel. Ficou torcendo para que ele tomasse a iniciativa de procurá-la — ela sabia que não resistiria, apesar de a relação entre eles ainda necessitar de alguns acertos.

No entanto, percebeu que ele estava em dúvida quanto a tomar alguma iniciativa, mas logo o viu olhar para o relógio e se assustar, saindo correndo do quarto para tomar café.

"Que pena", pensou Sueli enroscando-se nos len-çóis da cama como uma gatinha manhosa, mas sabia que seu marido era muito profissional e não se atrasaria para o primeiro atendimento do dia em seu consultório.

Concluiu então que era melhor também se levantar para afastar a tentação, pois havia muito trabalho a fazer no escritório. Tinha que iniciar o quanto antes o projeto de reforma do casarão.

Porém, Sueli não conseguira fazer nem um rascunho que pudesse considerar interessante. Simplesmente porque, desde que chegara ao escritório, não parara de pensar em Flávio. Principalmente na sua saída do banho.

———

Doutor Otávio estava pensativo, contemplando a avenida por meio da imensa janela de vidro de seu escritório. Nem quis sair para almoçar, como fazia todos os dias, normalmente acompanhado por alguns de seus funcionários. Essa era sua forma de fazer e manter a integração da equipe.

Refletindo, concluíra que fizera mal em não ter acompanhado a arquiteta em suas visitas ao casarão. Afinal, ele era o dono do imóvel, era o idealizador do negócio a ser instalado ali — um lar para crianças e adolescentes sob risco social — e, portanto, tinha que participar do projeto de reforma.

Era ele quem deveria lhe dizer o que queria, pois ela não era obrigada a adivinhar seus pensamentos. Ele sabia que Sueli, pela experiência que tinha, até poderia dar boas sugestões, mas era indispensável que houvesse a participação dele no projeto final.

E, no entanto, o que fizera? Lavara as mãos e delegara tudo, *exatamente tudo*, à jovem arquiteta. Além de essa atitude caracterizar a omissão dele, seria uma enorme responsabilidade para ela ter que tomar sozinha todas as decisões relativas a um projeto dessa envergadura. Não que ele não a julgasse capaz de fazê-lo com brilhantismo — não duvidava da competência dela —, mas era preciso que houvesse a participação dele.

E por que ele não fora? Esse era o ponto. Não tinha compromisso nenhum naqueles dias. Faltara com a verdade de forma deslavada. A verdade é que não fora por puro medo de se deparar com as tristes lembranças do seu passado naquele casarão. Desde que decidira reabrir o abrigo, vinha tendo sonhos e pesadelos com cenas vividas ali. Receava que, se fosse visitá-lo, tudo aquilo voltaria à sua memória e poderia perturbá-lo ainda mais.

Mas agora, refletindo melhor, concluiu que seus temores não tinham fundamento. Afinal, ele iria fazer uma coisa boa, com boas intenções. Iria reformar e reabrir o abrigo para os garotos, estaria demonstrando sua gratidão pela proteção que tivera ali e, melhor ainda, iria voltar a realizar o sonho de dona Julieta.

Pensando dessa forma, Otávio passou a ter certeza de que todos os seus sonhos ruins e pesadelos desapareceriam com a reinauguração do abrigo.

Sim, definitivamente precisava fazer uma visita ao casarão. Iria sozinho e depois contaria para a arquiteta.

Despachou alguns assuntos mais urgentes e pediu à sua secretária que informasse aos clientes que eventualmente o procurassem que ele tinha ido ao fórum tratar de um assunto muito importante e estaria no escritório no período da tarde. Mas não disse para onde ia. Esse era um assunto exclusivamente seu.

————

Entre um cliente e outro, Flávio ligou para Sueli:

— Oi, pode falar?

Ela respondeu com a voz propositalmente melosa e sedutora:

— Com você sempre posso.

Ele percebeu a intenção e gostou:

— Uau, que romântica! Olha que assim eu me apaixono de novo.

— Ué, e que mal há nisso?

— Nenhum, nenhum. Já estou até arquitetando uns planos.

— Agora quem diz "uau" sou eu! Que boa notícia! Agora o romântico está sendo você.

Desta vez o insinuante foi ele:

— Gostaria de saber uma coisa muito importante: o que a jovem senhora vai fazer esta noite?

Ela bancou a "difícil":

— Hum, deixe-me pensar. São tantos os compromissos sociais que tenho na minha agenda.

— Ah, é? Está tão requisitada assim? Será que sobra algum espaço para mim nessa sua atribulada e concorrida agenda?

— Seu bobo. Tem alguma proposta a me fazer? Se ela for interessante, poderei até pensar a respeito.

Desta vez ele foi intencionalmente malicioso:

— Bem, interessante não sei se é, mas garanto que é muito indecorosa.

Ela não segurou uma gostosa gargalhada. Percebeu que já estava ficando excitada:

— Hum, já gostei. Não sei qual é a sua proposta indecorosa, mas topo! Alguma recomendação especial?

Ele também sentiu um calorão invadir seu corpo diante da reação dela:

— Sim, será preciso que a senhora esteja muito disposta, muito ativa! Portanto, não trabalhe muito para estar em perfeitas condições.

Para deleite dele, ela respondeu surpreendentemente provocadora, sussurrando no telefone:

— Para você, meu amor, eu estou sempre disposta e ativa! — mudou rapidamente o tom de voz: — Amor, agora tenho que desligar porque chegou um cliente. Te amo! Adorei sua ligação!

— Também te amo. E meu pequeno cliente também chegou.

Flávio estava pasmado e empolgado ao mesmo tempo, pensando: "Deus do céu, o que estava acontecendo conosco? Há quanto tempo não nos namorávamos assim pelo telefone? Alguma coisa ocorreu para promover essa mudança tão repentina e positiva em nós dois ao mesmo tempo. Mas o que terá sido?".

Ele precisava se concentrar no trabalho. Depois poderia até ter uma conversinha particular com a tia Zulmira para tentar esclarecer essa e outras questões. Ele seria capaz de jurar que deveria haver o dedinho dela nessa mudança de comportamento do casal.

―――

Otávio parou seu carro em frente ao casarão, do outro lado da rua. Antes de saltar, ficou olhando o imóvel por um bom tempo. Muitas coisas haviam mudado ali. Não era mais o velho portão de ferro que ficava na entrada. Como ele deveria ter se desgastado com o tempo, colocaram outro — que, na verdade, não tinha nada de novo.

Olhando por cima da tosca mureta que cercava o casarão, ele podia perceber como o jardim estava maltratado. Estava limpo, era verdade, sem folhas secas e ervas daninhas. Mas não havia flores, só galhos secos.

O que antes fora uma pintura rosa agora apresentava falhas e revelava diversas rachaduras nas grossas paredes. Essas falhas acentuavam o aspecto de um casarão velho e sombrio.

E pensar que aquele lugar fora seu lar por mais de um ano! E fora tão feliz ali, ao lado de seus pequenos colegas. Lembrou-se da "mãe" Rosália, e seus olhos se encheram de lágrimas.

Recompôs-se e se encaminhou para o portão. Foi então que viu o homem negro agachado, revolvendo a terra do jardim. Deus do céu, seria o Severino? Aproximou-se, e o homem, ainda agachado, voltou-se e demonstrou surpresa com aquela visita desconhecida. Levantou-se olhando o visitante de frente:

— Pois não? — perguntou meio desconfiado.

Ele não reconhecera Tavinho, agora doutor Otávio. Também pudera, depois de tantos anos. Além disso, desde que comprara o casarão, Otávio não fora lá. Várias vezes já tinha falado com Severino por telefone, mas nunca fizera referência à sua ligação pessoal com a casa. Assim, ele nem imaginava que o doutor Otávio era Tavinho.

Severino envelhecera bastante. Sua fisionomia era de uma pessoa triste, desapontada com a vida. O branco dos cabelos, do bigode e da barba lembrava-lhe o personagem principal do romance *A cabana do Pai Tomás*, que lera quando adolescente.

Ensaiou um sorriso não correspondido:

— Severino? Você é o Severino?

Por uma fração de segundos, passaram pela mente do vigia os tristes acontecimentos do passado, e ele teve medo daquele estranho:

— Sim, senhor, eu mesmo.

Otávio abriu largamente os braços, para se mostrar de corpo inteiro:

— Não está me reconhecendo, homem de Deus?

Era uma pergunta descabida. Depois de tanto tempo, não havia a menor possibilidade de ser reconhecido.

— Desculpe, senhor, mas minha memória já não é tão boa quanto antes.

— Você já trabalhava aqui no tempo do abrigo dos meninos, não trabalhava?

— Sim, trabalhava. E era garoto também.

Otávio soltou:

— E não se lembra mais do Tavinho?

Severino fixou os olhos no rosto do doutor Otávio. Alguma coisa brilhou neles. Até então, durante toda a conversa, Severino tinha mantido numa das mãos a colher de pedreiro que usava para remexer a terra, mas deixou-a cair no chão enquanto balbuciava:

— Tavinho?! O senhor é o Tavinho? Meu Deus! — e levou as mãos aos lábios, apalermado.

— Eu mesmo, criatura!

Emocionados, os dois homens se abraçaram, como dois irmãos. E choraram, enquanto permaneciam abraçados. Só Deus sabia quais e quantas recordações perpassaram a mente daquelas duas pessoas unidas pelas lembranças.

Capítulo 32

Severino afastou o corpo para olhar melhor o amigo:

— Tavinho, você virou um homão!

— Um homão gordo, né, Severino? Você é que está em plena forma, rapaz! Até parece que está frequentando uma academia.

— Que academia que nada, moço! Essa magreza é de tanto trabalhar.

— Ué, mas eu também trabalho feito um condenado e não consigo emagrecer.

E se abraçaram de novo. Otávio afastou-se e falou:

— Vou lhe contar um segredo: eu sou o doutor Otávio.

Severino estava cada vez mais apalermado:

— Homem de Deus! O menino Tavinho virou o doutor Otávio? Ficou rico e famoso?

— Rico e famoso? Ah, quem me dera... Então devo ser muito feio. Porque, se sou rico e famoso, como é que nem me casei?

— Ora, doutor! Para que casar? Com tanto dinheiro assim, me desculpe dizer isso, devem chover mulheres na horta do senhor — e ambos riram gostosamente.

— Escute aqui, Severino, vamos parar com essa história de me chamar de doutor, está bem? Eu sou o Tavinho de sempre, combinado? Quero que continue me chamando assim.

— Mas o senhor agora é importante, doutor. Aliás, agora o senhor é meu patrão, pois o casarão é do senhor, não é?

Para o advogado, era uma enorme emoção reencontrar o Severino com saúde, pois ele fazia parte do seu passado.

— Então, já que sou seu patrão, aqui vai uma ordem: nada de me chamar de doutor, nem de senhor. Eu sou o Tavinho e, por favor, me trate de "você", combinado?

— Está certo, dout... quero dizer, Tavinho. Vamos entrar para você rever a casa.

Este era o momento temido por Otávio. Ele tinha medo do que poderia sentir lá dentro. Mas estava relativamente tranquilo, porque até agora tudo estava correndo bem. Acreditava que, se tivesse que ter sentido algum desconforto, já teria sentido.

Ao colocar os pés dentro do casarão, Otávio sentiu uma onda de nostalgia invadir-lhe o peito. Fez força para não chorar. Não era nada para se ter medo, mas era algo forte, intenso. Parecia que tudo tinha se passado havia apenas alguns dias e não tantos anos.

A decoração e os móveis não eram mais os mesmos do seu tempo, mas ele conseguia "ver" as coisas como eram na sua época. Viu os garotos brincando naquele grande salão, jogando ou lendo na sala de estar ao lado, imaginou-os falantes e barulhentos em torno da grande mesa onde faziam as refeições.

Apesar de muito organizada e rigorosa com a manutenção da ordem no abrigo, Rosália era muito liberal com os meninos, não se importava que eles conversassem durante o almoço ou o jantar, desde que comessem tudo. Ela gostava de ver todos os pratos vazios depois das refeições. Sempre repetia que era pecado estragar comida, deixando-a sobrar no prato.

Por outro lado, Otávio estava extasiado de constatar que seu passado era real, que ele tinha vivido tudo aquilo de que se lembrava. Mas ao mesmo tempo estava triste por imaginar qual teria sido o destino de cada um de seus pequenos companheiros. Sabia que só conseguiria apagar esse lado triste das lembranças quando reinaugurasse o abrigo.

O bondoso advogado não poderia imaginar que, sentados confortavelmente num dos sofás, dois espíritos conversavam sobre ele.

Tobias havia proporcionado um encontro, agora harmônico, entre Cassandra e Rosália. Horas e horas terrenas foram necessárias para que as duas desabafassem e se consolassem. Muitas justificativas e explicações, muitos pedidos de desculpas e, finalmente, muitos abraços e sorrisos. Apesar das diferentes vidas que tiveram, havia muitas afinidades entre elas.

Ao longo do tempo, com a continuidade das conversas, passaram a concentrar-se apenas sobre os instantes de amor e alegria. Os registros do triste passado de ambas ficavam para trás. Ambas teciam planos para o futuro e gostavam de falar deles.

Como o casarão fora um ponto em comum entre ambas, elas apareciam ali, de vez em quando, acompanhando interessadas o novo ciclo que estava por iniciar com a reforma.

Elas sabiam daquela visita.

— Você se lembra dele? — perguntou Cassandra.

— De quem? Do Tavinho? Quem conseguiria esquecer esse menino? Era inteligente e esperto como ele só — Rosália não escondia seu orgulho de falar sobre Tavinho. — Tanto que se saiu bem na vida. É advogado, sabia?

Cassandra admirou-se em saber que um dos "fedelhos" tinha se tornado advogado.

— Advogado? Que chique! E parece estar se sentindo muito bem aqui na casa.

— É, mas ele me parece um tanto triste, não acha? — notou Rosália. — Também, coitado, deve estar se lembrando do tempo em que viveu aqui, de tudo o que passou, dos bons e dos maus momentos.

Como Cassandra sabia que tinha culpa nessa parte da história, preferiu mudar de assunto:

— Que gesto bonito o dele, esse de refazer o abrigo dos jovens! No começo eu até fiquei irritada. Depois de refletir sobre meu passado, mudei meu sentimento.

Rosália estava sonhadora:

— Tavinho sempre foi um menino muito sensível, muito solidário com os companheiros. No dia da despedida, ele fez um discurso que até hoje me faz chorar quando lembro.

— Rosália, não vamos lembrar de coisas tristes, não é? Não foi para isso que viemos aqui, certo?

— Certo. Vamos acompanhar a visita do Tavinho e depois regressar para o posto de socorro.

Otávio subiu as escadas devagar, saboreando cada passo, cada momento, pensando em quantas vezes no passado fizera aquilo. No mínimo duas vezes por dia, pois os dormitórios ficavam no andar de cima.

Era como se estivesse revendo um filme e, embora o filme tivesse algumas passagens tristes, também tinha momentos de alegria e amor. Por isso, ele subia devagar, não queria que a história acabasse logo.

Chegou ao andar de cima e entrou em todos os aposentos. Talvez esse tenha sido o momento mais emocionante da visita. Chorou novamente ao rever o quarto onde dormia, dividindo-o com Guto, um esperto garoto, dois ou três anos mais velho que ele.

Viu todos os dormitórios, um a um. Em cada um deles tentava lembrar o nome dos dois garotos que dormiam ali. Era uma "brincadeira" divertida, mas nostálgica. Visitou inclusive aquele em que, segundo soube, Cassandra, desesperada e frustrada, desistira da vida. Nada sentiu de desconfortável.

Cassandra e Rosália o acompanhavam em silêncio. Entreolharam-se quando ele entrou no quarto fatídico e suspiraram aliviadas quando ele saiu, sem demonstrar qualquer contrariedade. Agora podiam ir embora. Estavam satisfeitas.

Otávio ligou para Sueli. Sabia que ela ficaria contente em saber que ele fora ao casarão. Ele sentia que já tinha suficiente liberdade para fazer umas brincadeiras com ela:

— Dona Sueli, duvido que a senhora adivinhe onde me encontro!

— Bem, o senhor tinha ido viajar. Então fica difícil saber de que cidade o senhor está ligando.

— Pois eu estou ligando daqui de São Paulo, mais precisamente do bairro de Moema, e mais especificamente de dentro do casarão!

Sueli não estava acreditando:

— Do casarão? Mas que surpresa agradável! Se soubesse, teria ido com o senhor.

— Na verdade, eu não tinha planejado esta visita. Vim mais por uma questão de... Bem, eu quis fazer uma viagem ao passado e achei que deveria fazê-la sozinho. Mesmo com a minha idade, fico inibido em expressar minhas emoções na frente de outras pessoas.

Sueli imaginava que não deveria ter sido fácil para o doutor Otávio retornar ao casarão:

— E... que tal foi a viagem ao passado?

— Ótima! Eu me senti muito bem no casarão, em todas as suas dependências. Claro que me lembrei de algumas coisas tristes, mas já sabia que isso seria inevitável. No geral, valeu muito a pena.

— E o que o senhor achou do casarão?

— Como já me havia alertado, ele precisará de uma boa reforma, mas no geral está bem conservado. Conversei com o Severino e percebi que ele tem cuidado direitinho da

O MISTÉRIO DO REENCONTRO

casa. Claro, na medida do possível, considerando-se a idade dele. E — ele fez uma pausa, pigarreou e prosseguiu: — fiquei triste em saber que ele vivia aqui sozinho, todos esses anos, vivendo de bicos e da caridade de estranhos.

Sueli ficou curiosa:

— O senhor conversou com ele?

— Sim, conversei. Foi muito emocionante. Ele obviamente não me reconheceu, mas, quando me apresentei, foi uma emoção só.

— Fico feliz que esteja tudo bem. Se o senhor quiser me esperar um pouco, poderei ir agora até aí e já adiantaremos algumas coisas para o projeto.

— A sugestão é muito boa, mas não vai atrapalhar? Afinal, minha decisão de vir aqui foi meio impulsiva, não estava programada. Por isso nem me preocupei em avisá-la.

— Não vai me atrapalhar em nada, doutor Otávio. Pelo contrário, desta maneira poderemos ganhar tempo na elaboração do projeto. Pode me aguardar. Vou só concluir alguns trabalhos e em pouco mais de meia hora estarei aí.

— Certo. Enquanto isso, ficarei papeando com o Severino, matando mais um pouco da saudade. Talvez o leve para comermos alguma coisa aqui perto.

— Boa ideia. Será o tempo suficiente para eu chegar.

Capítulo 33

Sueli ligou para o marido, já sorrindo, sabendo o que ele iria pensar das palavras dela. Ela sabia que ele tinha uma imaginação muito fértil. Propositalmente, usou uma voz bem sensual:

— Posso também lhe fazer uma proposta?

— Uau! Já aceitei!

Ela deu uma sonora gargalhada:

— Não é nada disso que você está pensando. Não é tão indecorosa quanto deverá ser a que você vai me fazer logo mais à noite, tenho certeza. Mas me daria um grande prazer se você aceitasse.

— Diga! Já aceitei. Faço qualquer coisa para lhe dar prazer.

— O doutor Otávio está no casarão neste momento. Resolveu fazer uma visita de repente. E eu acho que ganharíamos muito tempo se fôssemos nos encontrar com ele lá, porque sei que vai ser difícil fazê-lo voltar. Mas o problema é que eu gostaria de ir com você. Como sei que você está no horário de almoço, pensei que talvez pudesse ir comigo. Garanto que voltaremos a tempo de você atender o cliente das duas.

— Nenhum problema. Mas acho melhor nos encontrarmos lá. Assim chegaremos mais depressa.

— Feito! Já estou saindo.

— Eu também.

Otávio levou Severino para comerem algo num restaurante próximo do casarão.

De início, o vigia hesitou, porque, simples e humilde como era, achava que não se sentiria à vontade em ambientes chiques, como ele classificava aqueles lugares. Estava acostumado a comer de marmita ou receber um prato de comida de um ou outro vizinho.

Percebendo que o restaurante estava apinhado de gente àquela hora, Otávio fez o possível para deixar Severino à vontade, contando algumas piadas ou lembrando passagens engraçadas da história do casarão. Aos poucos, o vigia foi se sentindo mais tranquilo.

Durante o almoço, conversaram sobre muitos temas relacionados ao passado, mas evitaram tocar nos acontecimentos dolorosos e trágicos. Otávio teve especial prazer em descrever como funcionaria o novo abrigo dos garotos, totalmente legalizado, muito bem equipado e com a assistência de profissionais qualificados.

Também falou sobre a arquiteta que chegaria em poucos minutos para discutirem o início do projeto. Severino disse que já a havia conhecido e a achava uma pessoa muito educada e inteligente. Parecia ser uma pessoa "direita".

No entanto, Otávio percebeu que, à medida que descrevia seus planos, o vigia ia ficando triste. No fim da refeição, estava absolutamente calado, olhando para o prato já vazio.

— O que foi, Severino? Não está se sentindo bem?

— Não é nada não, doutor.

— Lá vem você de novo com essa história de doutor. Olha aqui, se me chamar de novo de doutor, você paga a conta!

Severino deu um sorriso triste. Otávio insistiu, porque era evidente para ele que alguma coisa estava incomodando o velho vigia.

— O que foi, homem de Deus? Pode se abrir comigo. Será que você não confia em mim, Severino?

— Que é isso, dout... Tavinho. Claro que confio.

— Então fala, homem. O que é que o preocupa?

Severino coçou a cabeça recoberta de fios brancos encaracolados. Estava em evidente conflito interior:

— É que... eu... eu acho que depois que o novo abrigo ficar pronto... — hesitou.

Otávio deu-lhe coragem para continuar:

— Sim, Severino, pode falar. O que vai acontecer depois que o novo abrigo ficar pronto?

— Eu... acho que eu vou embora.

Essa resposta pegou Otávio de surpresa. Por essa ele não esperava!

— O quê, Severino? Perdeu o juízo, homem? Que bobagem é essa? Vai embora por quê?

— Porque... porque... — ele gaguejava enquanto seus olhos ficaram marejados de lágrimas — porque eu não fui uma pessoa boa no passado, doutor. Eu fiz muitas coisas erradas. Mas não tem problema, não. Eu posso ir viver num abrigo da Prefeitura.

Otávio ficou tão sensibilizado que nem teve coragem de corrigi-lo por tê-lo chamado de doutor. Ele continuou, fungando:

— Eu tinha outros patrões. Não estou falando do senhor Horácio, que era um santo homem. O senhor sabe a quem me refiro.

— Mas, Severino, o que deu em você para se lembrar disso agora? Eu não quero mais saber desses patrões aos quais você se refere. O senhor Horácio e sua esposa foram uns santos. E pronto. Dos outros, eu não quero nem saber se um dia existiram. Eu sei, sim, que eles eram seus patrões. Se você fez alguma coisa errada, e até onde eu sei você nunca fez nada de perverso ou cruel, você estava obedecendo às ordens deles para não perder o emprego e isso já passou. Pertence ao passado.

— Mas eu podia ter dito "não" a muitas coisas que eles me pediam para fazer, como tomar conta dos carros daqueles homens ou comprar e servir bebidas a eles e às mulheres.

— E aí, como eu disse, você perderia seu emprego! Deixe disso, Severino. Você não cometeu crime nenhum e é o que importa. Naquela época os empregados tinham que obedecer aos patrões, sem discutir nem fazer perguntas, senão eram sumariamente demitidos.

Severino assoou o nariz com um lenço amassado e gasto pelo uso que tirou do bolso de trás da calça. Otávio continuou com voz firme:

— Escute o que eu vou lhe dizer, Severino. E estou falando sério.

— Sim, senhor.

— Eu vou precisar muito de você no novo abrigo das crianças. Eu quero você lá, eu preciso de você no casarão. Você vai ser meu homem de confiança para tomar conta dele.

Severino lançou-lhe um olhar em que a incredulidade se misturava com a esperança:

— Verdade, doutor? O senhor está falando sério? Isso é verdade?

Otávio fingiu braveza:

— E por acaso você acha que advogado mente?

— Não, senhor!

Otávio desatou a rir:

— Pois mente, sim! Mas isso é outra história! — e voltou a falar sério: — Estou falando a verdade. Quero você lá.

— Se o senhor está dizendo...

— Claro que estou dizendo. Ninguém conhece melhor aquele casarão que você. E você, além de boa pessoa, é de inteira confiança.

Severino sorriu orgulhoso:

— Obrigado, doutor.

— E, por favor, esta é a última vez que você me chama de doutor.

— Está bem, Tavinho.

— E meu primeiro ato como seu novo patrão vai ser lhe dar um salário. Porque muito me admira você ter sobrevivido até hoje, vivendo de maneira precária.

— Não tive opção.

— Depois de tantos anos de privações, vai ter uma ótima opção. Você vai entrar na folha de pagamento do meu escritório. Nessa situação, você vai ter os mesmos benefícios e direitos que os meus outros funcionários: seguro de vida, assistência médica, cesta básica de alimentos, Fundo de Garantia, vale-transporte, vale-refeição e outras coisas que não estou lembrando agora. E com carteira assinada, viu?

Severino ficou emocionado:

— Puxa vida, dout... Tavinho. Eu nunca esperei ser empregado registrado na vida, porque eu não tenho instrução.

— Mas você tem inteligência e sabedoria. Pois vai ser, sim, um funcionário registrado.

— Obrigado, Tavinho. De coração. Que Deus lhe pague.

O MISTÉRIO DO REENCONTRO

— Ele já me pagou, meu amigo. Deus já me deu muito mais do que eu esperava e merecia ter nesta vida. E agora vamos embora que a arquiteta já deve estar nos esperando.

E, de fato, já estava. Não só ela, mas o marido dela também.

Sueli apresentou o marido. Todos trocaram os cumprimentos de praxe, cumprimentaram Severino, que voltou ao inacabável trabalho no jardim, e os três entraram na casa.

Talvez o mais tenso fosse Flávio, devido às desagradáveis experiências ocorridas em sua visita anterior. Por isso, antes de entrar, parou na porta e foi andando pé ante pé. Mas, ao perceber que estava tudo bem, que não estava sentindo nenhum desconforto, relaxou e entrou calmamente. Ficou feliz de perceber que seus pés estavam leves, e sua mente, tranquila.

A preocupação de Sueli ao entrar era justamente com seu marido, porque da última vez Flávio sofrera um ataque misterioso, com dores horríveis. Contudo, ao ver que ele demonstrava estar bem, relaxou e os dois decidiram aproveitar a visita. Ela ficou particularmente satisfeita em perceber que sumira por completo a sensação de *déjà-vu*. Não que aquilo a incomodasse, apenas não correspondia a uma realidade atual.

Apesar disso, houve um pouco de tensão ao subirem as escadas. Ao chegarem lá em cima e perceberem que tudo continuava bem com eles, tranquilizaram-se de vez e começaram finalmente a discutir os detalhes do projeto.

———

Cassandra e Rosália não poderiam perder este momento. Tobias levou as duas até a sala onde Cassandra havia rememorado sua última vida.

Ao sentarem-se nas poltronas, ele diminuiu a luz.

— Posso fechar os olhos? — indagou Cassandra.

— Não. Eles podem ficar bem abertos — riu. — Quero que vejam como andam as coisas na Terra.

Uma tela desceu na frente delas e logo as imagens apareceram.

Rosália mostrava satisfação:

— Como está diferente! E quanta movimentação!

Cassandra viu Flávio e Sueli abraçados. Emocionou-se:

— Andei aprontando algumas bobagens com eles. Mas já passou. Não gosto nem de me lembrar nem de falar disso. Agora estão em paz. Depois que soube que Flávio é a reencarnação de Igor, me enchi de vergonha.

— Ora, você não precisa se envergonhar. Não sabia.

— Pois deveria.

— Não, Cassandra. Você estava com sede de vingança. Estava cega.

— Tem razão — concordou Cassandra.

— Se não fosse a Zulmira nos ajudar...

— Aquela mulher vale ouro. Você não imagina como ela me ajudou, como me pôs no caminho certo. Ela e o grupo espírita dela. São pessoas espetaculares. Foi graças a ela que pude ser acolhida aqui e receber o carinho de Tobias.

Tobias sorriu e nada disse. Rosália prosseguiu, sem tirar os olhos da tela:

— Também tenho muito que agradecer a ela.

Cassandra apontou para Otávio:

— E quem diria que aquele senhor grandão foi o Tavinho, não?

— Se eu falar nele, eu vou chorar.

— Por quê, mulher?

— Ele é muito especial para mim. Nossos laços de carinho e afeto se perdem no tempo.

— Está bem, não precisa dizer mais nada. Não quero ver ninguém chorando. Mas parece que agora ele é uma pessoa importante.

— Sim.

— E eles são todos amigos? — indagou Cassandra.

— Eles se tornaram amigos há pouco tempo. A amizade começou depois que Otávio contratou Sueli para fazer o projeto. Flávio os acompanha com alegria, pois seu espírito muito sonha com a reabertura do abrigo.

— Como Otávio e Sueli se conheceram?

Rosália sorriu com ar travesso:

— Depois lhe conto essa história. Mas pode saber desde já que dei uma mãozinha. Apareci em sonhos e dei algumas dicas para ele.

Não havia tempo para contar a história naquele momento, mas um dia deixaria Cassandra saber como acontecera a escolha de Sueli por Otávio, dentre tantos outros profissionais existentes na capital. Era uma história que ela gostava de se lembrar sempre.

A tela apagou-se e Tobias perguntou:

— E então?

— Estou feliz com os projetos na Terra — disse Rosália. — É como se um peso fosse tirado de minhas costas.

— Também estou feliz. Quisera eu participar desse projeto.

Tobias sorriu novamente e nada disse. Cassandra não percebeu e perguntou a Rosália:

— Sei que você gosta muito do Tavinho. Como vocês se reencontraram nesta última vida?

FLORIANO SERRA

Ela se emocionou e Tobias fez sim com a cabeça. Rosália respirou fundo e começou a falar, maneira pausada...

———

Rosália sempre acompanhou, sem intervir e sem aparecer, a vida de Tavinho. Ela gostava de todos os meninos do abrigo, mas nutria por Tavinho um amor e um carinho muito especiais. Talvez porque ele fosse um dos mais sensíveis do grupo e sempre conversava com ela quando percebia que, por alguma razão, ela estava contrariada ou triste.

Muitas vezes, apesar de ser uma criança, era Tavinho quem a consolava. Inclusive ela percebia como ele se preocupava e cuidava dos garotos menores, muitas vezes dividindo com eles sua comida e seus brinquedos. Ela via claramente que ele tinha um coração de ouro e isso a fazia feliz. Assim, ao longo do tempo, como uma guardiã fiel, Rosália acompanhou os esforços de Tavinho para estudar e se formar.

A intervenção positiva dela nesse acompanhamento foi transmitir a ele, com a energia do seu espírito, força e disposição para continuar, quando percebia que ele se encontrava fragilizado por alguma razão.

Ela esteve presente na formatura dele e visitou várias vezes, sem ele perceber, o escritório que ele montara para exercer sua profissão.

Quando percebeu que ele se encontrava numa confortável situação financeira, induziu nele, através de sonhos, a ideia de reabrir o abrigo. Ficou feliz de perceber que ele recebeu a mensagem e internalizou imediatamente a ideia. Diante disso, o esforço dela estava focado no sentido de descobrir como poderia ajudá-lo sem interferir em seu livre-arbítrio.

Uma tarde em que ela foi visitá-lo em seu escritório — sempre de maneira invisível e imperceptível para ele ou qualquer outra pessoa que não fosse médium vidente —, ela o viu folheando uma revista sobre arquitetura, como que procurando endereços de profissionais para contratar. Certamente já estava com a ideia da reforma do casarão em mente, como primeiro passo para reabrir o abrigo dos meninos.

Casualmente, Rosália percebeu que numa das páginas havia uma reportagem sobre uma arquiteta chamada Sueli. No texto, constava um resumo da sua biografia e citava seu marido, um psicólogo especializado em atender crianças e adolescentes. A reportagem descrevia os hábitos e o estilo de vida do casal, além de fornecer um completo perfil pessoal de cada um.

Imediatamente Rosália interessou-se por aquele casal. Decidiu fazer algumas visitas aos dois para verificar se era verdade tudo aquilo que a revista dizia a respeito deles, até se convencer de que ela era a arquiteta ideal para fazer a reforma.

Convencida disso, depois de algumas visitas ao consultório do psicólogo e ao apartamento do casal, Rosália passou para Otávio, sempre através de sonhos, todos os dados para a localização de Sueli. Para que não houvesse qualquer equívoco ou dificuldade, inspirou o advogado a escrever aqueles dados no bloco de anotações que ele mantinha sobre o criado-mudo. E, claro, ele, ao despertar, se lembrava do sonho e escrevia o que Rosália lhe passava.

Foi assim que ocorreu a escolha de Sueli, mas agora não era o momento para contar tudo isso a Cassandra.

Outro dia talvez... Tempo não faltaria. Tinham toda a eternidade à sua disposição.

———

Deixando de lado seus pensamentos, Rosália ouviu o comentário de Cassandra:

— Eu devia imaginar que você tinha algo a ver com essa escolha... Bom, espero que tudo corra muito bem para eles. De coração.

Tobias e Rosália se entreolharam. Os dois sorriram e ele disse:

— Nosso tempo está acabando. Cassandra, como anda o grupo de estudos?

— Cada dia melhor. Soube que terei a chance de voltar.

— Isso mesmo.

Ela falou, num tom temeroso:

— É quase certeza de que vou reencarnar com alguma limitação. Eu destruí meu corpo físico. Meu perispírito ficou traumatizado com tamanha brutalidade.

— Não pense nisso agora, querida — considerou Rosália. — Estarei ao seu lado. Serei um espírito amigo, que vai sempre lhe inspirar força e coragem.

— Obrigada. Quero muito voltar e acertar.

— Você vai conseguir.

Tobias sorriu complacente e, assim que deixaram a sala, ele fez sentida prece de agradecimento a Deus.

———

Para Sueli, as quase duas horas em que esteve no casarão foram extremamente proveitosas. Nesse tempo, obteve do doutor Otávio todas as informações de que precisava para elaborar as etapas iniciais do projeto de reforma — e até mesmo aprovação formal do orçamento, apesar de este já ter sido previamente liberado.

Quando se despediram, estavam certos de que o empreendimento seria um sucesso. Até Severino estava com um semblante melhor.

———

Aquela noite foi inesquecível para Sueli e Flávio.

Começou com um jantar à luz de velas, regado a vinho, num dos melhores e mais elegantes restaurantes da capital, com um violinista ao lado deles, fazendo o fundo musical para as recíprocas declarações de amor. Tudo do jeitinho que eles gostavam, românticos que eram.

Sem inibições, beijaram-se longa e apaixonadamente quando o violinista da casa tocou *She*, uma música marcante no relacionamento deles desde que haviam se conhecido. Naquela ocasião, Flávio lhe fizera uma declaração de amor recitando a letra dessa romântica e inesquecível canção[10].

A partir de então, aquela música se tornou o símbolo do amor do casal. Por isso, nessa noite mágica, ao som do violino, eles cantaram baixinho, olhos nos olhos, com algumas lágrimas de felicidade.

Tão logo acabaram de jantar, apressaram-se em sair do restaurante. Ao chegarem ao apartamento, começaram a se despir já na sala. Havia uma urgência amorosa, uma paixão desesperada pronta para explodir — e isso se revelava nos menores gestos de cada um. Quando chegaram ao quarto, já estavam completamente despidos.

---

10 Música de autoria do músico inglês Elvis Costello, imortalizada, na década de 1970, na voz do também cantor e compositor Charles Aznavour, um dos mais populares cantores da França.

A noite foi mágica para ambos. Parecia que a cama estava recoberta e protegida por uma intensa e constante chuva de estrelas, cometas, meteoros, pássaros e flores, ao som de bandas de música, corais de vozes e orquestras sinfônicas.

Eles estavam outra vez comprovando que só o amor verdadeiro promove essa magia encantadora e inexplicável.

Epílogo

A reabertura do lar das crianças aconteceu dois anos depois, em grande estilo.

Como as inscrições haviam sido abertas um mês antes, já tinham sido selecionadas as vinte crianças que ali residiriam, com idades entre dez e catorze anos.

Estavam presentes autoridades e representantes da Prefeitura, da sociedade e profissionais da imprensa. O doutor Otávio e seus funcionários não cabiam em si de contentes, pois o escritório dele aparecia como o principal benfeitor da instituição.

Os elogios para o projeto arquitetônico eram unânimes: ainda que arrojado, e sobretudo atraente, transmitia claramente o contexto infantojuvenil desejado por Otávio. Linhas e contornos suaves, ora curvos, ora ondulados, móveis funcionais e coloridos, um equipadíssimo salão de jogos, quintal repleto de mudas de árvores frutíferas, quiosques para pinturas e trabalhos manuais, um jardim tomado por rosas e outras flores — para deleite de Severino, que não arredava pé dali, alheio à festa que acontecia no salão. O velho vigia estava feliz como nunca estivera em toda a sua vida.

Diversos representantes do bairro estavam presentes, felizes pela nova instituição em sua comunidade. Os mais antigos, que conheciam a história do casarão, regozijavam-se com a reabertura do abrigo. Viam-na como uma vitória do bem.

Os pais de Flávio não cabiam em si de contentes e orgulhosos. Sabiam que o projeto fora inteiramente da nora, mas também sabiam que o filho participara com substancial ajuda e apoio. Quando Flávio os convidara, sentiu uma enorme vontade de contar-lhes toda a história do casarão e de sua crise conjugal. Mas concluíra que deveria aguardar uma oportunidade melhor. Céticos como eram, achariam absurda aquela história cheia de lances misteriosos e "sobrenaturais".

Havia muita gente na inauguração, mas o coquetel contratado estava sendo suficiente para atender a todos com fartura.

No alto da parede da sala principal, destacavam-se dois grandes quadros com as fotos do senhor Horácio e de sua esposa, dona Julieta, como patronos da casa — uma justa homenagem.

Na hora agendada, as vinte crianças apresentaram as músicas do coral que havia sido formado por elas. A apresentação criou o clima emocional para o discurso do doutor Otávio, que veio em seguida.

Foi um discurso breve, mas bastante claro quanto aos objetivos do abrigo e o novo papel do casarão. Acertadamente, não fez nenhuma menção ao passado — focou-se apenas no presente e no futuro. Com bastante ênfase, agradeceu e parabenizou o trabalho da arquiteta e de toda a sua equipe — que também estava presente —, para quem pediu uma salva de palmas, prontamente atendida. Percebia-se que Otávio fazia o possível para não deixar que as palavras entrassem no campo da emoção, pois ele próprio mal conseguia conter suas lágrimas de felicidade.

Flávio e Sueli, ao lado da tia Zulmira, assistiam a tudo a distância, recostados numa das janelas do salão principal. Sabiam que a festa não era deles. Mas também sabiam que aquela inauguração só estava acontecendo graças às intervenções da tia Zulmira.

Ela tinha acabado de contar para o casal que o espírito de Rosália comparecera a uma sessão no centro espírita para agradecer a orientação recebida. Disse que estava muito feliz e em paz. Disse também que Cassandra estava regressando ao planeta para mais uma etapa reencarnatória.

Sueli e Flávio ouviam tudo com muito orgulho da tia. Para eles, ela era uma espécie de heroína anônima. Pena que não poderia ser homenageada publicamente pelo seu trabalho — nem ela própria aceitaria essa homenagem. Ficaria difícil explicar tudo aos presentes. Ela sempre dizia que o que fizera fora por amor — ela e seu grupo, que também estava presente na festa.

Havia outros presentes, mas, como estavam em espírito, só Zulmira os via. Horácio e sua esposa Julieta estavam no alto da escada, muito felizes. A certo momento, a esposa de Horácio levou as mãos aos lábios e, a distância, enviou um beijo para Zulmira, que agradeceu com um discreto sorriso e um simpático gesto de cabeça.

Só Flávio percebeu:

— Seus amigos espirituais estão aqui, tia?

— Estão. E você precisa saber como estão felizes.

Sueli, que ouvia o diálogo, aproximou-se e falou baixinho para Zulmira:

— Nós também estamos muito felizes, tia.

Flávio entendeu a insinuação da esposa e sorriu de forma cúmplice, mas a tia não percebeu o que havia nas entrelinhas daquela frase.

— Claro, vocês dois têm todos os motivos do mundo para estarem felizes. Fizeram um belo trabalho.

Gaiata, Sueli insistiu:

— Não me refiro a este trabalho, tia. Eu e meu marido também fizemos outro belo trabalho.

Tia Zulmira demorou para entender. Na euforia da festa, seus dons telepáticos não estavam ligados.

Quando finalmente entendeu, arregalou os olhos, abriu a boca e tapou-a com uma das mãos para evitar um grito de alegria:

— O quê? Você está me dizendo que... que está...

— Estou, tia!

— Grávida?

— Sim, sim, sim!

Desta vez tia Zulmira esqueceu sua habitual discrição: soltou uma risada tão contagiante que metade dos convidados voltou-se para ela.

Nenhum deles entendeu a razão de aquelas três pessoas estarem rindo tanto, de evidente felicidade. Mas, se era de felicidade, concluíram que estava tudo bem. E voltaram a curtir a festa.

Sueli, Flávio e tia Zulmira abraçavam-se chorando de emoção e alívio. Precisavam agora contar a novidade aos pais de Flávio. Certamente eles ficariam mais felizes ainda.

No alto da escada, Tobias veio buscar Horácio e Julieta. Antes de ir, Julieta lançou um olhar feliz a Flávio e disse, emocionada:

— Ah, Igor, que grande mudança você conseguiu realizar! Que bom, meu filho, que você fez escolhas mais acertadas e agora está fazendo crianças e adolescentes felizes com o seu trabalho. Que Deus o abençoe e proteja sempre!

De todos que estavam na festa, ninguém mais, exceto Zulmira, pôde notar um discreto clarão de luz no alto da escada, mostrando que os amigos espirituais haviam deixado no ambiente energias revigorantes de equilíbrio e paz, promovendo enorme bem-estar a todos ali presentes, retornando em seguida à colônia espiritual, com a agradável sensação de dever cumprido e a certeza de que o bem sempre vence.

Fim

Grandes sucessos de
Zibia Gasparetto

Com 17 milhões de títulos vendidos, a autora tem contribuído para o fortalecimento da literatura espiritualista no mercado editorial e para a popularização da espiritualidade. Conheça os sucessos da escritora.

Romances
pelo espírito Lucius

A verdade de cada um
(nova edição)

A vida sabe o que faz

Ela confiou na vida

Entre o amor e a guerra

Esmeralda (nova edição)

Espinhos do tempo

Laços eternos

Nada é por acaso

Ninguém é de ninguém

O advogado de Deus

O amanhã a Deus pertence

O amor venceu

O encontro inesperado

O fio do destino (nova edição)

O poder da escolha

O matuto

O morro das ilusões

Onde está Teresa?

Pelas portas do coração
(nova edição)

Quando a vida escolhe
(nova edição)

Quando chega a hora

Quando é preciso voltar
(nova edição)

Se abrindo pra vida

Sem medo de viver

Só o amor consegue

Somos todos inocentes

Tudo tem seu preço

Tudo valeu a pena

Um amor de verdade

Vencendo o passado

Crônicas

A hora é agora!

Bate-papo com o Além

Contos do dia a dia

Pare de sofrer

Pedaços do cotidiano

O mundo em que eu vivo

O repórter do outro mundo

Voltas que a vida dá (nova edição)

Coleção – Zibia Gasparetto no teatro

Esmeralda

Laços eternos

Ninguém é de ninguém

O advogado de Deus

O amor venceu

O matuto

Outras categorias

Conversando Contigo!

Eles continuam entre nós vol. 1

Eles continuam entre nós vol. 2

Eu comigo!

Momentos de inspiração

Pensamentos vol. 1

Pensamentos vol. 2

Recados de Zibia Gasparetto

Reflexões diárias

Conheça os sucessos da
Editora Vida & Consciência

Marcelo Cezar
pelo espírito Marco Aurélio

Acorde pra vida! (crônicas)
A última chance
A vida sempre vence
Coragem para viver
Ela só queria casar...
Medo de amar
Nada é como parece
Nunca estamos sós
O amor é para os fortes

O preço da paz
O próximo passo
O que importa é o amor
Para sempre comigo
Só Deus sabe
Treze almas
Um sopro de ternura
Você faz o amanhã
(nova edição)

Amadeu Ribeiro

A visita da verdade
Juntos na eternidade
O amor não tem limites
O amor nunca diz adeus

Reencontros
Segredos que a vida oculta Vol. 1
A beleza e seus mistérios Vol. 2

Mônica de Castro
pelo espírito Leonel

A força do destino

A atriz

Apesar de tudo...

Até que a vida os separe

Com o amor não se brinca

De frente com a verdade

De todo o meu ser

Desejo – Até onde ele pode te levar? (pelos espíritos Daniela e Leonel)

Gêmeas

Giselle – A amante do inquisidor (nova edição)

Greta (nova edição)

Impulsos do coração

Jurema das matas

Lembranças que o vento traz

O preço de ser diferente

Segredos da alma

Sentindo na própria pele

Só por amor

Uma história de ontem

Virando o jogo

Ana Cristina Vargas
pelos espíritos Layla e José Antônio

Além das palavras (crônicas)

A morte é uma farsa

Em busca de uma nova vida

Em tempos de liberdade

Encontrando a paz

Intensa como o mar

O bispo (nova edição)

O quarto crescente (nova edição)

Sinfonia da alma

Eduardo França
A escolha
A força do perdão
Enfim, a felicidade
Vestindo a verdade

Floriano Serra
A outra face
A grande mudança
Nunca é tarde
O mistério do reencontro

Lucimara Gallicia
pelo espírito Moacyr

O que faço de mim?
Sem medo do amanhã

Lúcio Morigi
O cientista de hoje

Flavio Lopes
pelo espírito Emanuel

A vida em duas cores
Uma outra história de amor

Gilvanize Balbino
O símbolo da vida
pelos espíritos Ferdinando e Bernard

A verdade está em você!

Leonardo Rásica
Luzes do passado
Celeste – no caminho da verdade

Márcio Fiorillo
pelo espírito Madalena
Em nome da lei

Rose Elizabeth Mello
Desafiando o destino
Verdadeiros Laços
Os amores de uma vida

Evaldo Ribeiro
Eu creio em mim
O amor abre todas as portas

Carlos Henrique de Oliveira
Ninguém foge da vida

André Ariel Filho
Surpresas da vida
Em um mar de emoções

Maura de Albanesi
O guardião do sétimo portal
pelo espírito Joseph
Coleção Tô a fim

Sérgio Chimatti
pelo espírito Anele
Apesar de parecer... Ele não está só
Ecos do passado
Lado a lado
Os protegidos

Conheça mais sobre espiritualidade com outros sucessos.

 vidaeconsciencia.com.br /vidaeconsciencia @vidaconsciencia

Rua Agostinho Gomes, 2.312 — SP
55 11 3577-3200

contato@vidaeconsciencia.com.br
www.vidaeconsciencia.com.br